기초부터
차근차근
**데이터베이스
배우기**

기초부터
차근차근
데이터베이스 배우기

황혜정 지음

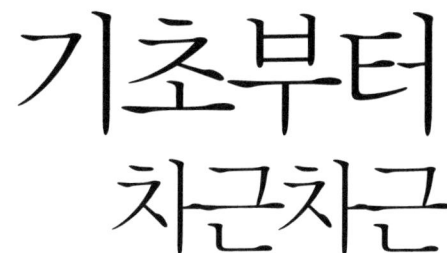

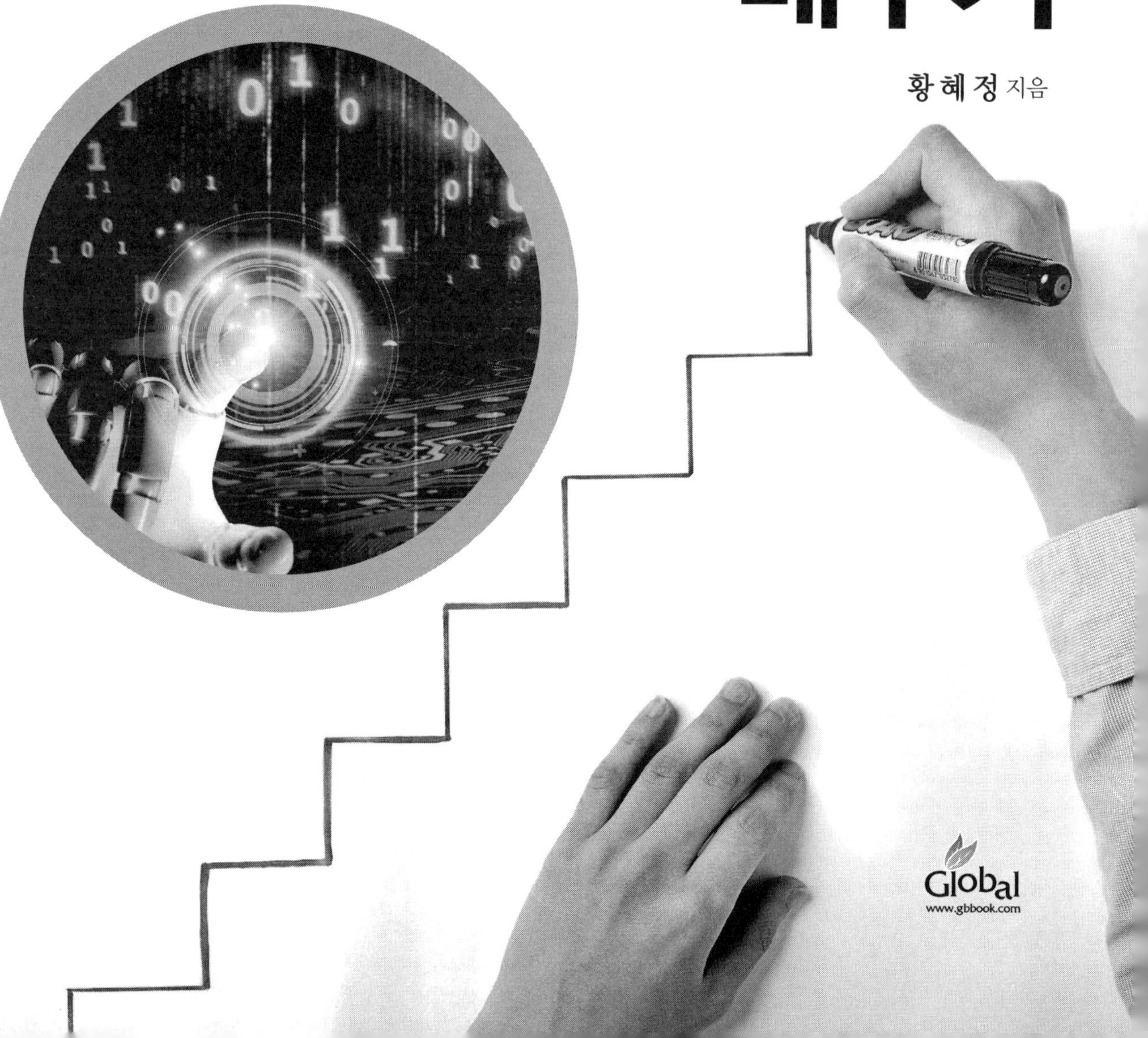

Global
www.gbbook.com

머리말

데이터의 가치가 점점 높아져감에 따라 데이터베이스 또한 점점 중요하게 인식되어가고 있습니다. 데이터베이스는 프로그램과 연동하여 데이터를 저장하고 관리하기 위한 이론과 기술로 전공자에게 특히 필수 전공지식이기도 합니다.

오랜 기간 실습에 기반을 둔 데이터베이스 강의를 하면서 데이터베이스 기본개념을 쉽게 설명하고 데이터베이스 언어인 SQL을 초보자가 이해하기 쉽게 설명한 교재가 필요하다는 것을 많이 느꼈습니다. 본 교재는 데이터베이스를 처음 배우는 새내기를 위한 입문서로서 마이크로소프트사의 MSSQL Server 환경을 기반으로 쉬운 예제부터 차근차근 따라할 수 있게 구성하였습니다. 이해하기 쉽게 그림을 많이 사용하여 설명하였고 오류를 범하거나 혼동하기 쉬운 부분을 단계적으로 설명하려고 노력하였습니다.

특히 수년간 데이터베이스 강의를 하며 쉽게 이해하기 위해서는 예제의 중요성을 많이 느꼈습니다. 쉬운 샘플 예제는 초보자들이 SQL을 이해하는데 영향이 컸기 때문에 학생들의 이해도를 높이기 위하여 본 교재는 쉬운 샘플 DB를 사용하여 설명하였습니다.

본문의 예제를 통해 학습을 하고 각 장의 마지막 부분의 [실습해보기]를 통해 또 다른 DB를 사용하여 복습할 수 있도록 구성하였습니다. [실습해보기]에서는 마이크로소프트사에서 제공하는 pubs 데이터베이스와 AdventureWorks14 데이터베이스를 사용하여 따라해 보며 복습할 수 있도록 하였습니다. 또한, [연습문제]에서는 각자 이해한 개념을 체크하고 실습을 통해 문제를 풀어봄으로써 스스로 생각하고 응용해볼 수 있도록 구성하였습니다.

이 책을 통해 SQL 언어를 마스터하고 데이터베이스 지식이 높아지는데 도움이 되길 바라며 이 책이 나오기까지 도움주신 많은 분들에게 감사드립니다.

저자 황혜정

차 례

예제 소스 제공

웹하드 http://www.webhard.co.kr 접속 ▶ ID : gbbook / PW : booklove를 입력
▶ [내리기전용] 폴더에서 [부록CD다운로드] 폴더 클릭
▶ 기초부터 차근차근 데이터베이스 배우기 선택 ▶ SampleDB.sql 파일 선택

머리말

Chapter 01 데이터베이스 개요

1.1 데이터베이스 등장 배경	015
1.2 데이터베이스의 정의	017
1.3 데이터베이스의 특징	018
1.4 데이터베이스의 구성요소	018
1.5 데이터베이스의 3단계 구조	020
1.6 데이터베이스 관리 시스템(DBMS)	021
1.7 관계형 데이터베이스	021
▣ 복습해보기	023
▣ 연습문제	025

Chapter 02 SQL Server 설치하기

2.1 SQL Server 2017 Express	029
2.2 설치 전 고려사항	029
2.3 Microsoft® SQL Server® 2017 Express 설치하기	030
2.4 SQL Server Management Studio(SSMS) 설치하기	034
2.5 SQL Server Management Studio	037
2.6 예제 데이터베이스 설치하기	040
▣ 실습해보기	050

Contents

Chapter 03 Transact-SQL

    3.1 Transact-SQL   059

    3.2 Transact-SQL 구문의 종류   059

    3.3 Transact-SQL 기본요소   061

    3.4 데이터 형식 관련 함수들   077

    ■ 실습해보기   085

    ■ 연습문제   090

Chapter 04 SELECT문 익히기

    4.1 SELECT문   095

    4.2 데이터 정렬하기   103

    4.3 중복 데이터 제거하기   107

    4.4 상위 몇 개만 출력하기 (TOP n)   109

    4.5 연산자를 이용한 데이터 필터링   113

    4.6 널(NULL) 데이터 검색   125

    ■ 실습해보기   128

    ■ 연습문제   132

Chapter 05 요약정보 만들기

    5.1 집계함수 사용하기   137

    5.2 GROUP BY / HAVING   140

    5.3 GROUP BY ALL   143

    5.4 ROLLUP   145

    5.5 WITH CUBE   146

    ■ 실습해보기   149

    ■ 연습문제   153

차 례

Chapter 06 테이블 조인(Join)하기
- 6.1 내부조인(INNER JOIN) — 157
- 6.2 외부조인 (OUTER JOIN) — 163
- 6.3 셀프 조인 (SELF-JOIN) — 168
- 6.4 UNION — 170
- ▣ 실습해보기 — 173
- ▣ 연습문제 — 176

Chapter 07 서브쿼리(Subquery) 활용하기
- 7.1 단일 값을 반환하는 서브쿼리 — 180
- 7.2 집계함수를 사용하는 서브쿼리 — 182
- 7.3 목록값을 반환하는 서브쿼리 — 183
- 7.4 상관관계 서브쿼리(Correlated Subquery) — 188
- 7.5 EXISTS/ NOT EXISTS — 191
- ▣ 실습해보기 — 193
- ▣ 연습문제 — 198

Chapter 08 테이블 생성과 변경
- 8.1 새 테이블 만들기 — 201
- 8.2 기존 테이블을 복사하여 새 테이블 만들기 — 203
- 8.3 새로운 데이터 입력하기 — 206
- 8.4 SELECT 결과로 입력 값 채우기 — 214
- 8.5 열의 정의 내용 변경하기 — 218
- 8.6 테이블 삭제하기 — 222
- ▣ 실습해보기 — 224
- ▣ 연습문제 — 228

Chapter 09 데이터 변경하기

9.1 트랜잭션(TRANSACTION) 233
9.2 데이터 수정하기 (UPDATE) 235
9.3 데이터 삭제하기 (DELETE) 247
9.4 TRUNCATE TABLE 251
9.5 MERGE 253
■ 실습해보기 256
■ 연습문제 263

Chapter 10 무결성 제약조건 부여하기

10.1 데이터의 무결성 이란? 267
10.2 데이터의 무결성 종류 267
10.3 무결성 제약조건 268
10.4 제약조건 부여하기 269
10.5 UNIQUE 제약 부여하기 270
10.6 PRIMARY KEY 제약 부여하기 274
10.7 DEFAULT 부여하기 277
10.8 CHECK 제약 부여하기 278
10.9 FOREIGN KEY(외래키) 제약 부여하기 282
10.10 제약 조건 추가, 삭제하기 290
■ 실습해보기 294
■ 연습문제 299

Chapter 11 계층(Hierarchy) 데이터 생성하기

11.1 HIERARCHYID 데이터 형식 301
11.2 계층 데이터 생성하기 305
■ 실습해보기 316
■ 연습문제 319

차 례

Chapter 12 피벗(PIVOT)과 순위함수

12.1 PIVOT을 이용한 테이블 변환   323
12.2 UNPIVOT을 이용한 테이블 변환   325
12.3 순위 함수 사용하기   329
12.4 PARTITION BY 사용하기   335
- 실습해보기   336
- 연습문제   340

Chapter 13 SQL 프로그래밍

13.1 기초구문   345
13.2 제어문   347
13.3 반복문   351
13.4 EXECUTE   352
13.5 조건 함수   354
13.6 예외 처리문   357
- 실습해보기   364
- 연습문제   367

Chapter 14 뷰(View) 활용하기

14.1 뷰의 개념   372
14.2 뷰의 사용목적   372
14.3 뷰의 생성   373
14.4 뷰의 수정   376
14.5 뷰의 삭제   377
14.6 뷰를 통한 데이터 수정   377
14.7 WITH ENCRYPTION   386
14.8 뷰 생성시 제약 사항   388
- 실습해보기   389
- 연습문제   394

Contents

Chapter 15 저장 프로시저(Stored Procedure)

15.1 저장 프로시저 특징	399
15.2 저장 프로시저 종류	400
15.3 저장 프로시저 생성	401
15.4 저장 프로시저 수정	403
15.5 저장 프로시저의 매개변수	403
15.6 저장 프로시저의 반환값(RETURN)	408
15.7 저장 프로시저 삭제	410
15.8 자동 실행 저장 프로시저	411
▣ 실습해보기	413
▣ 연습문제	416

Chapter 16 트리거 (Trigger)

16.1 트리거 개념	421
16.2 트리거에서 사용할 수 없는 문장	422
16.3 트리거 생성 구문	422
16.4 트리거 생성과 작동	423
16.5 트리거 수정	433
16.6 트리거 삭제	434
16.7 트리거 종류	435
16.8 트리거에서 특정열의 변경을 확인하는 함수	441
16.9 트리거 순서 지정하기	445
▣ 실습해보기	446
▣ 연습문제	455

차 례

Chapter 17 사용자 정의 함수

17.1 스칼라 반환 함수 (Scalar Functions) — 461
17.2 인라인 테이블 반환 함수
  (In-Line Table-valued Functions) — 466
17.3 다중 문 테이블 반환 함수
  (Multi-Statement Table-valued Functions) — 470
17.4 사용자 정의 함수의 수정 — 472
17.5 사용자 정의 함수의 삭제 — 473
▣ 실습해보기 — 474
▣ 연습문제 — 478

Chapter 18 커서(Cursor)

18.1 커서의 선언 — 484
18.2 커서 열기 — 485
18.3 커서 데이터 가져오기 — 486
18.4 반복적인 커서 작업 — 487
18.5 커서 닫기 — 488
18.6 커서 할당 해제 — 489
18.7 전체적인 커서 작업 실행 — 489
▣ 실습해보기 — 492
▣ 연습문제 — 496

INDEX

CHAPTER 01

데이터베이스 개요

1-1. 데이터베이스 등장 배경
1-2. 데이터베이스의 정의
1-3. 데이터베이스의 특징
1-4. 데이터베이스의 구성요소
1-5. 데이터베이스의 3단계 구조
1-6. 데이터베이스 관리 시스템(DBMS)
1-7. 관계형 데이터베이스

CHAPTER 01
데이터베이스 개요

1.1 데이터베이스 등장 배경

❶ 파일 시스템

파일 시스템은 데이터베이스 관리 시스템이 등장하기 이전부터 사용되어 왔다. 파일 시스템에서는 모든 응용 프로그램이 개별적으로 파일을 일대일 밀접하게 연결하여 사용한다. 예를 들어, 학생 데이터는 수강 신청 프로그램, 성적 처리 프로그램, 도서관 프로그램, 취업 정보 프로그램 등 여러 프로그램에서 필요하다. 파일 시스템은 다음 그림과 같이 파일을 다루는 프로그램에서 각각의 파일을 1대1 대응하여 사용하였다.

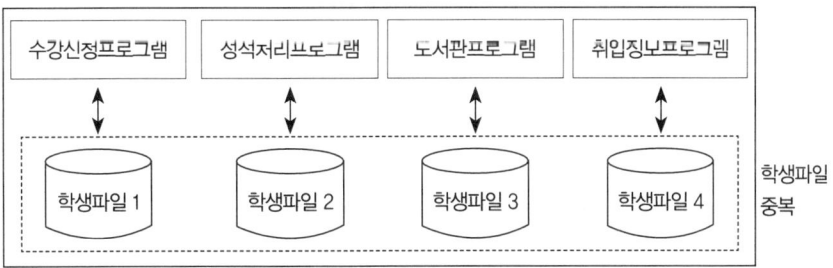

파일 시스템과 프로그램의 대응관계

각 응용 프로그램 안에 관련된 파일의 접근 방식이 표현되어 있고 파일의 논리적인 구조나 물리적인 구조 모두 프로그램 안에 표현되어야 하기 때문에 사용자의 요구사항에 따라 변경이 필요하면 파일의 구조 및 프로그램도 수정해야 하는 문제가 발생한다. 또한, 프로그램별로 일대일 대응되는 데이터는 독립성이 보장되지 못하기 때문에 다음과 같은 문제점이 대두되었다.

(1) 데이터의 종속성

각 프로그램마다 개별적으로 유지하는 데이터가 논리적, 물리적으로 종속되어 있기 때문에 데이터의 구조나 접근 방법 등이 변경되면 관련된 프로그램도 변경되어야 한다.

(2) 데이터의 중복성

파일 시스템은 각 응용프로그램마다 개별적으로 데이터를 유지하고 있기 때문에 데이터 파일의 중복이 필연적으로 발생한다. 한 쪽 프로그램에서 사용하는 데이터가 수정되었다고 하더라도 다른 프로그램에서 사용하는 데이터는 수정되지 않고 사용될 수 있기 때문에 이로 인한 모든 데이터 파일 사이에 자료의 불일치성(inconsistancy) 문제가 대두된다.

(3) 데이터의 저장 비용 증가

각 응용 프로그램마다 데이터를 중복해서 저장하기 때문에 추가적으로 저장 공간을 사용하는 비용이 증가한다.

(4) 데이터의 무결성 문제

데이터를 삽입, 수정, 삭제할 때 제약조건을 자동으로 유지시켜주는 기능이 파일 시스템에는 존재하지 않는다.

(5) 데이터의 보안 문제

파일 시스템은 일반적으로 파일단위로 접근하기 때문에 사용자 권한에 따른 구체적인 수준의 접근제어가 어렵다.

❷ 데이터베이스의 등장

데이터베이스가 등장하게 된 배경은 파일 시스템의 문제점으로 인해 새로운 시스템의 요구가 생겼기 때문이다. 파일 시스템의 문제점은 결국, 각 응용프로그램마다 사용할 파일을 별도로 갖기 때문이어서 이를 해결하기 위하여 여러 파일을 하나로 통합하고 공유할 목적으로 데이터베이스가 등장하였다. 데이터베이스는 표준형식에 맞추어 저장된 데이터를 여러 사용자가 공동으로 접근하기 위한 목적으로 설계되었다. 여러 프로그램에서 같은 데이터를 공유하고 동시에 사용할 수 있기 위해서는 한 곳에 저장되고 관리되어야 한다.

1.2 데이터베이스의 정의

데이터베이스란 대량의 정보를 여러 응용시스템이 공동으로 사용하기 위하여 통합되고 저장된 데이터의 집합체를 말한다. 응용시스템들이 데이터를 공유하기 때문에 파일 시스템의 가장 큰 문제점인 프로그램과의 밀접한 관계를 제거하고 데이터 변경에 따른 프로그램의 변경을 최소화할 수 있고 모든 데이터를 통합하여 관리하기 때문에 삽입, 삭제, 갱신 등의 작업을 통해 현재의 데이터를 동적으로 유지할 수 있다. 따라서 데이터베이스는 다음의 네 가지 조건을 만족해야 한다.

❶ 통합된 데이터(Integrated Data)

데이터가 통합되어 있다는 것은 중복된 데이터가 배제되어 있는 것을 말한다. 정확한 데이터를 유지하기 위하여 원칙적으로 데이터가 중복되지 않게 저장 되어야 한다.

❷ 저장된 데이터(Stored Data)

컴퓨터가 접근할 수 있는 저장 매체에 저장된 데이터를 말한다. 일반적으로 하드디스크에 데이터가 저장되어 관리된다.

❸ 운영 데이터(Operational Data)

단순히 저장된 데이터가 아니라 한 조직의 기능을 수행하기 위하여 운영해야 할 데이터를 의미한다.

❹ 공용 데이터(Shared Data)

여러 사용자가 서로 다른 목적에 따라 공동으로 공유하는 데이터를 의미한다.

1.3 데이터베이스의 특징

데이터베이스는 다음과 같은 특징이 있다.

❶ 실시간 접근성(Real-time Accessibility)

구축된 데이터베이스는 다수의 사용자가 요구하는 데이터의 검색 및 질의에 대해 실시간 처리 및 응답이 가능해야 한다.

❷ 지속적인 변화(Continuous Evolution)

데이터베이스에 저장되어 있는 데이터는 삽입, 삭제, 수정 등 데이터베이스의 변경 작업에 의해 지속적으로 변화하게 되고 이를 통해 최신의 데이터로 유지되어야 한다.

❸ 동시 공유(Concurrent Sharing)

다수의 사용자가 서로 다른 목적으로 동시에 데이터를 공유하여 사용할 수 있어야 한다.

❹ 내용에 의한 참조(Content Reference)

저장되어 있는 데이터의 실제 물리적인 위치로 참조하는 것이 아니라 데이터의 내용, 즉 값으로 참조할 수 있어야 한다.

1.4 데이터베이스의 구성요소

데이터베이스의 구성요소는 속성, 개체, 관계로 표현된다. 테이블의 각 열은 속성을 나타내고 한 행은 속성의 실제값이 입력된 하나의 인스턴스로 개체어커런스라고 불리운다.

속성(Attribute)

학번	이름	학과
201911001	홍길동	컴퓨터공학
201911002	김선달	컴퓨터공학
...	...	...
201911020	이도령	컴퓨터공학

개체타입
개체어커런스
개체집합

❶ 속성(Attribute)

데이터베이스를 표현하는 가장 작은 논리적인 단위이며 테이블의 칼럼에 해당된다. 개체를 구성하는 한 단위이다. 개체를 구성하고 있는 특징들을 속성으로 표현하여 개체를 구체화한다.

❷ 개체(Entity)

데이터베이스가 표현하고자 하는 개념과 정보의 단위이며 개체에 관련된 값들을 모아서 하나의 단위를 만든 레코드에 해당된다. 개체는 하나 이상의 속성으로 구체화한다. '학생'이란 개체를 표현하기 위해서 학번, 이름, 학과 등의 속성으로 구체화하고 데이터의 기본단위로 저장하게 된다. 개체 어커런스는 실제 값으로 표현된 것으로 인스턴스라고도 한다.

❸ 관계(Relation)

속성간의 관계, 개체와 개체간의 관계를 레코드로 표현하여 실체화 한다. 예를 들어, 학생 개체는 학번, 이름, 학과 등의 속성으로 구성되어 있고 과목 개체는 과목코드, 과목명, 학점 등으로 구성되어 있다고 가정하자. 이때 학생 개체와 과목 개체간의 관계는 수강신청이 된다. 이 수강신청 관계를 또 하나의 개체로 표현할 수 있다.

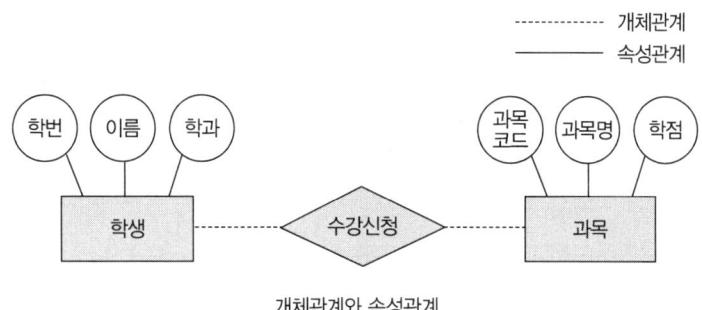

개체관계와 속성관계

1.5 데이터베이스의 3단계 구조

데이터베이스 구조를 사용자 관점에서 3단계로 나눌 수 있는데 이를 스키마(schema)라고 한다. 데이터베이스의 스키마 구조는 외부스키마, 개념스키마, 내부스키마의 3단계 구조로 구분한다.

❶ 외부 스키마

사용자 관점의 뷰 스키마로 업무 내용에 따라 다양한 외부스키마나 사용자 뷰가 정의 될 수 있다. 외부스키마는 응용 프로그램에 따라 여러 가지로 정의되는 외부스키마가 생성되고 사용자 관점에서 관심있는 여러 형태의 뷰가 만들어 질 수 있다. 외부스키마는 전체적인 데이터베이스의 구조를 갖는 개념 스키마의 일부분에 해당된다.

❷ 개념 스키마

개념 스키마는 물리적인 구조와 상관없는 전체 데이터베이스의 논리적인 구조를 기술한 표현이다. 개념스키마는 여러 형태의 외부스키마를 통합한 전체적인 데이터베이스 구조이기 때문에 데이터베이스에 저장되는 데이터와 그 데이터간의 관계 및 제약 조건 등에 관해 기술하며 사용자 관점에서 데이터베이스 전체의 정보를 표현한다.

❸ 내부 스키마

물리적인 저장장치에 데이터가 실제 저장되는 방법을 기술하는 스키마이며 개념스키마의 물리적인 저장구조를 기술하는 개념으로 하나만 존재한다. 실제적인 데이터베이스의 자료 저장 구조나 크기, 위치 등을 상세히 표현하는 물리적인 구조도이다.

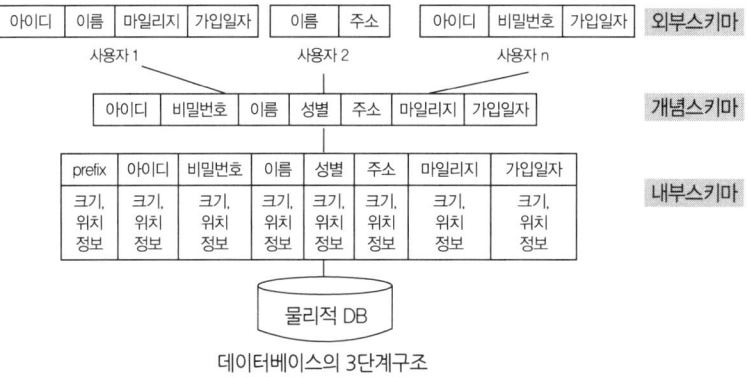

데이터베이스의 3단계구조

1.6 데이터베이스 관리 시스템(DBMS)

사용자와 데이터베이스 사이에 위치하여 새로운 데이터베이스를 생성하고 입력, 갱신과 검색 등의 작업을 관리하는 프로그램을 데이터베이스 관리 시스템(DataBase Management System)이라고 한다. 줄여서 DBMS라고 말한다.

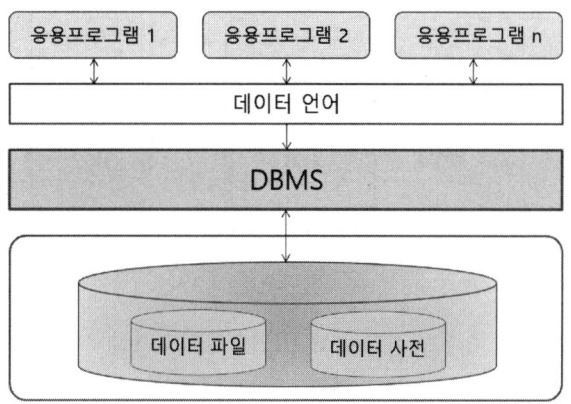

데이터베이스의 3단계 구조와 연관 지어 볼 때 데이터베이스 관리 시스템은 사용자의 외부 스키마와 연관된 개념 스키마를 결정하고 저장 인터페이스에 의해 물리적 저장장치 형태, 접근 방법 등을 결정하는 내부 스키마 단계를 통해 사용자에게 정보를 제공한다. 여러 프로그램들이 데이터를 공유할 수 있게 응용 프로그램과 데이터사이의 인터페이스 역할을 한다. 따라서 DBMS는 데이터의 구조가 변경되더라도 프로그램에는 영향이 없도록 데이터의 독립성을 제공한다.

1.7 관계형 데이터베이스

관계형 데이터베이스는 데이터베이스 구조를 테이블 형태로 표현하는 데이터베이스이다. 데이터베이스가 표현하고자 하는 개념이 개체로 표현되고 이 개체를 관계형 데이터베이스에서는 테이블로 표현된다. 속성과 속성간의 연관관계를 테이블로 표현하기도 하고 개체와 개체사이의 관계도 테이블로 표현한다.

개체와 개체의 연관 관계가 만들어낸 테이블은 양쪽 테이블 간에 공통적인 열이 있어서 이 공통 열을 통해 두 개 테이블을 하나처럼 연결하여 연관된 다른 값들을 꺼내올 수 있다. 예를 들어, 사원 테이블의 부서코드와 부서 테이블의 부서코드는 공통 열이어서 두 개 테이블을 연관지어 관련된 다른 값들을 갖고 올 수 있다.

사원 테이블

사번	이름	부서코드
E001	홍길동	D03
E002	김철수	D02
E003	박영희	D04
...	...	...

부서 테이블

부서코드	부서명
D01	총무부
D02	영업부
D03	R&D
D04	기획실
...	...

관계형 데이터베이스는 서로 독립적으로 테이블이 유지되지만 쉬운 방법으로 다양한 관계를 표현할 수 있고 무엇보다 확장성이 좋은 것이 장점이다. 처음 데이터베이스를 만든 후 관련되는 응용 프로그램들을 변경하지 않고도, 새로운 데이터 항목을 데이터베이스에 추가할 수 있다.

마이크로 소프트사의 SQL Server는 관계형 데이터베이스를 지원하는 데이터베이스 관리 시스템이다. SQL Server는 클라이언트-서버 모델을 기반으로 하는 DBMS로 윈도우즈 운영체제 뿐만 아니라 SQL Server 2017버전부터 리눅스 환경도 지원함으로써 다양한 플랫폼에서 동작이 가능하다.

■ 복습해보기

1-1 파일 시스템의 문제점은 무엇인가

프로그램별로 파일을 일대일 대응해서 사용하기 때문에 데이터 종속성문제, 데이터 중복, 저장비용증가, 무결성, 보안등의 문제점이 있다.

1-2 다음에서 설명하는 데이터베이스의 정의기능과 관계가 있는 것은 무엇인가
'단순히 저장된 데이터가 아니라 한 조직의 기능을 수행하기 위하여 운영해야 할 데이터이다. 조직의 존재 목적이나 기능을 수행하는 꼭 필요한 데이터의 집합을 말한다.'

한 조직체가 유지되고 운영되는데 필요한 데이터의 집합으로 운영 데이터(Operational Data)의 기능이다.

1-3 데이터베이스의 구성 요소는 무엇인가

데이터베이스의 구성요소는 속성, 개체, 관계로 표현된다.

1-4 데이터베이스의 3단계 구조는 무엇인가

사용자 관점의 뷰를 제공하는 외부 스키마, 물리적인 구조와 상관없는 사용자 관점에서 데이터베이스 전체의 정보를 표현하는 개념 스키마, 물리적인 저장장치에 데이터가 실제 저장되는 방법을 기술하는 단계인 내부 스키마이다.

1-5 데이터베이스 관리시스템(DBMS)을 서술하라.

사용자와 데이터베이스 사이에 위치하여 새로운 데이터베이스를 생성, 입력, 갱신과 검색 등의 작업을 관리하는 프로그램을 데이터베이스 관리 시스템이라고 한다.

1-6 데이터베이스에서 속성의 실제값이 입력된 테이블의 한 행을 지칭하는 용어는 무엇인가.

실제값이 입력된 하나의 인스턴스로 개체어커런스라고 한다.

1장 연습문제

【1-1】 데이터베이스의 정의와 거리가 먼 것은?

　(1) 통합된 데이터(Integrated Data)
　(2) 저장된 데이터(Stored Data)
　(3) 운영 데이터(Operational Data)
　(4) 공통 데이터(Common Data)

【1-2】 데이터베이스의 특성 중 옳지 않은 것은?
　　　　　　　　　　　　　　　　　[정보처리기사, 정보처리산업기사 기출문제]

　(1) 같은 내용의 데이터를 여러 사람이 동시에 공유할 수 있다.
　(2) 데이터베이스는 데이터의 삽입, 삭제, 갱신으로 내용이 계속적으로 변한다.
　(3) 수시적이고 비정형적인 질의에 대하여 실시간 처리로 응답할 수 있어야 한다.
　(4) 데이터의 참조는 저장되어 있는 데이터 레코드들의 주소나 위치에 의하여 이루어진다.

【1-3】 3단계 스키마와 거리가 먼 것은?

　(1) 개념 스키마
　(2) 내부 스키마
　(3) 공통 스키마
　(4) 외부 스키마

【1-4】 (　　　　　　　　) 은 사용자의 외부 스키마와 연관된 개념 스키마를 결정하고 저장 인터페이스에 의해 물리적 저장장치 형태, 접근 방법 등을 결정하는 내부 스키마 단계를 통해 사용자에게 정보를 제공하고 여러 프로그램들이 데이터를 공유할 수 있게 응용 프로그램과 데이터사이의 인터페이스 역할을 한다.

【1-5】 다음 테이블에서 (　　)부분의 용어를 채우시오.

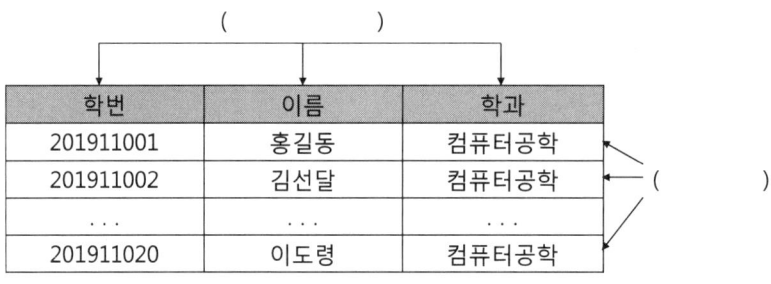

학생테이블

CHAPTER 02

SQL Server 설치하기

2-1. SQL Server 2017 Express
2-2. 설치 전 고려사항
2-3. Microsoft® SQL Server® 2017 Express 설치하기
2-4. SQL Server Management Studio(SSMS) 설치하기
2-5. SQL Server Management Studio
2-6. 예제 데이터베이스 설치하기

SQL Server 설치하기

2.1 SQL Server 2017 Express

SQL Server 2017 Express는 무료다운로드 및 배포가 가능한 버전이기 때문에 데스크 탑, 웹 및 소규모 서버 응용 프로그램을 학습하고 개발하기 위한 데이터베이스 구축에 적합한 무료 SQL Server이다. SQL Server 종류인 Enterprise, Standard, Express 에디션의 특징을 비교해보면 Express 에디션은 데이터 처리양만 차이를 둘 뿐 모든 기능을 사용해 볼 수 있다.

2.2 설치 전 고려사항

SQL Server 2016 버전 이후부터 설치는 64비트 프로세서에서만 지원된다. 다음은 SQL Server 설치에 적용되는 요구 사항이다. 자세한 내용은 마이크로소프트사 홈페이지를 방문하여 SQL Server 설치를 위한 하드웨어 및 소프트웨어 요구 사항을 참조하여 확인하자.

구성요소	요구사항
.NET Framework	.NET Framework 4.6이 필요
하드디스크	SQL Server 에는 최소 6GB의 하드 디스크 공간 필요
메모리	최소 : Express Edition: 512MB 권장 : Express Edition: 1GB
프로세서 속도	최소 : x64 프로세서: 1.4GHz 권장 : 2.0GHz 이상
프로세서 유형	x64 프로세서: AMD Opteron, AMD Athlon 64, Intel EM64T를 지원하는 Intel Xeon, Intel EM64T를 지원하는 Intel Pentium IV
모니터	SQL Server 에는 Super-VGA(800x600) 이상 해상도

2.3 Microsoft® SQL Server® 2017 Express 설치하기

❶ 다음 사이트에서 Microsoft® SQL Server® 2017 Express 설치 파일을 다운로드하여 설치해보자.

https://www.microsoft.com/ko-kr/download/details.aspx?id=55994

다운로드 사이트로 접속하면 다음 화면이 나타난다.

한국어 버전으로 다운로드를 클릭하여 설치 파일을 저장하자.

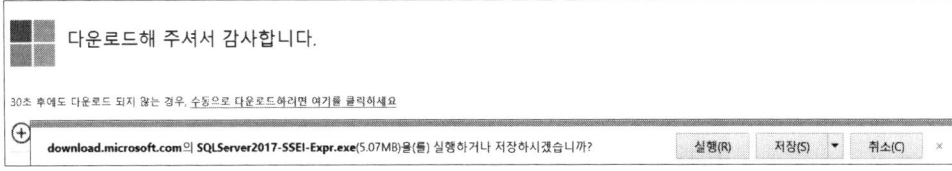

❷ 다운로드한 설치 파일을 실행하면 다음 화면이 시작된다. [예]를 클릭하자.

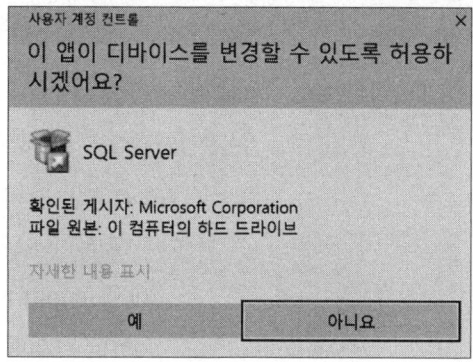

잠깐 다음 화면이 나타났다가 사라진다.

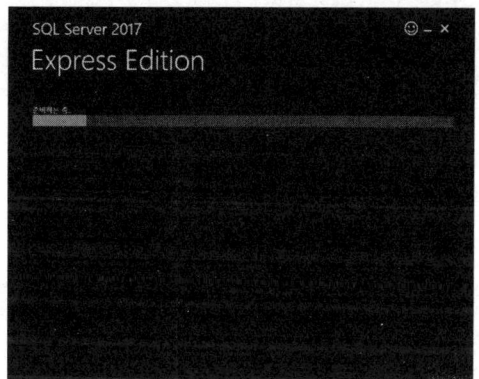

❸ 다음은 설치 유형을 선택하는 화면이다. SQL Server Express는 기본 명명된 인스턴스 명이 SQLEXPRESS이다. 기존에 설치되어 있지 않다는 가정으로 특별히 변경하지 않을 경우 기본 명명된 인스턴스로 진행하도록 기본설치를 선택하면 된다. SQL Server 기본 구성 설치를 선택하기 위하여 설치유형은 기본(B)를 선택하자.

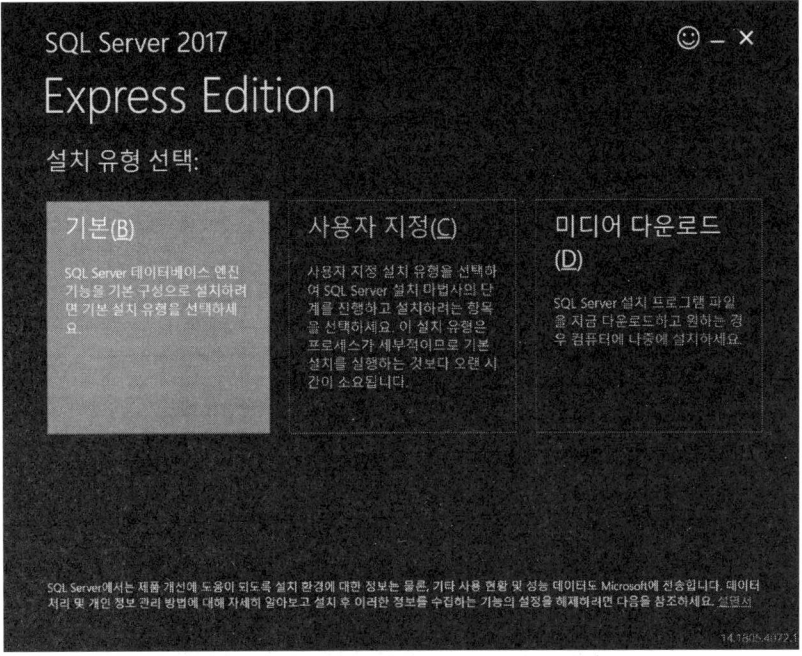

❹ SQL Server의 설치 위치를 지정하는 화면이 나타난다. 기본값을 변경하지 않고 설치를 선택한다.

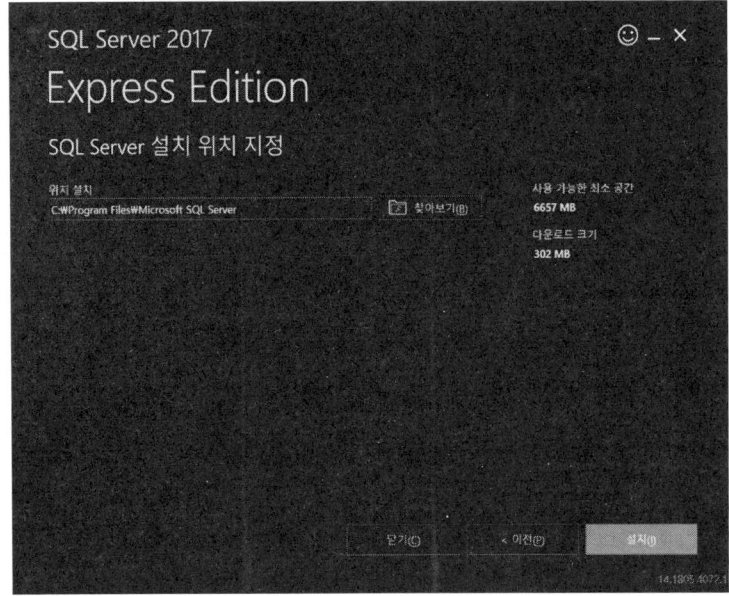

❺ 패키지를 다운로드하며 설치를 시작한다.

❻ 프로그램설치가 진행되는 동안 특별한 선택과정이 없이 진행된다. 설치가 정상적으로 종료되면 다음 화면이 나타난다. SQL Server를 접근하기 위한 통합도구인 SQL Server Management Studio(SSMS)를 설치하기 위하여 화면에서 SSMS설치를 클릭한다.

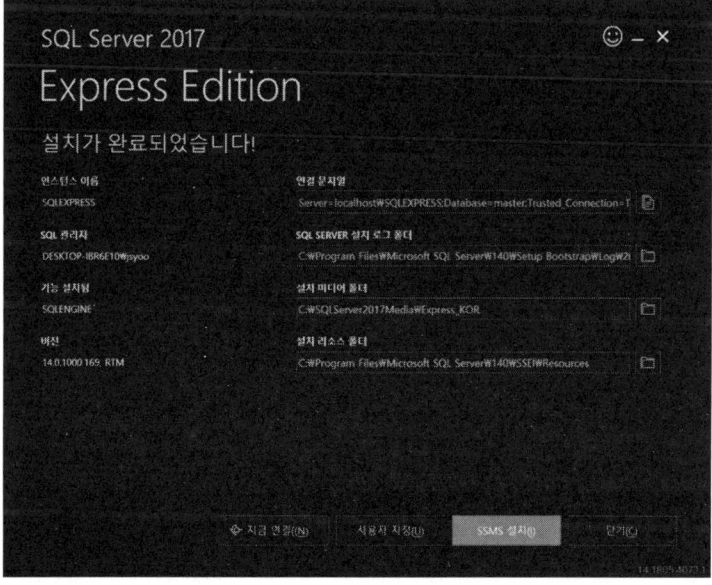

2.4 SQL Server Management Studio(SSMS) 설치하기

SQL Server Management Studio(SSMS)는 SQL Server의 모든 구성 요소를 액세스, 구성, 관리 및 운영하기 위한 통합 도구이다. SSMS를 사용하여 데이터베이스 쿼리 및 스크립트를 작성할 수 있다.

❶ 앞서 Microsoft® SQL Server® 2017 Express 설치가 종료된 후 SSMS설치 메뉴를 클릭하면 SQL Server Management Studio(SSMS) 다운로드 사이트로 이동하여 다음 화면이 나타난다. 필요하다면 마이크로소프트사 홈페이지에서 SQL Server Management Studio(SSMS) 다운로드를 검색하면 된다. SQL Server Management Studio(SSMS) 다운로드 사이트는 다음과 같다.

https://docs.microsoft.com/ko-kr/sql/ssms/download-sql-server-management-studio-ssms?view=sql-server-2017

SQL Server Management Studio 17.9.1 다운로드를 클릭한다.

❷ SQL Server Management Studio설치 파일의 다운로드를 시작하여 실행하고 변경 허용 화면에서 예를 선택하여 설치를 진행한다.

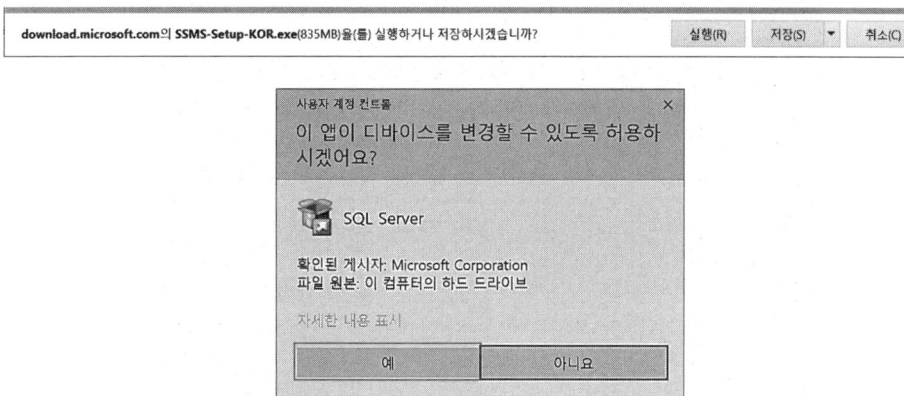

❸ SQL Server Management Studio설치 파일을 시작하는 화면에서 설치를 클릭한다.

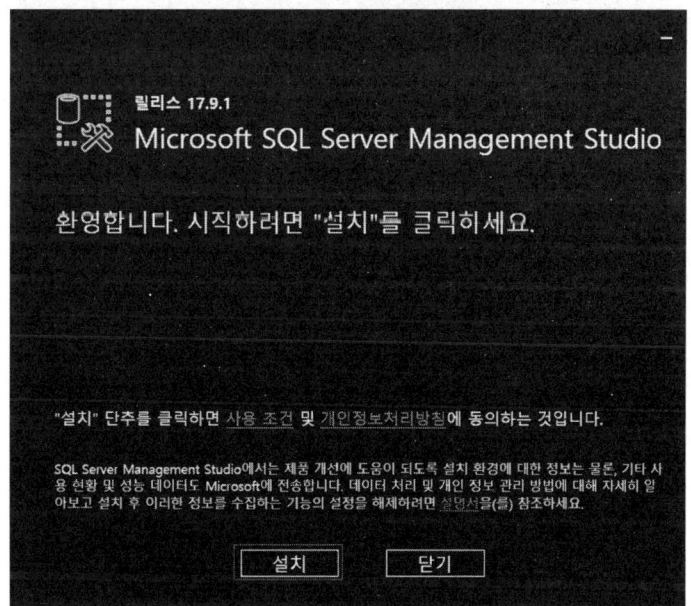

❹ SQL Server Management Studio설치가 진행된다.

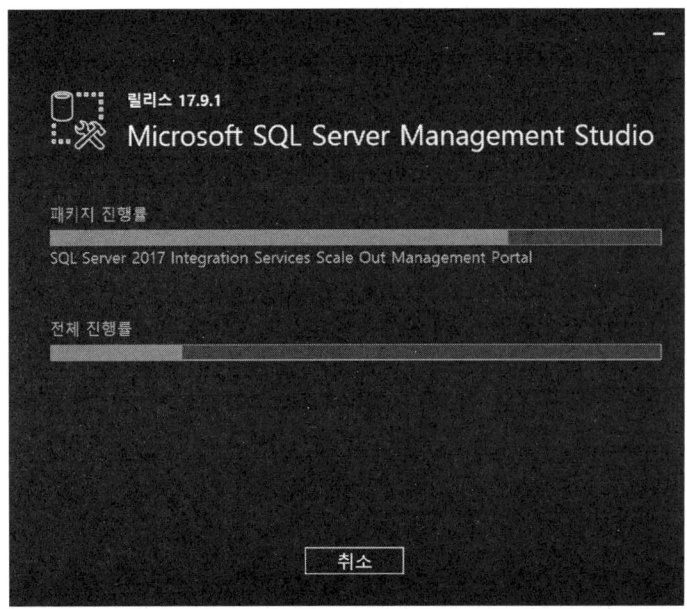

❺ SQL Server Management Studio설치가 완료되면 다음과 같은 종료화면이 나타난다.

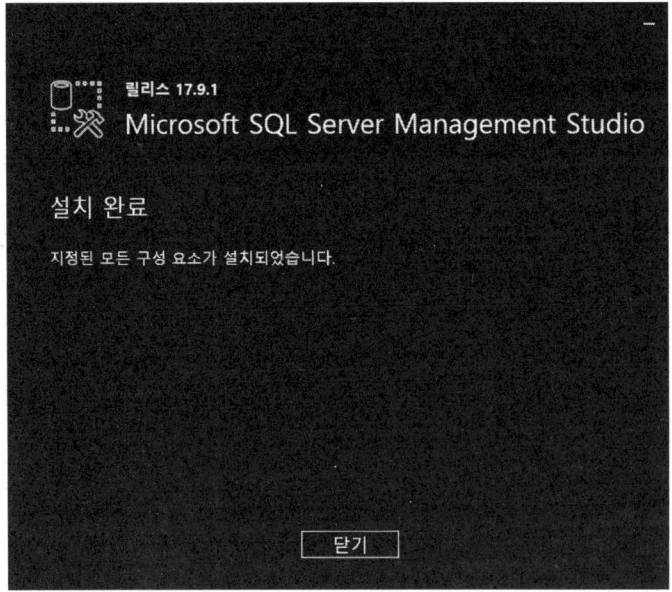

2.5 SQL Server Management Studio

❶ SQL Server Management Studio 실행하기

[시작]-[프로그램]-[Microsoft SQL Server Management Studio 17]을 실행하면 된다. 설치 후 처음 실행을 하면 사용자 설정 시간이 조금 걸릴 수 있다.

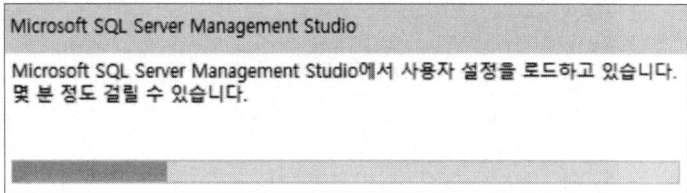

다음 화면처럼 연결 창이 나타난다. 서버 유형은 데이터베이스 엔진으로 선택되어 있다. 연결하려는 특정 서버에 인증을 하는 절차이다. Windows인증으로 연결하기 위해 연결 버튼을 클릭하자.

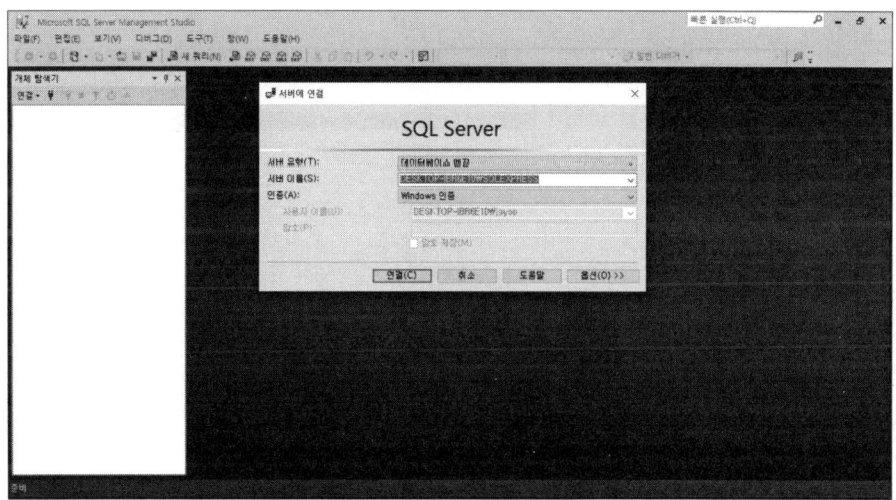

정상적으로 연결이 되면 다음과 같은 화면이 나타난다.

화면의 메뉴 아래 [새쿼리]를 선택하면 다음과 같은 쿼리 편집기 창이 나타난다. 왼쪽에 개체 탐색기가 있고 오른쪽에는 속성창이 있다.

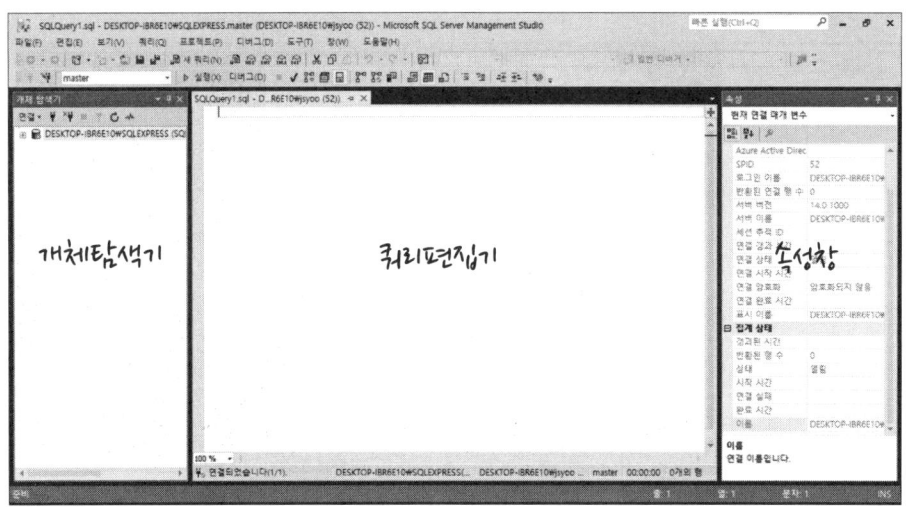

개체탐색기에는 접속된 서버가 보이고 서버상의 각종 개체들을 정렬해서 보여주고 있다. 가운데 가장 넓은 영역을 차지하고 있는 부분이 쿼리 편집기이다. SQL문을 쿼리 편집기에 입력해서 실행을 할 부분이다.

❷ SQL Server Management Studio 살펴보기

학습을 위한 가장 기본적인 요소만 살펴보기로 한다.

(1) 자동완성 기능

쿼리분석기에서 SELECT를 입력하고 @@까지 입력해보자. 다음 화면과 같이 자동완성 기능이 실행되어 입력값을 찾을 수 있는 도움창이 뜬다. 오타도 줄일 수 있고 편리하게 입력 할 수 있다. 자동 완성 기능은 여러 개체들의 탐색에도 편리하다.

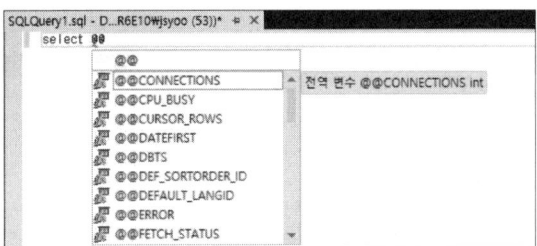

(2) 쿼리 실행

쿼리 편집기에 입력한 쿼리의 실행은 메뉴에서 ▶실행(X) 을 클릭하거나 F5 키를 누르면 실행된다. 실행결과는 쿼리분석기 하단에 나타난다. 쿼리 편집기에서 SELECT @@VERSION 이라고 입력하고 실행한 결과이다. SELECT @@VERSION은 SQL Server 버전을 확인하는 명령이 구문이다.

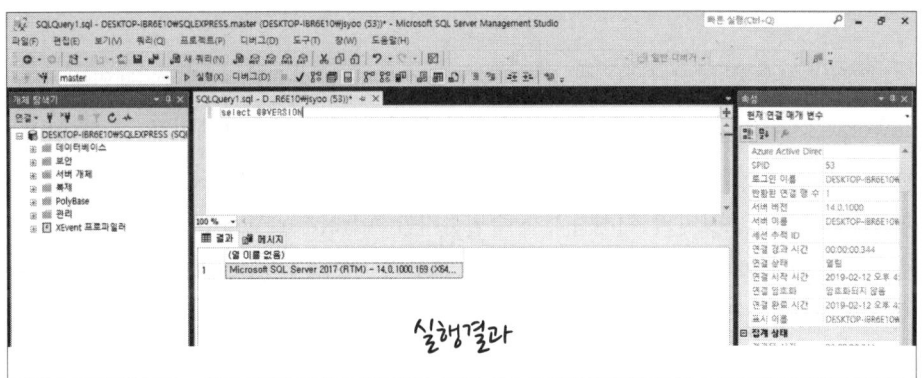

(3) 쿼리 실행 결과 변경

쿼리 편집기에 입력한 쿼리의 실행결과 형태를 선택하여 변경할 수 있다. 기본적으로는 쿼리 실행결과가 테이블형태의 결과 집합으로 보인다. 메뉴에서 [쿼리]-[결과처리방법]을 클릭하면 결과창의 형태를 선택할 수 있다. SQL문의 결과를 텍스트 형태, 표 형태로 선택하여 표시할 수 있고 파일로 저장 할 수 있다. 메뉴에서 아이콘 으로 선택 가능하다.

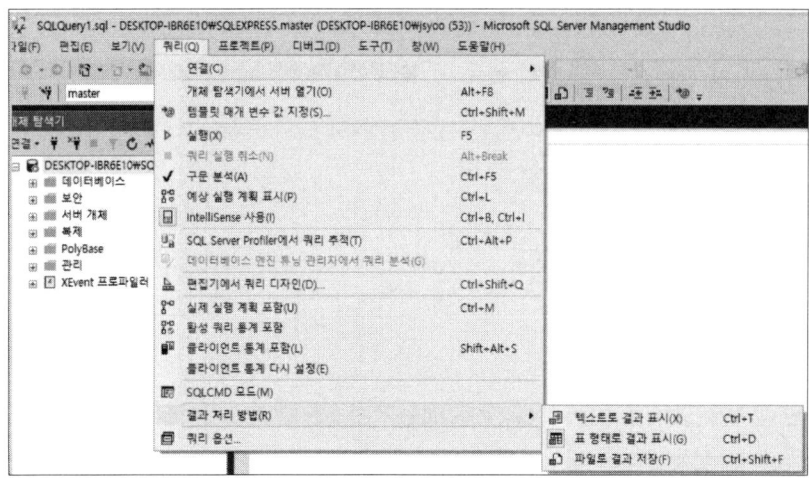

2.6 예제 데이터베이스 설치하기

본 교재에서 사용할 데이터베이스는 마이크로소프트사가 제공하는 샘플예제인 AdventureWorks2014와 pubs이다. pubs는 책 출판과 판매 관련 샘플예제이고 AdventureWorks2014는 자전거 회사에 대한 OLTP 데이터베이스 샘플예제이다. pubs는 데이터의 양이 작기 때문에 초보자가 이해하기가 수월하지만 AdventureWorks2014는 데이터양이 많고 테이블과 열 이름 등 글자 길이가 길어서 본문에 사용하는 예제에 익숙한 뒤에 사용하면 편리할 것이다. SampleDB는 교재 설명을 위해 만든 데이터베이스이다. 세 가지 예제 데이터베이스를 활용할 것이기 때문에 다운로드 받기 바란다.

❶ pubs 데이터베이스

SQL을 배우기 위해 사용할 수 있는 샘플 데이터베이스가 다양한 버전으로 존재한다. 마이크로소프트사 다운로드센터 홈페이지에서 pubs 데이터베이스를 검색하여 샘플데이터베이스 다운로드 사이트로 이동할 수 있다. 아래 주소에서 다운로드 받을 수 있다.

https://www.microsoft.com/en-eg/download/details.aspx?id=23654

다운로드 주소로 이동하면 다음과 같은 화면이 나타난다. Northwind 데이터베이스와 pubs 데이터베이스를 다운로드받을 수 있다. Download를 클릭하여 SQL2000SampleDb.msi 파일을 저장한다.

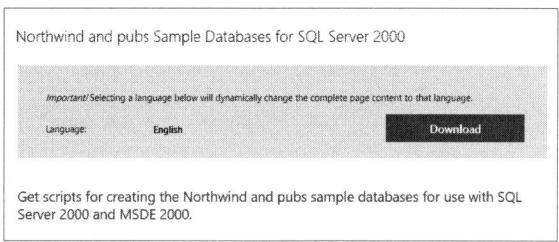

다운로드한 SQL2000SampleDb.msi를 실행하여 다음 화면이 나타나면 Next를 클릭한다.

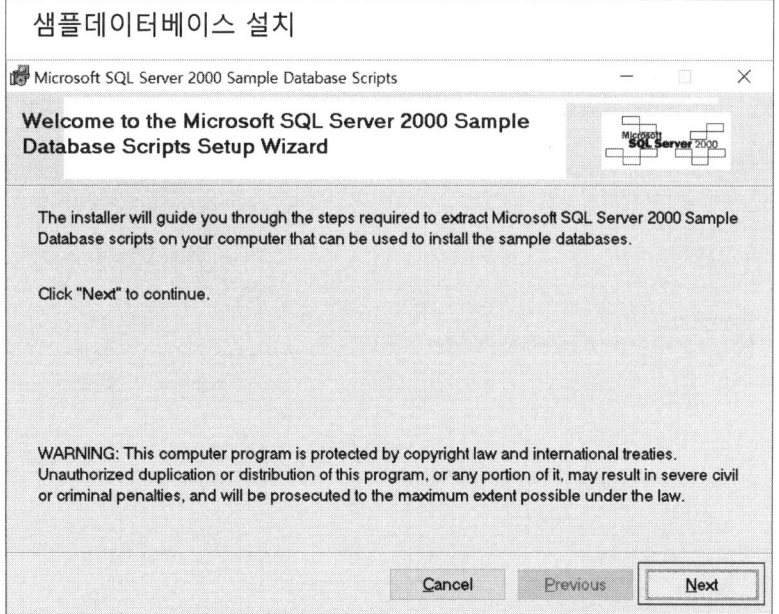

설치동의 화면이 나타나면 설치동의(I agree)를 클릭하고 설치를 한다.

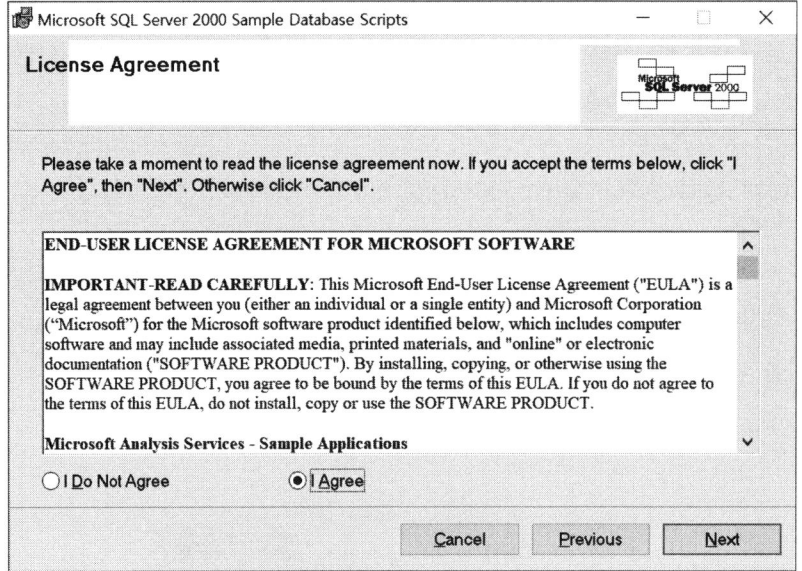

설치 옵션 화면이 나타난다. 그대로 Next 버튼을 클릭한다.

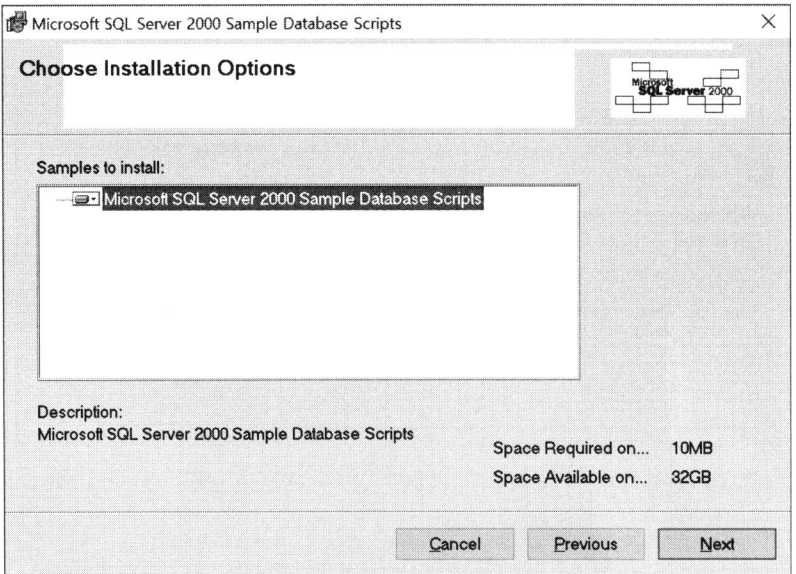

이후 설치 진행은 그대로 Next버튼을 클릭하면서 설치를 진행하면 된다. SQL2000SampleDb.msi 의 실행이 완료되면 [C:Server 2000 Sample Databases]라는 폴더가 생기고 데이터베이스 스크립트 및 추가 정보 파일들이 추출된다. SQL Server Management Studio를 실행한 후 이 폴더에 있는 instpubs.sql을 실행하여 데이터베이스를 생성하거나 아래와 같은 MDF 파일을 바로 연결하여 사용할 수 있다.

SQL Server Management Studio를 실행하여 instpubs.sql 파일을 읽어오자. 다음과 같이 유니코드 대체에 대한 팝업창이 뜨지만 상관없으니 확인을 클릭하자.

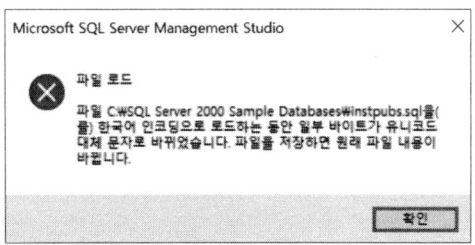

다음 화면과 같이 실행할 수 있는 쿼리로 불러 들여진다. 실행버튼을 클릭하여 쿼리를 실행한다.

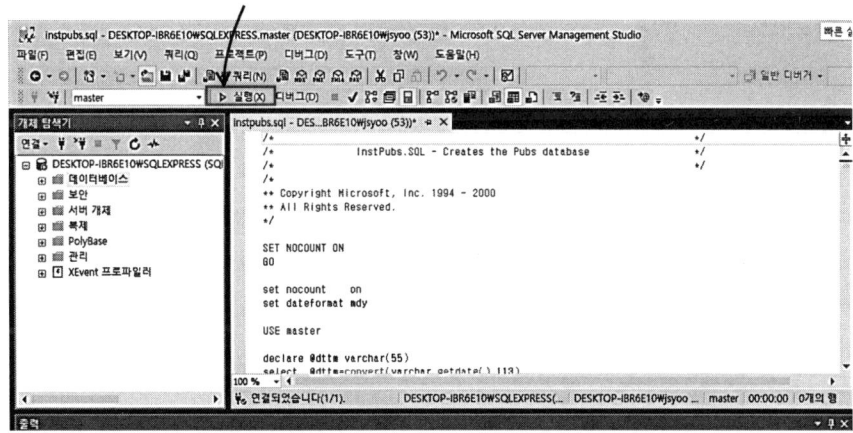

정상적으로 pubs 데이터베이스가 생성되면 데이터베이스 목록창에서 확인할 수 있다.

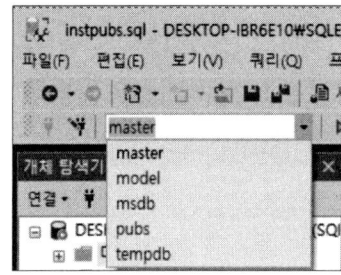

❷ AdventureWorks2014 데이터베이스

AdventureWorks2014 예제 데이터베이스는 아래 주소에서 다운받을 수 있다.

https://github.com/Microsoft/sql-server-samples/releases/tag/adventureworks

AdventureWorks2014 이외에도 다양한 버전의 AdventureWorks 데이터베이스를 다운받을 수 있다. AdventureWorks2014.bak 파일을 다운 받도록 하자.

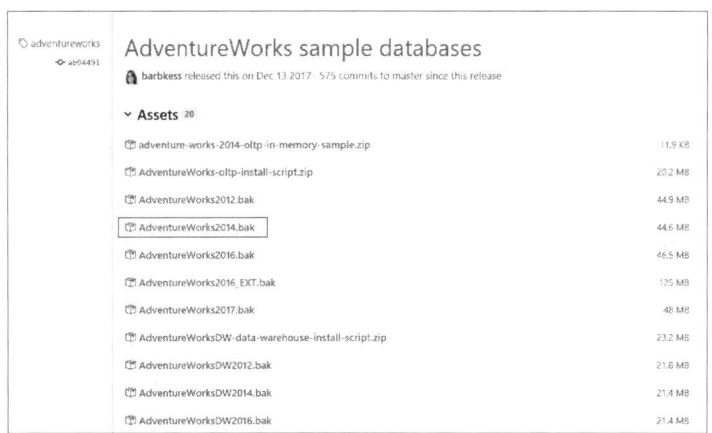

다운받은 AdventureWorks2014.bak 파일은 복원 파일이기 때문에 사용할 수 있도록 데이터베이스 복원을 해야 한다. SQL Server Management Studio를 실행하여 [개체 탐색기]에서 데이터베이스를 선택한 후 마우스 오른쪽 버튼을 클릭하여 [데이터베이스 복원] 메뉴를 선택한다.

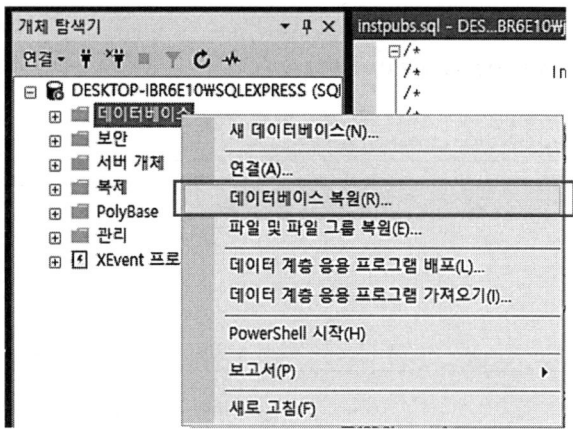

원본 메뉴에서 장치를 선택하고 백업할 파일을 선택하기 위하여 찾아보기를 클릭한다.

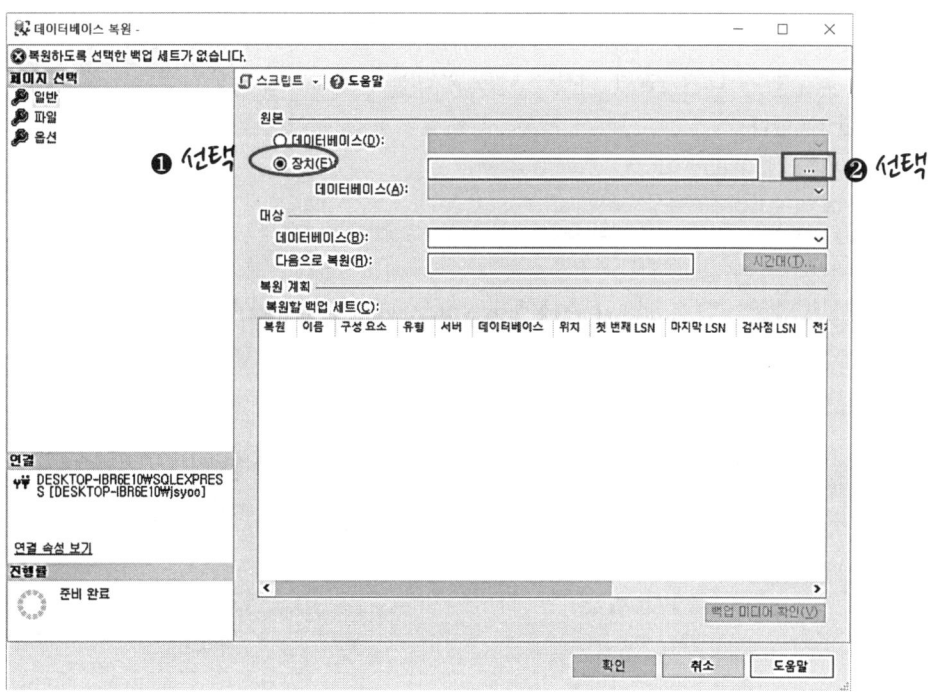

복원 작업에 사용할 백업 파일을 추가하는 화면이 나타난다. 추가를 클릭한다.

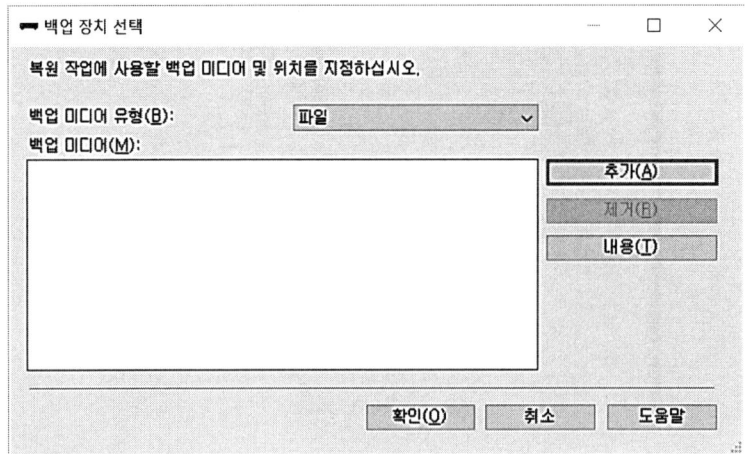

추가 버튼을 클릭하여 복원할 파일 AdventureWork2014.bak 을 지정해보자. 다운받은 AdventureWork2014.bak 파일은 현재 설치된 SQL Server의 DATA폴더로 옮겨놓도록 하자. SQL Server의 DATA폴더 위치는 다음 화면에서 백업파일의 위치경로를 참조하면 쉽게 확인할 수 있다.

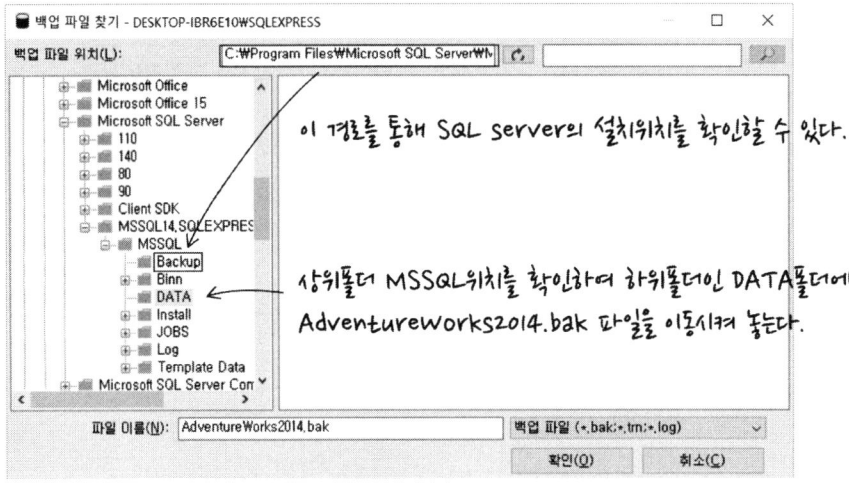

백업파일 찾기 화면에서 왼쪽의 백업파일 위치인 DATA 폴더를 선택하면 오른쪽에 AdventureWork2014.bak파일이 보인다. 이 파일을 선택하고 하단에 확인 버튼을 선택한다. 확인을 클릭한다.

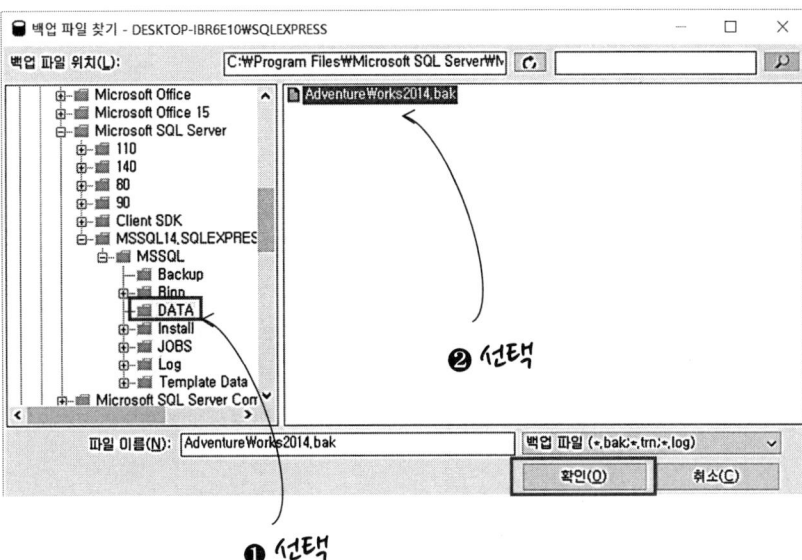

다음 진행화면에서 AdventureWork2014.bak파일이 백업장치에 선택되어진 것을 확인할 수 있다. 확인을 클릭한다.

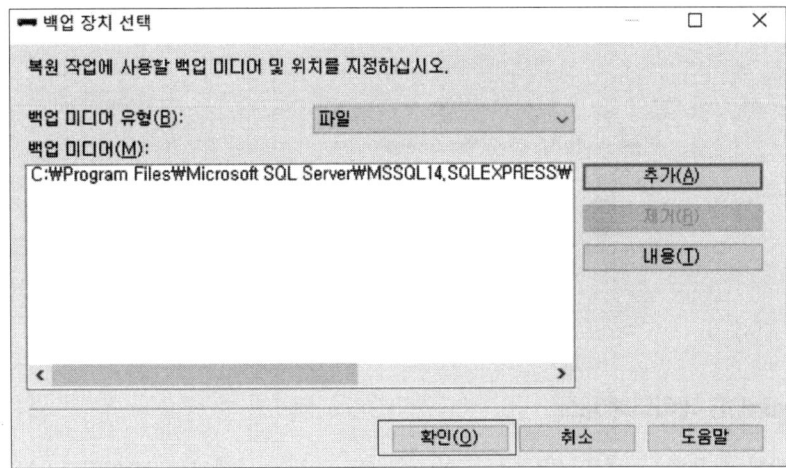

데이터베이스 복원을 위해 확인을 클릭한다.

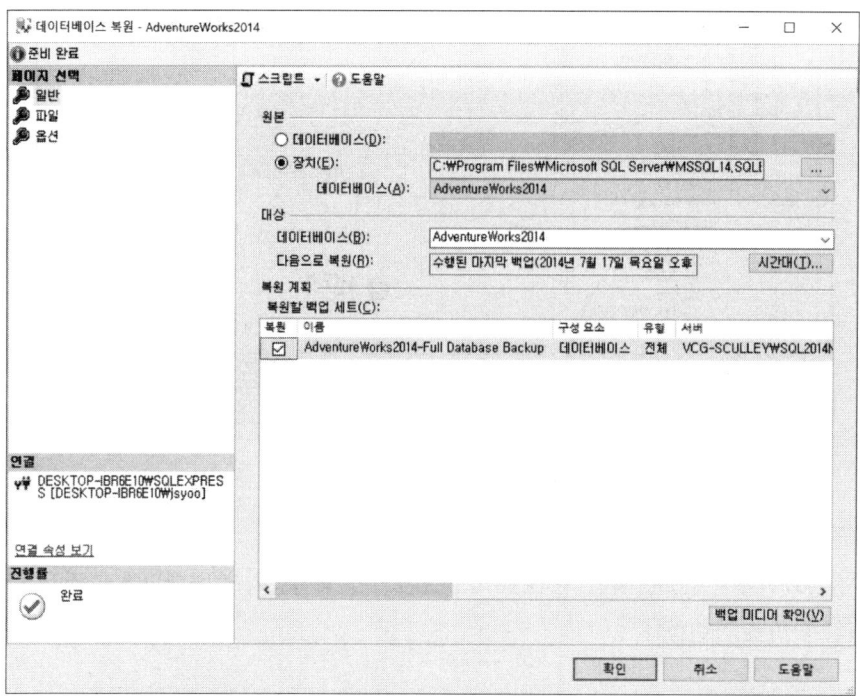

성공적으로 데이터베이스가 복원되면 데이터베이스 복원완료 메시지 창이 뜬다.

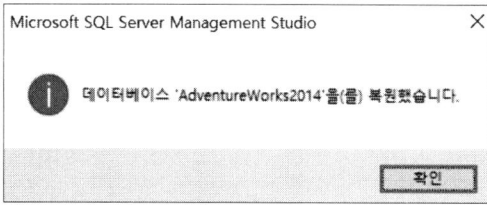

❸ SampleDB 데이터베이스

본 교재에서 사용하는 샘플 데이터는 SampleDB.sql을 실행하면 생성된다. Microsoft SQL Server Management Studio를 실행하여 자료실에서 다운 받은 SampleDB.sql 파일을 열고 아이콘 ▶ 실행(X)을 클릭 하거나 [F5]를 눌러 실행시키면 SampleDB 데이터베이스가 생성된다.

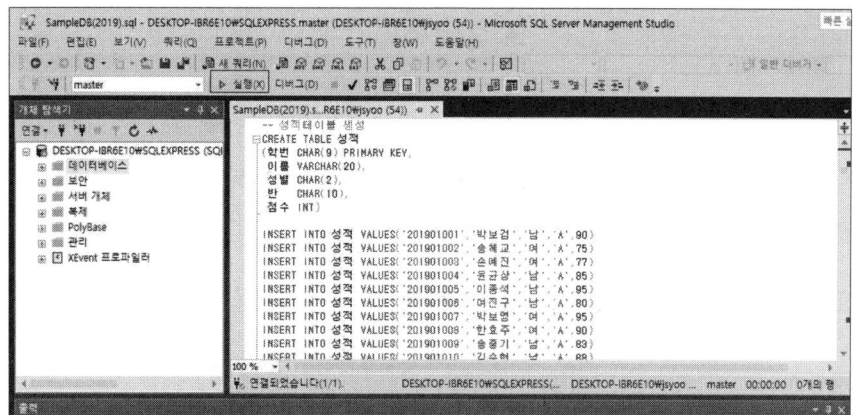

SQL Server Management Studio의 개체 탐색기에서 데이터베이스를 확장해보면 pubs, AdventureWorks2014, SampleDB 가 연결되어 있는 것을 확인할 수 있다.

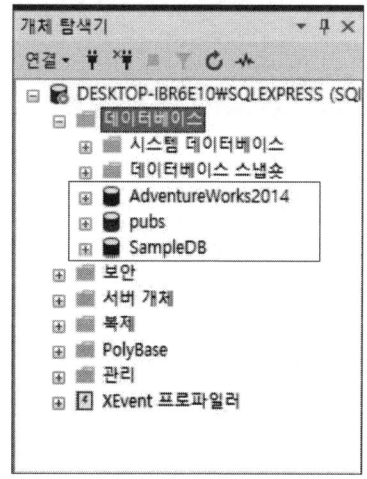

▣ 실습해보기

2-1 SQL Server Management Studio를 사용해서 샘플 테이블의 데이터를 조회해보자.

❶ SQL Server Management Studio를 실행시키고 서버 연결을 선택한다.

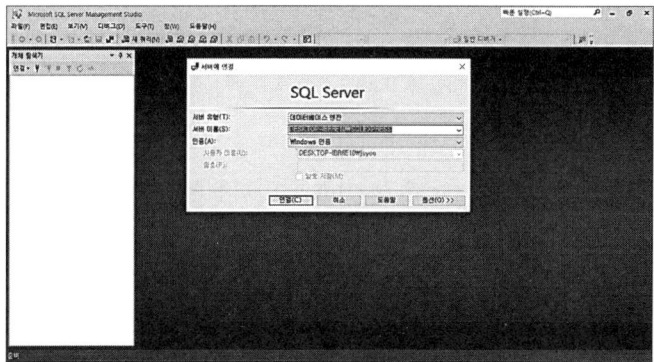

❷ 왼쪽 개체 탐색기에서 옆의 + 를 확장하면 설치된 데이터베이스들이 나타난다. SampleDB를 선택하여 +를 확장해보자. SampleDB아래 테이블 메뉴 중 그래프 테이블이 나타난다.

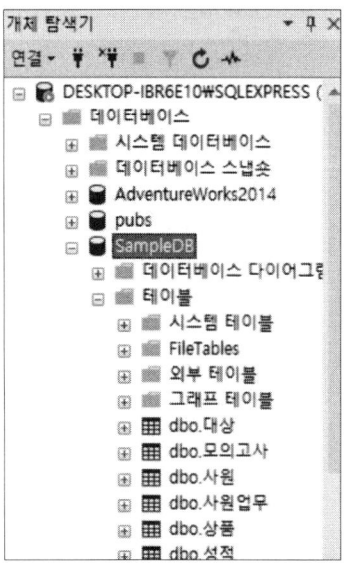

❸ 성적 테이블을 선택하고 오른쪽 마우스를 클릭하여 [상위 1000개 행 선택]을 클릭하자.

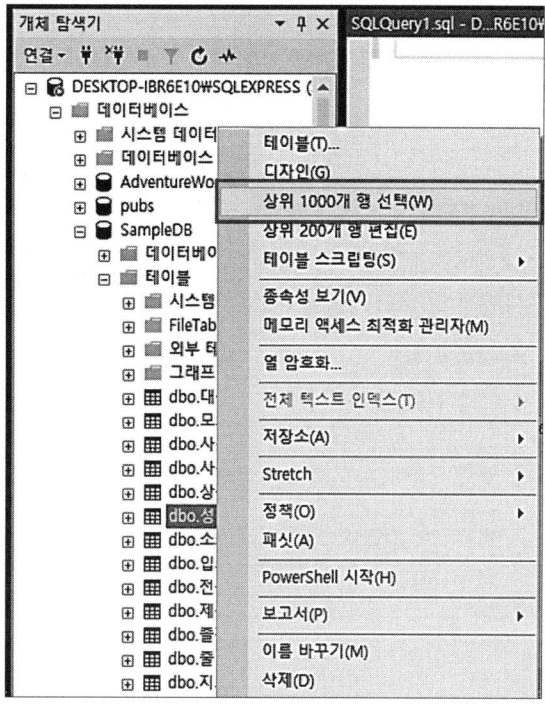

❹ 쿼리 편집기 창에 SQL 조회구문이 작성되고 결과창에 성적 테이블의 데이터를 조회한 결과가 나타난다.

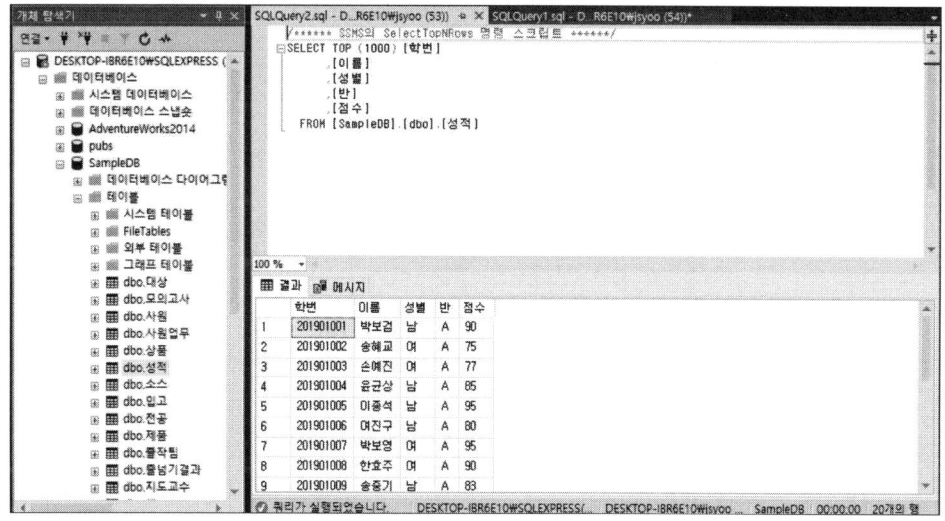

> **2-2** 쿼리문의 실행 결과를 텍스트 형태로 표시해보자.

❶ 메뉴에서 [쿼리]-[결과 처리 방법]-[텍스트로 결과표시]를 선택하자.

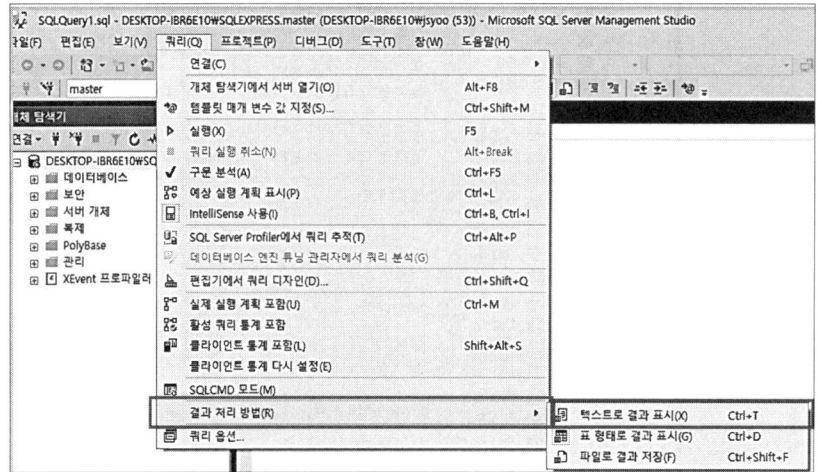

❷ 다시 한 번 쿼리 편집기 창에 작성되어 있는 【2-1】예제에서 실행했던 쿼리문을 실행하기 위해 실행버튼 ▶ 실행(X)을 클릭하여 실행해 보자. 이번에는 결과가 텍스트 형태로 나타난다.

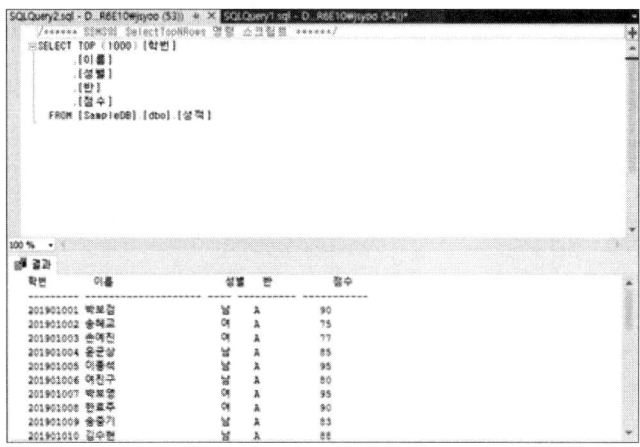

교재에서는 결과처리 방법을 테이블로 나타나도록 한다. 설정을 [표 형태로 결과표시]로 바꾸어 놓자.

> **2-3** 새 테이블을 생성하여 보자.

개체 탐색기에서 SampleDB하위 메뉴중 테이블을 선택하여 오른쪽 마우스를 클릭하면 [테이블] 메뉴가 나타난다. 클릭하면 쿼리 편집기 창에 테이블을 정의할 수 있는 열이름, 데이터 형식, 널 허용 등의 정의를 할 수 있는 메뉴가 나타난다.

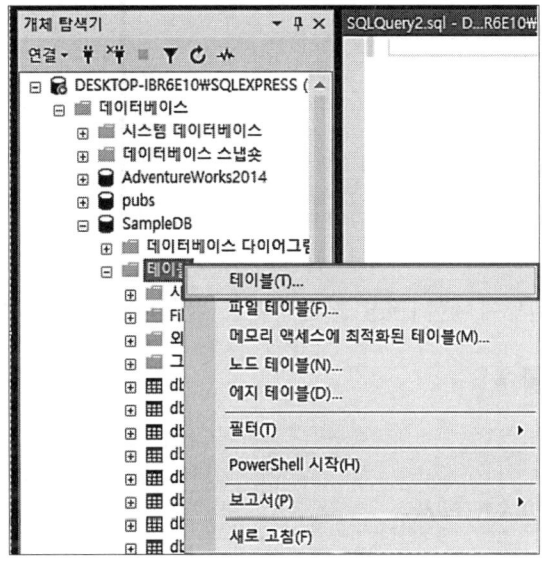

다음 그림과 같이 정의해보자. 각 열에 대해 열 이름을 입력하고, 데이터 형식을 선택하고 Null 허용 체크를 해제하여 널을 허용하지 않도록 한다.

열 이름	데이터 형식	Null 허용
이름	nchar(10)	☐
▶ 성별	nchar(2)	☐
		☐

오른쪽 속성 창에서 테이블 명에 테스트로 입력해보자.

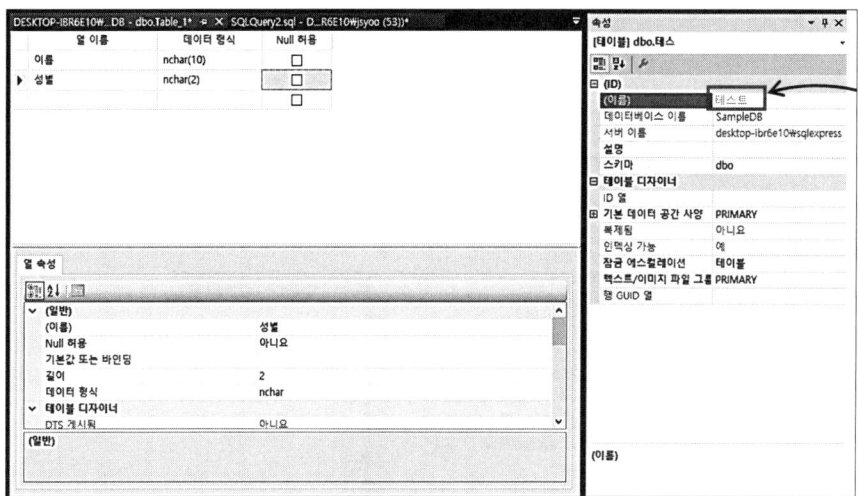

파일 메뉴에서 테이블명에 대한 [저장]을 선택하여 정의한 테이블을 생성하자.

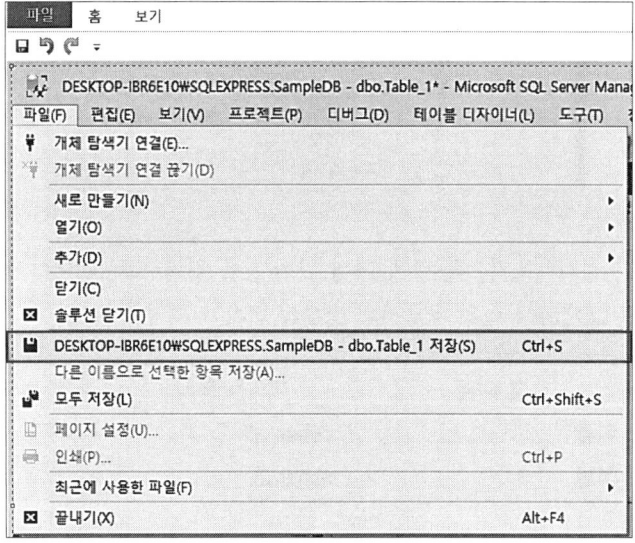

새 테이블을 보려면 개체 탐색기에서 테이블 노드를 확장하고 F5키를 누르거나 또는 개체 목록을 새로 고침해보자.

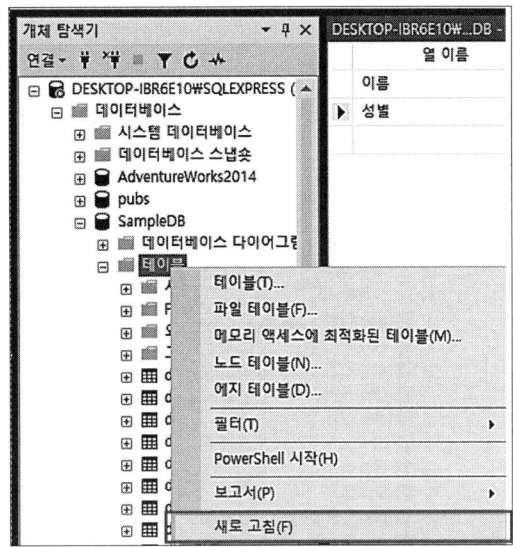

테이블 목록에 새로 생성한 테이블이 표시된다.

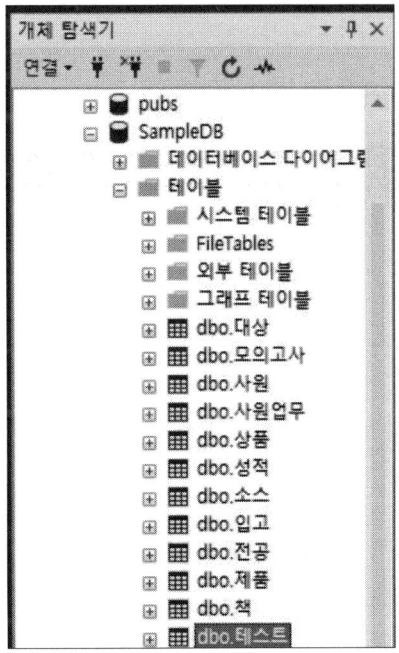

2-4 앞서 생성한 테이블에 레코드를 입력해보자.

새로 생성한 테이블 명을 선택하여 오른쪽 마우스를 클릭하고 상위200개 행 편집 메뉴를 선택해보자.

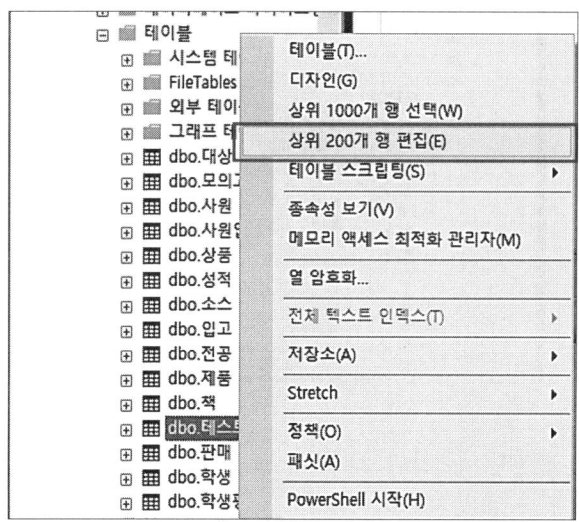

레코드를 입력할 수 있는 행이 표시되면 다음과 같이 입력해보자.

이름	성별
홍길동	남
성춘향	여
NULL	NULL

예제 【2-1】에서 테이블 조회 방법처럼 테스트 테이블의 데이터를 조회하면 다음과 같은 결과가 결과창에 나타난다.

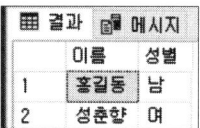

CHAPTER 03

Transact-SQL

3-1. Transact-SQL
3-2. Transact-SQL 구문의 종류
3-3. Transact-SQL 기본요소
3-4. 데이터 형식 관련 함수들

Transact-SQL

3.1 Transact-SQL

ANSI란 American National Standards Institute의 약자로 미국표준협회를 말한다. ISO는 International Standards Organization의 약자로 국제표준조직이다. ANSI와 IOS에서는 통상적으로 사용되는 SQL(Structured Query Language)에 표준을 정하였는데 이를 ANSI SQL-92라고 한다. Transact-SQL은 마이크로소프트사가 이 ANSI SQL-92의 표준을 따르면서 차별화된 기능을 추가하여 독자적으로 만든 SQL로 MS서버에 다양한 기능을 확장한 언어이다. Transact-SQL은 흔히 줄여서 T-SQL이라고 부른다. 본문에서는 크게 구분하지 않고 용어를 SQL 또는 쿼리(Query)로 부르기로 한다.

3.2 Transact-SQL 구문의 종류

SQL은 관계형 데이터베이스를 기반으로 원하는 정보를 얻기 위해 실행하는 언어이다. SQL은 기능에 따라 데이터 정의 언어(DDL), 데이터 조작언어(DML), 데이터 제어 언어(DCL) 세 가지로 구분한다.

❶ 데이터 정의 언어 (DDL: Data Definition Language)

데이터베이스, 테이블, 뷰, 인덱스, 도메인, 제약 조건 등 각종 개체를 생성, 수정, 삭제 등을 관리하기 위한 언어로 CREATE, ALTER, DROP등의 명령어가 있다. 주로 데이터베이스 관리자(DBA)가 많이 사용하는 언어이다. 데이터 정의 언어는 다음과 같다. CREATE 문은 각종 개체를 새로 생성할 때 사용하는 명령어이며 ALTER 문은 이미 생성된 개체에 새로운 항목을 추가하거나 삭제할 때 또는 기존의 구조를 변경할 때 사용하는 명령어이다. DROP문은 개체를 삭제할 때 사용하는 명령어이다.

종류	기능
CREATE	데이터베이스, 테이블, 뷰, 인덱스, 도메인, 제약 조건 등 각종 개체를 생성
ALTER	이미 생성된 테이블과 도메인을 수정
DROP	데이터베이스, 테이블, 뷰, 인덱스, 도메인, 제약 조건 등 각종 개체를 삭제

❷ 데이터 조작 언어(DML:Data Manipulation Language)

데이터 정의어로 정의된 데이터베이스 내의 데이터를 조작하는 명령어로 레코드를 조회, 삽입, 수정, 삭제하는데 사용한다. 다음은 데이터 조작 언어의 종류이다. SELECT문은 각종 개체를 검색하는 명령어로 데이터베이스 작업에서 가장 많이 사용한다. INSERT문은 테이블에 새로운 레코드를 삽입할 때 사용을 하며 UPDATE문은 테이블의 레코드를 수정할 때 사용하는 명령어이다. DELETE문은 레코드를 삭제할 때 사용하는 명령어로 삭제를 할 때는 신중하게 작업을 해야 한다.

종류	기능
SELECT	테이블의 데이터 검색
INSERT	테이블에 새로운 레코드 삽입
UPDATE	테이블의 레코드 수정
DELETE	테이블의 레코드 삭제

❸ 데이터 제어 언어(DCL:Data Control Language)

데이터베이스에 대한 정확성과 안정성을 위해 개체, 사용자, 작업 수행 등을 관리하는 명령어이다. 데이터 제어 언어는 데이터베이스를 공용으로 사용하기 위한 데이터 제어를 정의하고 기술하는 언어로서 관리를 위한 도구이다. 데이터 제어 언어는 주로 관리자가 사용하는 언어로서 데이터 보안, 무결성, 데이터 회복과 병행 등을 수행하기 위한 목적의 제어 언어이다. 데이터 제어 언어는 GRANT, DENY, REVOKE 명령어가 해당된다. GRANT는 권한을 부여하는 명령어이며 DENY는 이와 반대로 권한을 빼앗는 명령어이다. REVOKE는 GRANT 또는 DENY명령어에 의해 설정된 권한을 제거하는 명령어이다.

종류	기능
GRANT	사용자 계정이나 역할에 대하여 개체의 접근 권한이나 SQL 사용 권한을 부여
DENY	GRANT와 반대의미로 개체에 접근하지 못하게 하거나 SQL을 수행하지 못하도록 거부
REVOKE	이미 GRANT 또는 DENY로 설정된 권한을 제거

3.3 Transact-SQL 기본요소

❶ 주석

주석은 프로그래밍언어에서 많이 보아왔다. 처리에 영향을 주지 않는 문자열이지만 잘 활용하면 명령어 전반에 대한 이해도를 높일 수 있다. 아래 예와 같이 주석은 한줄 주석과 블록 주석으로 구분하여 사용한다.

```
-- 한줄 주석입니다. 현재 행은 처리에 영향을 주지 않습니다.
/*  여러 줄에 걸친
주석처리입니다. */
```

하이픈 (--)으로 시작하는 한줄 주석은 --로 시작한 현재 줄 끝까지가 주석으로 간주된다. 여러 줄에 걸쳐 주석을 작성하려면 매 줄마다 --을 사용해야 한다. 블록 주석은 /*로 시작한 줄부터 */로 종료되는 줄까지의 모든 내용이 주석으로 간주된다.

❷ 변수

변수는 값을 저장하기 위해 사용하는 개체이다.

(1) 사용자 정의 변수

SQL에서 사용자가 정의하는 변수명은 @로 시작하여야 한다. 변수명 선언은 DECLARE 문을 사용한다.

```
DECLARE @변수명 데이터형식
```

변수는 일괄처리에서만 사용이 유효하다. 변수는 처음 선언되면 그 값은 NULL로 설정된다. 변수를 정의하면서 초기화 값을 부여할 수 있다.

```
-- 변수정의와 초기화
DECLARE @id INT=10
```

여러 개의 변수를 정의하려면 콤마(,)를 사용하고 @변수명과 데이터형식을 연속적으로 작성하면 된다.

```
-- 여러 개의 변수정의와 초기화
DECLARE @A INT = 10, @B CHAR(30)
```

초기화 되지 않은 변수에 값을 할당하려면 SET 문을 사용한다.

```
SET @변수명 = 값
```

다음은 변수 @num을 정수형 변수로 정의하고 5로 초기값을 부여한 예이다.

```
DECLARE @num INT
SET @num = 5
```

주의할 점은 여러 개의 변수에 값을 할당하려면 변수마다 각각의 SET문을 사용해야 한다.

```
SET @변수명1 = 값
SET @변수명2 = 값
```

변수의 연산식에 SET문을 사용할 때는 프로그래밍 언어처럼 연산의 += 표기를 사용하여 축약문 형태로 표기할 수 있다. 다음 예에서 변수 @k 는 현재 @k 의 값에 10을 누적하는 연산식을 축약문으로 사용한 예이다.

```
DECLARE @i INT=0, @k INT = 0
SET @i = @i+1
SET @k += 10   -- @k = @k + 10 연산식과 동일
```

변수에 할당된 값을 출력하기 위해서는 SELECT문을 사용한다.

```
SELECT @변수명
```

방금 학습한 연산식의 결과를 출력해보자.

```
DECLARE @i INT=0, @k INT =0
SET @i = @i+1
SET @k += 10   -- @k = @k + 10 연산식과 동일
SELECT @i
SELECT @k
```

실행결과

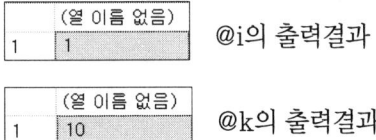

SELECT문은 콤마(,)를 사용해서 한꺼번에 여러 변수의 값을 출력할 수 있다.

```
DECLARE @i INT=0, @k INT =0
SET @i = @i+1
SET @k += 10   -- @k = @k + 10 연산식과 동일
SELECT @i , @k
```

실행결과

(열 이름 없음)	(열 이름 없음)
1	10

　@i의 출력결과　@k의 출력결과

SELECT문은 변수 출력뿐만 아니라 값을 할당하는 구문으로도 사용한다.

```
SELECT @변수명 = 값
```

SET문과 차이점은 SET문은 여러 개의 변수에 값을 할당하려면 각각의 SET문을 사용해야 하지만 SELECT문은 한꺼번에 여러 변수에 값을 할당할 수 있다.

```
SELECT @변수명1 = 값, @변수명2 = 값
```

변수에 값을 부여하는 SET문과 SELECT문을 사용하여 예제를 만들어보자. 정수형 변수 @num 과 문자형 변수 @city를 정의하고 값을 부여해보자. 문자형 변수에 값을 할당하기 위해서는 외 따옴표(')를 사용해서 값을 넣는다.

```
DECLARE @num INT, @city CHAR(10)      -- 변수 정의
SET @num = 10                          -- 값 할당
SELECT @city = '서울'
SELECT @num, @city                     -- 값 출력
```

[실행결과]

	(열 이름 없음)	(열 이름 없음)
1	10	서울

(2) 시스템 함수

사용자 함수는 @로 시작하지만 @@로 시작하는 시스템 함수는 시스템 변수를 의미한다.

시스템 함수	의미
@@SERVERNAME	SQL Server를 실행하는 로컬 서버의 이름을 반환한다.
@@VERSION	현재 설치된 SQL Server의 버전을 반환한다.
@@ERROR	SQL문이 성공적으로 실행되면 0을 반환하고 오류가 발생하면 해당 오류 번호를 반환한다.
@@ROWCOUNT	최근 실행된 SQL문의 영향을 받은 행의 수를 반환한다.
@@IDENTITY	마지막으로 삽입된 identity 값을 반환한다.
@@TRANCOUNT	현재 연결에서 발생한 BEGIN TRANSACTION 문의 수를 반환한다.

다음은 SQL Server에 설정된 언어를 확인하고 실행결과의 행의 수를 반환하는 예제이다.

```
SELECT @@LANGUAGE          -- SQL Server 설정 언어 출력
SELECT @@ROWCOUNT          -- 실행결과의 행의 수 출력
```

실행결과

	(열 이름 없음)
1	한국어

	(열 이름 없음)
1	1

❸ 배치(BATCH)

다른 말로 일괄처리라고 한다. 배치는 한꺼번에 모아서 작업하는 묶음을 말한다. SQL 서버는 하나의 실행을 배치단위로 처리한다. GO는 일괄처리의 끝을 의미하기 때문에 GO가 나오기 전까지의 작업이 배치단위이다. GO문이 나타나면 바로 전까지의 작업을 배치로 실행한다. 배치는 GO 3 과 같이 배치작업의 수행횟수(3번 실행)를 지정할 수 있다. 다음은 2개의 배치작업의 예이다.

```
USE pubs
GO
SELECT * FROM titles
GO
```

❹ 데이터 형식

SQL 서버에서 다루는 데이터 형식은 두 가지로 구분된다. 시스템 데이터 형식(system data type)과 사용자가 정의할 수 있는 사용자 데이터 형식(user data type)이 있다. 시스템에서 제공하는 데이터 형식을 먼저 살펴보자.

(1) 시스템 데이터 형식

1) 숫자 형식

정확도	유형	데이터 형식	크기	설명
정확한 수치	정수	BIGINT	8byte	-2^{63}(-9,223,372,036,854,775,808) 부터 $2^{63}-1$(9,223,372,036,854,775,807)
		INT	4byte	-2^{31}(-2,147,483,648)부터 $2^{31}-1$(2,147,483,647)
		SMALLINT	2byte	-2^{15}(-32,768)부터 $2^{15}-1$(32,767)
		TINYINT	1byte	0부터 255
		BIT	1bit	0 또는 1
	고정 실수	DECIMAL	5~17 byte	둘다 같은 동의어 $-10^{38}+1$ 부터 $10^{38}-1$
		NUMERIC		
	화폐	MONEY	8byte	-2^{63}(-9,223,372,036,854,775,808) 부터 $2^{63}-1$ (9,223,372,036,854,775,807)
		SMALLMONEY	4byte	-2^{31}(-2,147,483,648)부터 2^{31} (2,147,483,647)
근사치	부동 실수	FLOAT	4~8 byte	-1.79E+308에서 -2.23E-308, 0과 2.23E-308에서 1.79E+308
		REAL	4byte	-3.40E+38에서 -1.18E-38, 0과 1.18E-38에서 3.40E+38

BIGINT, INT, SMALLINT, TINYINT

정수형 숫자를 표현하며 크기에 따라 알맞은 형식을 사용하면 된다.

BIT

한 비트를 사용하며 0 또는 1 값을 표현한다. TRUE, FALSE값을 표현하기 위한 BOOLEAN 타입으로 사용하면 유용하다.

DECIMAL, NUMERIC

두 가지가 동일한 형태로 고정 소숫점 실수를 표현하기 위해 사용한다. DECIMAL자료형 표현은 DECIMAL(P, S) 형태로 전체 자리수 P와 소수점 이하 자리수 S를 지정한다. 전체 자리수 P는 1~38까지 가능하다. 전체 자리수의 디폴트는 18이며 소수점 이하 자리수의 디폴트는 0이다.

데이터 형식	P(Precision)범위	S(Scale)범위
DECIMAL[(P[,S])]	1~38	1~Precision

디폴트로 지정되면 DECIMAL은 소수점 이하를 저장하지 못한다. DECIMAL(8,3)으로 지정되면 전체 8자리의 숫자 중에서 소수점 이하가 세 자리인 수를 의미한다. 만약, 소수점 이하 네 자리 이상으로 입력되면 네 번째 자리에서 반올림되어 값이 저장된다. 가능한 값의 범위와 정확도에 따라 적절한 P와 S를 지정해야 한다. 정확도에 따라 크기가 달라진다. 다음은 정확도에 따른 크기를 나타내고 있다.

정확도(Precision)	크기
1~9	5
10~19	9
20~28	13
29~38	17

MONEY, SMALLMONEY

MONEY와 SMALLMONEY는 화폐 통화를 표현하는 데이터 형식이다. 달러나 센트를 사용하는 나라의 통화를 표현하기 때문에 이외의 통화를 사용할 경우 잘 사용하지 않는다. MONEY와 SMALLMONEY는 1/10000 까지의 정확도를 가진 통화단위를 나타낸다. $20과 같이 통화기호를 붙여서 사용할 수 있다. 소수점을 사용하여 통화를 표현할 수 있는데 예를 들어, 3.10은 3 달러 10센트를 나타낸다. MONEY 및 SMALL MONEY는 소수점 이하 4자릿수로 제한된다. 소수점 이하 자릿수를 더 많이 지정하려면 DECIMAL 데이터 형식을 사용해야 한다.

FLOAT, REAL

FLOAT와 REAL은 근사치를 표현하는 데이터 형식이다. 크기는 FLOAT(n)의 n에 따라 달라진다. FLOAT의 디폴트는 FLOAT(53)이다. FLOAT는 15자리 수까지 표현가능하다. 다음은 n의 값에 따른 정확도와 크기를 나타낸다.

n값	정확도(Preision)	크기
1~24	1~7	4 byte
25~53	8-15	8 byte

REAL은 FLOAT(24)와 같다. 즉, REAL은 7자리 수까지 표현가능하다.

2) 문자 형식

유형	데이터 형식	크기	설명
문자열	CHAR(n)	n byte	8000자 이하의 문자
	VARCHAR(n)	실제입력 문자의 byte	8000자 이하의 문자
	VARCHAR(max)	최대 $2^{31}-1$ byte	max의 최대크기는 $2^{31}-1$자 문자
	TEXT	최대 $2^{31}-1$ byte	$2^{31}-1(2,147,483,647)$자 까지의 문자
유니코드 문자열	NCHAR(n)	n byte * 2	4000자 이하의 유니코드 문자
	NVARCHAR(n)	실제입력 문자의 byte * 2	4000자 이하의 유니코드 문자
	NVARCHAR(max)	최대 $2^{30}-1$ byte	$2^{30}-1(1,073,741,823)$자 까지의 유니코드 문자
	NTEXT	최대 $2^{30}-1$ byte	$2^{30}-1(1,073,741,823)$자 까지의 유니코드 문자

CHAR, VARCHAR

문자를 표현하는 데이터 형식이다. VAR이 붙은 데이터 형식은 가변길이를 의미한다. VARCHAR(10)은 실제 데이터가 차지하는 길이가 5라면 5바이트만 차지하게 된다.

CHAR(10)의 경우는 실제 데이터의 크기가 5바이트이더라도 10바이트를 차지하게 된다. 입력되는 데이터의 길이 차이가 많이 나는 경우 VARCHAR 데이터 형식을 사용하면 유용하다. VARCHAR(max)는 8000자를 초과하는 문자를 저장할 때 유용하게 사용할 수 있다. VARCHAR(max)는 최대 2기가까지 저장 할 수 있는 가변길이 데이터 형식이다.

```
CHAR(10)
| S | Q | L |   |   |   |   |   |   |   |

VARCHAR(10)
| S | Q | L |
```

TEXT

대용량의 문자를 저장하기 위한 데이터 형식이다. VARCHAR의 경우 8000자까지 저장 가능하고 VARCHAR(max)는 최대 2기가까지 저장할 수 있기 때문에 성능면에서 VAR-CHAR 데이터 형식을 사용할 것을 권장한다.

NCHAR, NVARCHAR

유니코드 문자를 저장하기 위한 데이터 형식이다. 유니코드 문자는 한 문자가 2 byte를 차지한다.

NTEXT

유니코드 문자를 저장하기 위한 데이터 형식이다. 성능면에서 NVARCHAR 데이터 형식을 사용할 것을 권장한다.

3) 이진 문자열 형식

유형	데이터 형식	크기	설명
이진 문자열	BINARY(n)	n+4 byte	8000바이트 이하의 이진값
	VARBINARY	실제입력 n+4 byte	8000바이트 이하의 이진값
	IMAGE	최대 $2^{31}-1$ byte	4000자 이하의 유니코드 문자

BINARY, VARBINARY

BINARY 데이터 형식을 표현한다. BINARY는 고정길이의 이진 데이터를 표현하고 VAR-BINARY는 가변길이의 이진 데이터를 표현한다. 길이 n값을 지정하지 않으면 BINARY(1)로 간주되어 기본 길이는 1이 된다.

IMAGE

그림을 저장하는데 사용하며 2기가까지 이진 데이터를 저장할 수 있는 데이터 형식이다. 그림 데이터를 이진데이터로 저장할 경우 SELECT문을 사용하게 되면 시스템에 부하가 걸리게 된다. 따라서 그림파일을 서버로 전송 받은 후 특정 폴더에 화일 이름으로 저장해두고 데이터베이스에는 경로만 저장해 사용하는 방법을 권장한다.

4) 날짜 및 시간

데이터 형식	크기	설명
DATE	3 byte	0001년1월1일부터 9999년12월31일까지(1일의정확도)
DATETIME	8 byte	1753년1월1일부터 9999년12월31일까지(1/300초의 정확도)
DATETIME2	6~8 byte	0001년01월01부터 9999년12월31까지(100나노초의 정확도)
DATETIMEOFFSET	10 byte	0001년1월1일부터 9999년12월31일까지(100나노초의정확도)
SMALLDATETIME	4 byte	1990년1월1일부터 2079년6월9일까지(1분의 정확도)
TIME	5byte	00:00:00.0000000부터 23:59:59.9999999까지(100나노초의 정확도)

DATE, DATETIME, DATETIME2, DATETIMEOFFSET, SMALLDATETIME, TIME

날짜와 시간을 저장하는 데이터 형식이다. TIME은 표준시간대를 인식하지 않고 24시간제 기준의 hh:mm:ss[.nnnnnnn]형식으로 시간을 저장한다. DATETIME2는 24시간제 기준의 시간과 결합된 날짜를 정의한다. 기존의 DATETIME은 1753년1월1일 이전날짜는 표현할 수가 없었지만 DATETIME2는 0001년 1월 1일부터 표현이 가능하다. 100나노초 단위까지의 정확도를 제공하고 DATETIME2(n)으로 자리수 n을 지정할 수 있어 저장 공간을 절약한다. SYSDATETIME()함수로 현재 시각을 조회할 수 있다. DATETIME2는 ANSI 및 ISO 8601과 호환된다. DATETIMEOFFSET은 표준시간대를 인식하며 24시간제를 기준으로 하는 시간과 결합된 날짜를 정의한다.

```sql
SELECT  CONVERT(TIME,  GETDATE())  [time of getdate]
SELECT  CONVERT(DATE,  GETDATE())  [date of getdate]
SELECT  CONVERT(DATETIME,  GETDATE())  [datetime of getdate]
SELECT  CONVERT(DATETIME2,  GETDATE())  [datetime2 of getdate]
SELECT  CONVERT(DATE,  SYSDATETIME())  [date of sysdatetime]
SELECT  CONVERT(DATE,  SYSDATETIMEOFFSET())
        [date of sysdatetimeoffset]
```

실행결과

	time of getdate
1	01:47:23.3430000

	date of getdate
1	2019-02-09

	datetime of getdate
1	2019-02-09 01:47:23.343

	datetime2 of getdate
1	2019-02-09 01:47:23.3430000

	date of sysdatetime
1	2019-02-09

	date of sysdatetimeoffset
1	2019-02-09

GETDATE(), SYSDATETIME(), SYSDATETIMEOFFSET()는 시스템이 제공하는 날짜와 시간함수이다. GETDATE()는 DATETIME 데이터 형식의 결과를 반환한다. SYSDATETIME()와 SYSDATETIMEOFFSET()는 컴퓨터의 날짜와 시간이 포함된 DATETIME2(7) 값을 반환한다. GETDATE()보다 정확도가 높은 날짜를 반환한다. SYSDATETIMEOFFSET()는 표준 시간대 오프셋이 포함된다.

▽ 알아보기

▶CONVERT/CAST함수

데이터 형식을 바꾸는 함수이다. CONVERT함수와 CAST함수의 형식은 다음과 같다.

CONVERT(변환할 데이터형식[(길이)],표현식)
CAST함수(표현식 AS 변환할 데이터형식[(길이)])

다음 예를 살펴보자. 문자 '55'를 정수로 변환하는 예이다.

SELECT CONVERT(INT,'55')
SELECT CAST('55' AS INT)

실행결과

	(열 이름 없음)
1	55

	(열 이름 없음)
1	55

5) 기타 데이터 형식

데이터 형식	설 명
CURSOR	커서에 대한 참조가 들어 있는 변수 또는 저장 프로시저 OUTPUT 매개 변수의 데이터 형식
TIMESTAMP	데이터베이스 내에서 자동으로 생성되는 고유 이진 숫자를 표시
HIERARCHYID	계층적 데이터 및 계층적 구조를 갖는 테이블을 관리하기 위한 데이터형식
UNIQUEIDENTIFIER	전역 고유 식별자(GUID)
SQL_VARIANT	max의 데이터 형식, text, ntext, image, timestamp, xml을 제외한 여러 가지 데이터 형식의 값을 저장 SQL서버에서 지원하는 여러 가지 데이터 형식의 값을 저장하는 데이터 형식
XML	XML 데이터 형식
TABLE	테이블 변수 데이터형식으로 결과 집합을 저장할 수 있는 특별한 데이터 형식

CURSOR

커서에 대한 참조가 들어 있는 변수 또는 저장 프로시저 OUTPUT 매개 변수의 데이터 형식이다. 커서 부분에서 자세히 공부해보자.

TIMESTAMP

데이터베이스 내에서 자동으로 생성된 고유 이진 숫자를 표시하는 데이터 형식이다. TIMESTAMP는 시간과 연관된 값을 저장할 것 같지만 이진 값의 일련숫자이다. 사용자가 사용하기보다 SQL서버가 내부적으로 주로 사용한다. 한 테이블 내에서 TIMESTAMP 열은 하나만 정의 할 수 있다. TIMESTAMP열을 포함한 행이 삽입, 수정될 때마다 증가된 TIMESTAMP 값이 TIMESTAMP열에 삽입되기 때문에 데이터의 변경순서를 알아낼 때 유용하다.

HIERARCHYID

트리와 같은 계층적 구조를 갖는 정보를 표현하는 데이터 형식이다. 깊이 우선 탐색, 너비 우선 탐색을 지원한다. 10장의 계층데이터에서 자세히 살펴보자.

UNIQUEIDENTIFIER

newid()함수가 만들어 내는 전 세계적으로 유일한 16바이트의 유일한 키 값을 저장하는 데이터 형식이다. 고유의 키 값을 생성할 때 유용하게 사용할 수 있다. 세계 어디에서 입력을 해도 유일한 키 값이 필요할 때 newid()함수를 사용하여 UNIQUEIDENTIFIER 데이터 형식으로 저장하면 된다.

```
DECLARE @u_id UNIQUEIDENTIFIER
SET @u_id = NEWID()    -- 실행할 때 마다 값이 바뀜
SELECT @u_id
```

실행결과

	(열 이름 없음)
1	AD458D41-F312-47B0-A8D8-9FD8814A0C50

SQL_VARIANT

max옵션을 갖는 데이터 형식, TEXT, NTEXT, IMAGE, HIERARCHYID, TIMESTAMP, XML, SQL_VARIANT을 제외한 여러 가지 데이터 형식의 값을 저장하도록 하는 데이터 형식이다. SQL_VARIANT는 데이터베이스 개체들이 다른 데이터 형식의 값을 지원할 수 있게 한다. SQL_VARIANT는 열, 매개 변수, 변수 및 사용자 정의 함수의 반환 값으로 사용될 수 있다.

XML

XML데이터를 저장하기 위한 데이터 형식이다. XML유형의 변수 또는 열에 XML 항목을 저장할 수 있다. XML 문서와 조각을 SQL Server 데이터베이스에 저장할 수 있다. XML 조각은 최상위 요소 한 개가 없는 XML 인스턴스로 XML 유형의 열과 변수를 만들어 데이터베이스에 XML 인스턴스를 저장할 수 있다.

TABLE

테이블형태의 결과 집합을 저장하기 위한 데이터 형식이다. 주로 함수의 결과 값이 테이블형태의 결과 집합으로 반환되는 값을 저장하기 위한 용도로 사용한다. 사용자 정의 함수부분에서 다시 공부하기로 하자.

(2) 사용자 정의 데이터 형식

사용자가 필요에 따라 데이터 형식을 정의할 수 있다. 기존의 데이터형식에 별칭을 붙이는 것으로 사용자 편의를 위해 사용한다.
사용자 정의 데이터 형식을 정의하는 방법은 sp_addtype을 사용하는 것과 CREATE TYPE을 이용하는 두가지 방법이 있다.

다음은 sp_addtype을 사용하여 사용자 정의 데이터 형식을 정의하는 구문이다.

```
sp_addtype '사용자 정의 데이터 형식 이름', '시스템 데이터형식','NULL여부', '소유자'
```

예제를 통해 살펴보자. 다음은 Nametype의 사용자 정의 데이터 형식을 정의하여 사용하는 예이다. VARCHAR(20)의 데이터형식으로 널을 허용하는 Nametype을 정의하였다. 변수 @name을 선언하면서 정의된 Nametype으로 선언하였다.

```
USE MASTER
GO
-- 사용자 정의 데이터형식 선언
EXEC sp_addtype 'Nametype', 'VARCHAR(20)', 'NULL', 'dbo'
GO
-- 사용자 정의 데이터형식 사용
DECLARE @name Nametype
SET @name='홍길동'
SELECT @name AS 이름
```

실행결과

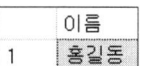

프로젝트를 진행하는 팀 간에 자주 사용하는 데이터 형식을 사용자 정의 데이터 형식으로 정의하여 사용하면 편리하다. sp_addtype으로 정의한 데이터 형식은 sp_droptype으로 삭제한다.

```
EXEC sp_droptype Nametype
```

CREATE TYPE을 사용하여 사용자 정의 데이터 형식을 정의하는 구문은 다음과 같다.

```
CREATE TYPE 타입명
FROM '시스템타입명' 'NULL여부'
```

다음은 birthday 데이터 형식을 CREATE TYPE으로 정의한 예이다.

```
USE master;
GO
CREATE TYPE birthday
FROM datetime2 NULL
```

birthday타입을 삭제하기 위해서는 DROP TYPE문을 사용한다.

```
DROP TYPE birthday
```

다음은 변수 @mydate를 사용자 정의 데이터 형식으로 정의한 birthday타입을 사용한 예이다.

```
DECLARE @mydate birthday = '2000-04-12'
SELECT @mydate AS 생일
```

실행결과

	생일
1	2000-04-12 00:00:00.0000000

birthday타입을 삭제하기 위해서는 DROP TYPE문을 사용한다.

```
DROP TYPE birthday
```

3.4 데이터 형식 관련 함수들

❶ 숫자의 연산함수

숫자의 연산함수는 숫자를 처리하기 위한 연산 함수들이다.

함수	구문	설명
ABS	(numeric_expression)	숫자의 절대값 양수를 반환한다.
ACOS, ASIN, ATAN, COS, SIN, TAN	(float_expression)	float값에 해당되는 각 삼각함수값을 반환한다.
CEILING	(numeric_expression)	입력숫자보다 크거나 같은 최소의 정수를 반환한다.
FLOOR	(numeric_expression)	입력 숫자보다 작거나 같은 최대 정수를 반환한다.
DEGREES	(numeric_expression)	라디안값을 각도로 반환한다.
RADIANS	(numeric_expression)	각도를 라디안값으로 반환한다.
EXP	(float_expression)	지정한 float 식의 지수 값을 반환한다
LOG, LOG10	(float_expression)	입력 값의 로그를 반환한다.
PI	()	PI 상수 값을 반환한다.
POWER	(float_expression , y)	지정식의 y승을 반환한다.
RAND	([seed])	0에서1사이의 FLOAT형의 난수를 반환한다. 옵션으로 정수의 초기값(seed)을 줄 수 있다.
ROUND	(numeric_expression, length[, function])	반올림자릿수(length)에 따라 주어진 숫자를 반올림한다.
SIGN	(numeric_expression)	지정된 식의 양수(+1), 영(0) 또는 음수(-1) 기호를 반환한다
SQRT	(float_expression)	지정한 float 값의 제곱근을 반환한다.
SQUARE	(float_expression)	지정한 float 값의 제곱을 반환한다.

다음은 절대값 함수 ABS의 사용 예이다.

```
SELECT ABS(-1), ABS(1)
```

실행결과

(열 이름 없음)	(열 이름 없음)
1	1

반올림 함수 ROUND 예제이다. 두 번째 인수의 자리 수에 따라 반올림자리가 결정된다.

```
SELECT ROUND(123.456,1), ROUND(123.456,2)
```

실행결과

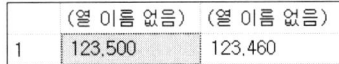

CEILING함수는 주어진 숫자보다 큰 가장 최소한의 정수 값을 반환한다.

```
SELECT CEILING(123.456), CEILING(247.345)
```

실행결과

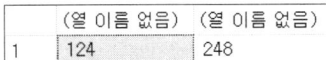

❷ 문자 함수

문자함수는 다양한 문자처리를 할 수 있는 시스템 제공 함수들이다.

함수	구문	설명
ASCII	(character_expression)	주어진 문자에서 첫 글자의 아스키 값을 반환한다
CHAR	(integer_expression)	ASCII코드값에 대한 문자를 반환한다.
CHARINDDEX	(expression1 ,expression2[, start_location])	문자열에서 패턴의 시작지점을 반환한다.
LEFT	(character_expression, integer_expression)	왼쪽부터 숫자만큼 문자를 반환한다.
RIGHT	(character_expression , integer_expression)	오른쪽부터 숫자만큼 문자를 반환한다.
LEN	(string_expression)	지정한 문자열 식의 후행 공백을 제외한 문자 수를 반환한다
LOWER	(character_expression)	문자열을 소문자로 바꾼다.

함수	구문	설명
UPPER	(character_expression)	문자열을 대문자로 바꾼다.
LTRIM	(character_expression)	문자열의 왼쪽 공백을 모두 없앤다.
RTRIM	(character_expression)	문자열의 오른쪽 공백을 모두 없앤다.
PATINDEX	('%pattern%', expression)	문자열에서 패턴이 처음 나타나는 곳의 위치를 반환한다. 패턴이 없으면 0을 반환한다.
REPLICATE	(string_expression , integer_expression)	지정한 숫자만큼 문자열 값을 반복한다.
REPLACE	(string_expression, string_pattern, string_replacement)	첫 번째 문자열에서 두 번째 문자의 패턴값을 세 번째 문자열로 바꾼다.
REVERSE	(string_expression)	문자열을 반대로 반환한다.
SPACE	(integer_expression)	공백을 숫자만큼 반복한다.
STR	(float_expression[, length[, decimal]])	숫자를 지정한 길이만큼의 문자로 변환한다. 이때, 마지막 decimal은 반올림한 자리수이다.
STUFF	(character_expression , start , length ,character_expression)	첫 번째 문자열의 시작지점에서 지정한 길이만큼 없애고 마지막 문자열로 채운다.
SUBSTRING	(value_expression ,start_expression ,length_expression)	첫 번째 문자열에서 지정한 시작문자로부터 길이만큼 문자를 반환한다.

문자 함수의 예를 보자. 대문자로 변환하는 UPPER 와 소문자로 변환하는 LOWER함수의 예이다.

```
SELECT UPPER('apple'), LOWER('BANANA')
```

실행결과

	(열 이름 없음)	(열 이름 없음)
1	APPLE	banana

SUBSTRING은 문자열의 시작위치부터 길이만큼 문자를 가져 온다.

```
SELECT SUBSTRING('THIS IS A BEAUTIFUL FLOWER.',10,10)
```

실행결과

REPLACE함수를 사용해서 문자열을 교체한다.

```
SELECT REPLACE('PRETTY BAG', 'BAG', 'BACKPAK')
```

실행결과

REVERSE함수를 사용해서 문자열을 반대로 반환하는 예제이다.

```
SELECT REVERSE('ABCDEFG')
```

실행결과

다음은 REPLICATE 함수를 사용해서 3번 문자열을 반복하는 예제이다.

```
SELECT REPLICATE('APPLE/', 3)
```

실행결과

(열 이름 없음)
1	APPLE/APPLE/APPLE/

❸ 유용한 날짜함수

날짜함수는 날짜와 시간을 이용해 여러 가지 처리를 할 수 있도록 시스템이 제공하는 함수이다.

함수	구문	설명
GETDATE	( )	현재 날짜와 시간을 반환한다. (1/300초의 정확도)
SYSDATETIME	( )	현재 날짜와 시간이 포함된 datetime2(7) 값을 반환한다. 표준 시간대 오프셋이 포함된다.(100나노초)
SYSDATETIMEOFFSET	( )	현재 날짜와 시간이 포함된 datetimeoffset(7) 값을 반환한다. 표준 시간대 오프셋이 포함된다.(100나노초)
DATENAME	(datepart, number, date)	지정된 날짜의 지정된 datepart를 나타내는 문자열을 반환한다
DATEPART	(datepart, date)	지정된 날짜의 지정된 datepart를 반환한다.
DATEDIFF	(datepart, startdate, enddate)	지정한 두 날짜 startdate와 enddate사이의 datepart 값을 반환한다.
DATEADD	(datepart, number, date)	datepart에 number시간 간격을 더하여 새 datetime 값을 반환한다.
DAY	(date)	지정된 date의 일을 반환한다.
MONTH	(date)	지정된 date의 월을 반환한다.
YEAR	(date)	지정된 date의 연도를 반환한다.

날짜 및 시간함수의 datepart 인수는 다음과 같다.

datepart	약어	datepart	약어
year	yy, yyyy	hour	hh
quarter	qq, q	minute	mi, n
month	mm, m	second	ss, s
dayofyear	dy, y	millsecond	ms
day	dd, d	microsecond	mcs
week	wk, ww	nanosecond	ns
weekday	dw		

날짜와 시간 함수를 사용한 예제를 몇 가지 살펴보자.

"1년후"와 "10시간 후"를 구하기 위해 DATEADD 함수를 사용하였다.

```
SELECT  DATEADD(year,1,GETDATE())  [1년 후]
SELECT  DATEADD(hour, 10, GETDATE())  [10 시간 후]
```

실행결과

	1년 후
1	2020-02-11 01:23:37.987

	10 시간 후
1	2019-02-11 11:23:37.987

현재 시간에서 하루 뒤 시간을 구하기 위해 다음 두 가지 함수 사용의 결과가 같다.

```
SELECT  DATEADD(day,1,GETDATE())  [하루 뒤 시간]
SELECT  GETDATE()+1  [하루 뒤 시간]
```

실행결과

	하루 뒤 시간
1	2019-02-12 01:27:14.820

	하루 뒤 시간
1	2019-02-12 01:27:14.820

크리스마스 때까지 며칠 남았는지 계산하기 위하여 DATEDIFF 함수를 사용한다.

```
SELECT DATEDIFF(dd,  GETDATE(),  '2019-12-25')
```

실행결과

	(열 이름 없음)
1	317

날짜에 해당되는 요일의 이름을 반환한다.

```
SELECT DATENAME(dw,'2019-01-05')
```

실행결과

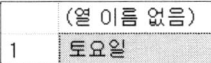

CONVERT함수는 CAST와 달리 스타일을 지정할 수 있다. 날짜 데이터를 CHAR 또는 VARCHAR 형태로 변환할 때 다양한 날짜 형식으로 표시될 수 있다.

```
SELECT GETDATE() [현재 날짜 시간]
SELECT CONVERT(CHAR(10), GETDATE(),103) [현재 날짜 -일월년]
SELECT CONVERT(DATE, GETDATE()) [현재 날짜 -년월일]
```

실행결과

현재 날짜 시간
2019-02-11 01:39:52.100

현재 날짜 -일월년
11/02/2019

현재 날짜 -년월일
2019-02-11

CONVERT함수의 세 번째 인수인 스타일은 다음과 같다.

세기포함 안함(yy)	세기포함	의미	표현 형식
–	0 또는 100	디폴트	mon dd yyyy hh:miAM(또는 PM)
1	101	미국	mm/dd/yy
2	102	ANSI	yy.mm.dd
3	103	영국/프랑스	dd/mm/yy
4	104	독일	dd.mm.yy
5	105	이탈리아	dd-mm-yy
6	106	–	dd mon yy
7	107	–	mon dd, yy
8	108	–	hh:mm:ss
–	9 또는 109	디폴트+밀리초	mon dd yyyy hh:mi:ss:mmmAM(또는 PM)
10	110	미국	mm-dd-yy
11	111	일본	yy/mm/dd
12	112	ISO	yy.mm.dd
–	13 또는 113	유럽 디폴트+밀리초	dd mon yyyy hh:mm:ss:mmm(24h)
14	114	–	hh:mi:ss:mmm(24h)
–	20 또는 120	ODBC 표준	yyyy-mm-dd hh:mi:ss(24h)
–	21 또는 121	ODBC 표준(밀리초포함)	yyyy-mm-dd hh:mi:ss.mmm(24h)
–	126	ISO8601	yyyy-mm-ddThh:mi:ss.mmm(공백 없이)
–	127	ISO8601(Z 표준 시간대)	yyyy-mm-ddThh:mi:ss.mmmZ (공백 없이)
–	130	회교식	dd mon yyyy hh:mi:ss:mmmAM
–	131	회교식	dd/mm/yy hh:mi:ss:mmmAM

■ 실습해보기

3-1 SQL Server Management Studio의 개체 탐색기를 사용해서 timestamp 자료형을 포함하여 테이블을 생성해보자

❶ SQL Server Management Studio를 실행해서 개체탐색기상에서 아래와 같이 [데이터 베이스]-[시스템 데이터베이스]-[tempdb]를 확장해보자. 테이블에서 오른쪽 마우스버튼을 클릭하여 메뉴 [새 테이블]을 선택한다.

❷ 테이블 생성 화면이 나타난다. 열 이름에 num 이라고 적고 데이터 형식은 int를 선택한다. Null 허용이 기본 값으로 체크되어 있다.

❸ 두 번째 열에 열 이름을 log_data로 작성하고 데이터 형식은 timestamp로 선택한다.

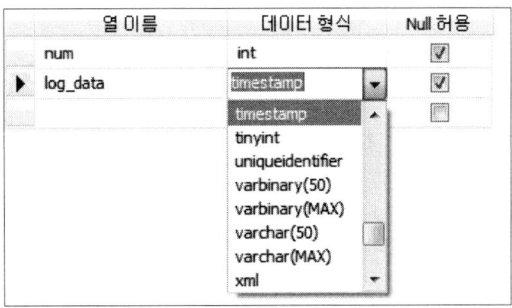

❹ 오른쪽의 속성 창에서 테이블이름을 test_tbl로 작성한다. 만약 속성창이 보이지 않으면 메뉴에서 [보기]-[속성창]을 선택하거나 F4 키를 누르면 속성창이 나타난다. 테이블이름을 입력하고 메뉴아이콘의 저장을 누른다.

❺ 개체 탐색기의 테이블에서 오른쪽 마우스버튼을 클릭하여 메뉴 [새로 고침]을 선택한다.

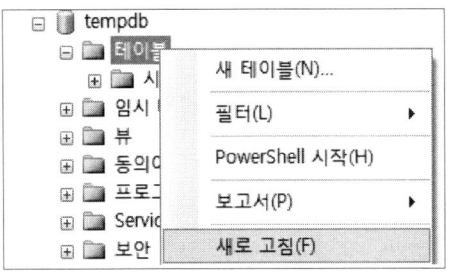

❻ [테이블]옆의 +를 확장하면 test_tbl이 생성된 것을 알 수 있다. test_tbl에서 오른쪽 마우스버튼을 누르고 [상위 200개 행 편집]을 선택한다.

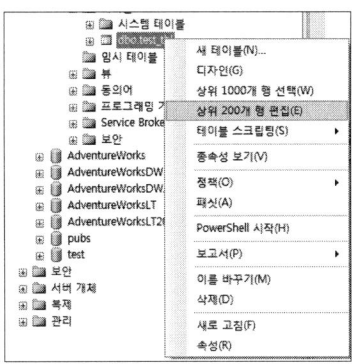

❼ 다음과 같이 편집창이 나타나면 num 열에 차례대로 1,2,3 값을 입력한다. log_data는 timestamp 데이터형식이기 때문에 입력 값을 넣지 않는다. 저장 아이콘을 눌러 저장한다.

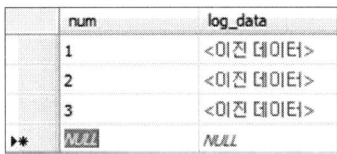

❽ 개체 탐색기 창에서 test_tbl 에 마우스 오른쪽 버튼을 누르고 [테이블 스크립팅]-[SELECT]-[새 쿼리 편집기 창]을 선택하자.

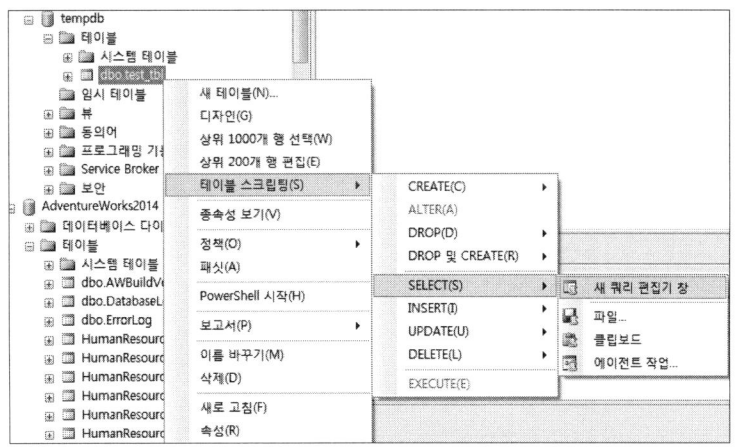

❾ 쿼리 편집기 창에 아래와 같은 SELECT문이 나타나면 메뉴 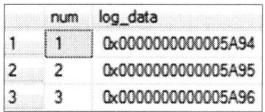을 클릭하거나 F5 키를 눌러 실행한다.

```
SELECT [num]
      ,[log_data]
  FROM [tempdb].[dbo].[test_tbl]
GO
```

❿ 결과 창에 다음과 같은 결과가 나타난다. log_data는 timestamp 데이터 형식이기 때문에 시스템이 부여하는 일련 값이 입력되어 있다.

	num	log_data
1	1	0x0000000000005A94
2	2	0x0000000000005A95
3	3	0x0000000000005A96

3-2 CONVERT 함수를 이용해서 데이터형식을 변환해보자.
문자 데이터와 정수 데이터를 결합시켜 하나의 문자열로 나타내보자.

❶ CONVERT함수를 사용해보자. Management Studio에서 메뉴 [새쿼리]를 선택해서 다음과 같은 새 쿼리 편집기 화면이 나타나게 한다.

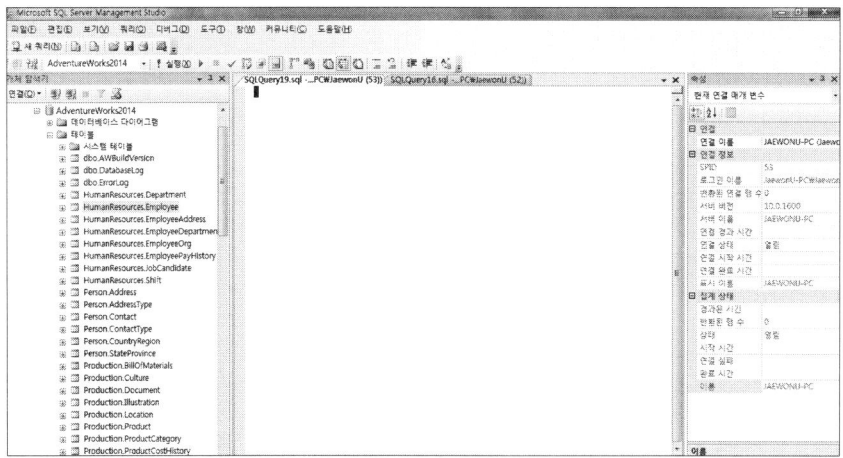

다음 보이는 쿼리문을 살펴보자.

```
DECLARE @msg VARCHAR(10) = '응급 전화번호 : '
DECLARE @phone INT = 119
```

변수 @msg 는 문자형이고 @phone 는 정수형으로 정의되어 있다. @msg와 @phone을 결합하여 '응급 전화번호 : 112' 가 나타나게 하고자 한다. 변수 @phone 가 정수형이기 때문에 문자와 결합될 수가 없다. CONVERT 함수를 이용해서 변수 @phone의 데이터형식을 문자형으로 변환한다.

```
CONVERT(VARCHAR(3), @phone)
```

이제 전체 쿼리문을 실행해보자. CONVERT함수를 사용하여 문자형으로 변환된 @phone 와 문자 @msg 를 하나의 문자열로 결합시키기 위해 문자열 결합 연산자 + 를 사용한다.

```
DECLARE @msg VARCHAR(10) = '응급 전화번호 : '
DECLARE @phone INT = 119
-- + 연산자를 사용하여 문자열 결합
SELECT @msg + CONVERT(VARCHAR(3), @phone)
```

실행결과

	(열 이름 없음)
1	응급 전화번호 : 119

3장 연습문제

【3-1】 Transact-SQL은 기능에 따라 데이터 정의 언어(DDL), 데이터 조작언어(DML), 데이터 제어 언어(DCL) 세 가지로 나뉘는데 기능별로 구분하시오.

　　(1) 예) create, drop, alter _____

　　(2) 예) select, insert, update, delete _____

　　(3) 예) grant, deny, revoke _____

【3-2】 다음 sql문을 주석처리하세요.

```
SELECT 100
```

【3-3】 다음 중 자료형이 완전히 다른 것은?(　　)
　　(1) DECIMAL　　(2) NUMERIC　　(3) INT　　(4) REAL

【3-4】 변수명 '@번호'를 정수형으로 정의하고 값 5를 부여하여 출력하시오.

실행결과

【3-5】 변수 @a 와 @b를 각각 정수형 변수로 정의하여/ 각각 10과 20을 부여하고/ 이 두 변수의 합을 출력하시오.

【3-6】 다음을 구문을 실행하면 오류가 나타난다. 오류가 나지 않도록 SQL문을 수정하여 오늘의 날짜가 출력되도록 하시오.

```
SELECT '오늘은 '+GETDATE()+' 입니다.'
```

【3-7】 날짜함수를 사용하여 어제 날짜와, 오늘 날짜 그리고 내일 날짜를 출력하시오.

【3-8】 다음 문자열에서 문자 함수를 사용하여 'girl'을 'boy'로 바꾸시오.

```
'The little girl likes to sing'
```

【3-9】 CONVERT함수와 변수 @age를 사용하여 '나는 20살입니다.' 라는 결과가 출력되도록 SELECT문을 완성하세요.

```
DECLARE @age int = 20
SELECT _____
```

CHAPTER 04

SELECT문 익히기

4-1. SELECT문
4-2. 데이터 정렬하기
4-3. 중복 데이터 제거하기
4-4. 상위 몇 개만 출력하기 (TOP n)
4-5. 연산자를 이용한 데이터 필터링
4-6. 널(NULL) 데이터 검색

SELECT문 익히기

SELECT 문은 기본적으로 테이블의 데이터를 조회하는 구문이다. SELECT문은 SQL 명령어 중에서 가장 기본이 되고 많이 사용하는 명령어이다. SELECT문을 사용한 조회 결과는 테이블 형태로 보여진다. 처음에는 쉬워 보이지만 단순하게 테이블을 조회할 수 있을 뿐만 아니라 다양한 옵션과 구문을 활용하여 복잡한 작업도 가능하기 때문에 잘 익혀 사용하는 것이 중요하다.

4.1 SELECT문

SELECT문의 기본적인 문법은 다음과 같다.

```
SELECT  테이블의 열이름(칼럼명)
FROM    테이블명
[WHERE 검색할 행의 조건]
```

SQL 구문에서 줄을 바꾸는 것은 의미가 없다. 본 교재에서는 사용자 편의를 위해 SELECT/FROM/WHERE 각 부분별로 줄을 바꿔 표기하고자 한다.

본문에서 사용하는 예제들은 샘플로 제공되는 SampleDB를 주로 사용한다. 실습해보기에서는 마이크로소프트사에서 샘플예제로 제공되는 데이터베이스인 pubs와 AdventureWorks2014를 포함하여 사용한다.

SELECT 다음에 표현되는 열들은 검색할 열이름을 표현하는데 테이블에서 세로행의 열값들이 검색된다. FROM 절은 가져올 테이블 명을 정해준다. SELECT와 FROM은 필수적으로 작성해야하는 구문이지만 WHERE구문은 선택사항이어서 필요한 경우에만 사용하면 된다. 다음에 보이는 책 테이블은 6개의 열로 구성되어 있다. 다음 그림은 6개의 열 중에서 책코드와 책제목만을 조회하는 구문을 설명하고 있다.

```
SELECT 책코드, 책제목
FROM 책
```

테이블 책에서 책코드와 책제목을 조회하라.

	책코드	책제목	분야	출판사코드	가격	출간날짜
1	C1034	파스타요리	요리	P004	7500	2011/05
2	C1051	지중해요리	요리	P003	10000	2012/05
3	E3089	사회적 경제의 이해	경제	P004	12000	2010/08
4	E3111	세계의 경제지표	경제	P001	13000	2012/11
5	E3324	경제학원론	경제	P002	15000	2015/01
6	I2021	운영체제	컴퓨터	P001	12000	2014/12
7	I2157	자바프로그래밍	컴퓨터	P003	12000	2014/03
8	I2205	자료구조	컴퓨터	P005	11500	2013/02
9	P4077	행동의심리학	심리	P005	11500	2014/09
10	P4101	심리학의 이해	심리	P002	12000	2015/01

테이블 '책'

WHERE절은 행의 조건을 정해 일부 데이터만 가져오도록 제한하는 경우에 사용한다. 테이블 책에서 분야가 '요리' 인 데이터로 제한하여 검색을 하면 이에 해당하는 두 개 레코드가 검색된다.

```
SELECT 책코드, 책제목
FROM 책
WHERE 분야 = '요리'
```

테이블 책에서 요리 분야의 책코드와 책제목을 조회하라.

출력결과

책코드	책제목
C1034	파스타요리
C1051	지중해요리

	책코드	책제목	분야	출판사코드	가격	출간날짜
1	C1034	파스타요리	요리	P004	7500	2011/05
2	C1051	지중해요리	요리	P003	10000	2012/05
3	E3089	사회적 경제의 이해	경제	P004	12000	2010/08
4	E3111	세계의 경제지표	경제	P001	13000	2012/11
5	E3324	경제학원론	경제	P002	15000	2015/01
6	I2021	운영체제	컴퓨터	P001	12000	2014/12
7	I2157	자바프로그래밍	컴퓨터	P003	12000	2014/03
8	I2205	자료구조	컴퓨터	P005	11500	2013/02
9	P4077	행동의심리학	심리	P005	11500	2014/09
10	P4101	심리학의 이해	심리	P002	12000	2015/01

요리 분야

테이블 '책'

기본적인 SELECT 문과 FROM 절 그리고 WHERE절을 간략하게 설명하였다. SELECT/FROM/WHERE 구문에 대해 좀 더 자세하게 학습해 보기로 하자.

❶ 모든 열 조회하기

모든 열을 조회하기 위해서는 테이블의 모든 열의 이름을 콤마(,)로 구분하며 모두 작성하면 되지만 일일이 작성하기 번거롭다. 모든 열을 조회하기 위해 기호 '*'을 사용한다. 조회결과는 테이블에 정의된 열이름 순서대로 모든 열의 값을 출력한다.

```
SELECT  *
FROM  책
```

실행결과

	책코드	책제목	분야	출판사코드	가격	출간날짜
1	C1034	파스타요리	요리	P004	7500	2011/05
2	C1051	지중해요리	요리	P003	10000	2012/05
3	E3089	사회적 경제의 이해	경제	P004	12000	2010/08
4	E3111	세계의 경제지표	경제	P001	13000	2012/11
5	E3324	경제학원론	경제	P002	15000	2015/01
6	I2021	운영체제	컴퓨터	P001	12000	2014/12
7	I2157	자바프로그래밍	컴퓨터	P003	12000	2014/03
8	I2205	자료구조	컴퓨터	P005	11500	2013/02
9	P4077	행동의심리학	심리	P005	11500	2014/09
10	P4101	심리학의 이해	심리	P002	12000	2015/01

❷ 일부 열 조회하기

SELECT문 다음에 검색할 테이블의 열이름을 콤마(,)를 사용하여 나열한다. 예를 들어, 테이블 책에서 검색할 열들의 목록이 책코드, 책제목, 가격 이라면 다음과 같이 작성하면 된다.

```
SELECT 책코드, 책제목, 가격
FROM  책
```

> 실행결과

	책코드	책제목	가격
1	C1034	파스타요리	7500
2	C1051	지중해요리	10000
3	E3089	사회적 경제의 이해	12000
4	E3111	세계의 경제지표	13000
5	E3324	경제학원론	15000
6	I2021	운영체제	12000
7	I2157	자바프로그래밍	12000
8	I2205	자료구조	11500
9	P4077	행동의심리학	11500
10	P4101	심리학의 이해	12000

이때, 검색할 열들의 순서는 실제 테이블에서 열의 순서와 상관없다. 검색하고 싶은 순서대로 열의 이름을 작성하면 작성 순서대로 출력된다.

```
SELECT 분야, 책제목, 가격
FROM   책
```

	① 책코드	② 책제목	③ 분야	④ 출판사코드	⑤ 가격	⑥ 출간날짜
1	C1034	파스타요리	요리	P004	7500	2011/05
2	C1051	지중해요리	요리	P003	10000	2012/05
3	E3089	사회적 경제의 이해	경제	P004	12000	2010/08
4	E3111	세계의 경제지표	경제	P001	13000	2012/11
5	E3324	경제학원론	경제	P002	15000	2015/01
6	I2021	운영체제	컴퓨터	P001	12000	2014/12
7	I2157	자바프로그래밍	컴퓨터	P003	12000	2014/03
8	I2205	자료구조	컴퓨터	P005	11500	2013/02
9	P4077	행동의심리학	심리	P005	11500	2014/09
10	P4101	심리학의 이해	심리	P002	12000	2015/01

	③ 분야	② 책제목	⑤ 가격
1	요리	파스타요리	7500
2	요리	지중해요리	10000
3	경제	사회적 경제의 이해	12000
4	경제	세계의 경제지표	13000
5	경제	경제학원론	15000
6	컴퓨터	운영체제	12000
7	컴퓨터	자바프로그래밍	12000
8	컴퓨터	자료구조	11500
9	심리	행동의심리학	11500
10	심리	심리학의 이해	12000

실제테이블의 열 순서와 다름

> 실행결과

❸ 열의 이름 변경하기

실제 테이블의 열이름과 상관없이 SELECT 문에서 원하는 열의 이름으로 바꾸어 출력할 수 있다. 실제 열이름 다음에 AS를 입력하고 바꾸고 싶은 열의 이름을 작성한다. 이때, 바꾸고 싶은 열의 이름에 빈칸이나 특수문자가 있다면 [ ] 이나 ' ' 또는 " "를 사용하여 적어야 한다.

```
SELECT 책제목 AS 책이름, 출간날짜 AS [책 출판일]
FROM 책
```

AS키워드를 생략할 수도 있다. 실제 열이름 다음에 한칸 공백을 띄우고 원하는 열의 이름을 작성하면 된다. 실행결과는 위의 그림과 같다.

```
SELECT 책제목 책이름, 출간날짜 [책 출판일]
FROM 책
```

❹ 새로운 열을 추가하기

조회할 열에 기존 테이블에 없는 새로운 열을 추가하여 출력할 수 있다. 실제 테이블에는 없는 열이지만 임의의 열을 마치 테이블의 열처럼 출력하여 사용할 수 있다는 의미이다. 다음 예는 테이블에 있는 열인 책제목, 가격, 출간날짜를 조회하면서 '재고보유' 라는 값을 출력하도록 하였다. 문자값은 외따옴표 (') 를 사용하여 값을 입력하여야 한다. '재고보유'의 제목열을 재고현황으로 지정하여 테이블의 열처럼 추가되어 출력된다.

```
SELECT 책제목, 가격, 출간날짜, '재고보유' AS 재고현황
FROM 책
```

실행결과

	책제목	가격	출간날짜	재고현황
1	파스타요리	7500	2011/05	재고보유
2	지중해요리	10000	2012/05	재고보유
3	사회적 경제의 이해	12000	2010/08	재고보유
4	세계의 경제지표	13000	2012/11	재고보유
5	경제학원론	15000	2015/01	재고보유
6	운영체제	12000	2014/12	재고보유
7	자바프로그래밍	12000	2014/03	재고보유
8	자료구조	11500	2013/02	재고보유
9	행동의심리학	11500	2014/09	재고보유
10	심리학의 이해	12000	2015/01	재고보유

새로운 열 추가

❺ 문자열과 문자열을 결합하여 출력하기

문자열과 문자열을 결합하여 하나의 열처럼 이어 붙여 출력할 수 있다. 문자와 문자의 결합은 기호 +를 사용한다. 테이블 책에서 책제목과 분야를 출력하면 서로 다른 열로 구분되어 출력되지만 +를 사용하여 하나의 열로 출력할 수 있다. 책제목과 분야값을 구분하기 위해 두 값 사이에 기호 ' : '를 넣기 위해 + 로 결합하였다.

```
SELECT 책제목 + ' : ' + 분야
FROM 책
```

	책제목	분야
1	파스타요리	요리
2	지중해요리	요리
3	사회적 경제의 이해	경제
4	세계의 경제지표	경제
5	경제학원론	경제
6	운영체제	컴퓨터
7	자바프로그래밍	컴퓨터
8	자료구조	컴퓨터
9	행동의심리학	심리
10	심리학의 이해	심리

```
SELECT 책제목+':'+분야
FROM 책
```

하나의 열로 결합

테이블상에 없는 열이므로
열이름은 '열이름 없음'으로 출력

	(열 이름 없음)
1	파스타요리: 요리
2	지중해요리: 요리
3	사회적 경제의 이해: 경제
4	세계의 경제지표: 경제
5	경제학원론: 경제
6	운영체제: 컴퓨터
7	자바프로그래밍: 컴퓨터
8	자료구조: 컴퓨터
9	행동의심리학: 심리
10	심리학의 이해: 심리

실행결과

열의 이름을 추가하여 다시 출력해보자.

```
SELECT 책제목 + ':' + 분야 AS [책제목:분야]
FROM 책
```

실행결과

	책제목:분야
1	파스타요리 : 요리
2	지중해요리 : 요리
3	사회적 경제의 이해 : 경제
4	세계의 경제지표 : 경제
5	경제학원론 : 경제
6	운영체제 : 컴퓨터
7	자바프로그래밍 : 컴퓨터
8	자료구조 : 컴퓨터
9	행동의심리학 : 심리
10	심리학의 이해 : 심리

❻ 계산식 활용하여 출력하기

열의 값이 정수 또는 실수 타입인 경우 계산식에 의한 값으로 출력할 수 있다. 예를 들어, 책 테이블에서 모든 책의 가격을 10% 인상시킨 가격을 출력해보자.

```
SELECT 책제목, 가격, 가격*1.1 AS [10%인상가격]
FROM 책
```

SELECT 책제목, 가격, 가격*1.1 AS [10%인상가격]
FROM 책

	책제목	가격	10%인상가격
1	파스타요리	7500	8250.0
2	지중해요리	10000	11000.0
3	사회적 경제의 이해	12000	13200.0
4	세계의 경제지표	13000	14300.0
5	경제학원론	15000	16500.0
6	운영체제	12000	13200.0
7	자바프로그래밍	12000	13200.0
8	자료구조	11500	12650.0
9	행동의심리학	11500	12650.0
10	심리학의 이해	12000	13200.0

▽ **알아보기**

숫자와 문자를 결합하여 하나의 열 값으로 출력할 경우 두 개 자료타입이 다르기 때문에 결합시킬 수 없다. 이때 CONVERT함수를 사용하여 숫자를 문자로 변환하여 결합시킬 수 있다.

▶ **CONVERT(변환할 자료타입, 열이름)**

[예] SELECT CONVERT(VARCHAR(10), 가격)+'원' AS 가격 FROM 책

	가격
1	7500원
2	10000원
3	12000원
4	13000원
5	15000원
6	12000원
7	12000원
8	11500원
9	11500원
10	12000원

4.2 데이터 정렬하기

원하는 열을 기준으로 데이터를 정렬하려면 ORDER BY 구문을 사용한다. ORDER BY 다음에 정렬할 기준 열을 적고 오름차순 정렬은 ASC(:ASCending)를, 내림차순 정렬은 DESC(:DESCending)를 기술한다. ORDER BY 다음에 정렬할 기준 열만 표기하고 ASC 또는 DESC를 생략하면 기본 값은 오름차순(ASC)이다.

```
-- 점수에 따라 오름 차순 정렬
SELECT 학번, 이름, 점수
FROM 성적
ORDER BY 점수 ASC

-- 점수에 따라 내림 차순 정렬
SELECT 학번, 이름, 점수
FROM 성적
ORDER BY 점수 DESC
```

[실행결과]

	학번	이름	점수
1	201901016	박민영	71
2	201901011	김유정	75
3	201901002	송혜교	75
4	201901003	손예진	77
5	201901015	이승기	78
6	201901020	김태희	78
7	201901013	박신혜	80
8	201901006	여진구	80
9	201901009	송중기	83
10	201901012	유승호	84
11	201901004	윤균상	85
12	201901017	정해인	87
13	201901010	김수현	88
14	201901018	강소라	90
15	201901001	박보검	90
16	201901008	한효주	90
17	201901019	서강준	94
18	201901014	한지민	94
19	201901007	박보영	95
20	201901005	이종석	95

점수에 따라 오름차순 정렬

	학번	이름	점수
1	201901005	이종석	95
2	201901007	박보영	95
3	201901014	한지민	94
4	201901019	서강준	94
5	201901018	강소라	90
6	201901008	한효주	90
7	201901001	박보검	90
8	201901010	김수현	88
9	201901017	정해인	87
10	201901004	윤균상	85
11	201901012	유승호	84
12	201901009	송중기	83
13	201901006	여진구	80
14	201901013	박신혜	80
15	201901015	이승기	78
16	201901020	김태희	78
17	201901003	손예진	77
18	201901002	송혜교	75
19	201901011	김유정	75
20	201901016	박민영	71

점수에 따라 내림차순 정렬

정렬은 숫자 데이터, 문자 데이터 모두 가능하다. 숫자의 경우 숫자의 크기순으로 정렬이 되고 문자는 사전의 알파벳순으로 정렬이 된다. 날짜 데이터도 정렬이 가능하다. 다음은 이름순으로 오름차순 정렬한 결과이다.

```
-- 이름에 따라 오름 차순 정렬
SELECT 학번, 이름, 점수
FROM 성적
ORDER BY 이름 ASC
```

실행결과

	학번	이름	점수
1	201901018	강소라	90
2	201901010	김수현	88
3	201901011	김유정	75
4	201901020	김태희	78
5	201901016	박민영	71
6	201901001	박보검	90
7	201901007	박보영	95
8	201901013	박신혜	80
9	201901019	서강준	94
10	201901003	손예진	77
11	201901009	송중기	83
12	201901002	송혜교	75
13	201901006	여진구	80
14	201901012	유승호	84
15	201901004	윤균상	85
16	201901015	이승기	78
17	201901005	이종석	95
18	201901017	정해인	87
19	201901014	한지민	94
20	201901008	한효주	90

여러 열값에 따라 정렬이 가능하다. 따라서 여러 개 열의 정렬 옵션을 각각 부여하기 위해서는 ORDER BY 구문에서 첫 번째 열 이름 다음에 정렬 옵션을 기술하고 콤마이후에 연속해서 두 번째 열의 이름과 정렬 옵션을 주고 계속해서 콤마를 작성하면서 열의 이름과 정렬옵션을 지정한다. 정렬 순서는 왼쪽 열부터 오른쪽열의 순서이다. 성적테이블에서 B반, A반 순으로 내림차순 정렬하고 같은 반에서는 점수 순 오름차순으로 정렬하기 위하여 다음과 같은 구문을 작성하였다.

```
-- 반은 내림차순, 점수는 오름차순 정렬
SELECT 학번, 이름, 반, 점수
FROM 성적
ORDER BY 반 DESC, 점수 ASC
```

실행결과

	학번	이름	반	점수
1	201901016	박민영	B	71
2	201901011	김유정	B	75
3	201901015	이승기	B	78
4	201901020	김태희	B	78
5	201901013	박신혜	B	80
6	201901012	유승호	B	84
7	201901017	정해인	B	87
8	201901018	강소라	B	90
9	201901019	서강준	B	94
10	201901014	한지민	B	94
11	201901002	송혜교	A	75
12	201901003	손예진	A	77
13	201901006	여진구	A	80
14	201901009	송중기	A	83
15	201901004	윤균상	A	85
16	201901010	김수현	A	88
17	201901001	박보검	A	90
18	201901008	한효주	A	90
19	201901007	박보영	A	95
20	201901005	이종석	A	95

```
SELECT 학번, 이름, 반, 점수
FROM   성적
ORDER BY 반 DESC , 점수 ASC
             └─┬─┘      └─┬─┘
            내림차순    오름차순
```

주의할 점은 여러 열의 값으로 정렬을 할 때 각각의 열에 따라 별도로 오름차순 또는 내림차순 옵션을 지정하는 것이다. 다음은 반, 점수에 따른 정렬을 비교한 예이다. 마지막 열에 대해서만 정렬 옵션을 지정하면 첫 번째 열의 옵션은 기본값인 오름차순(ASC)이 적용된다.

```
SELECT 학번, 이름, 반, 점수              SELECT 학번, 이름, 반, 점수
FROM 성적                                FROM 성적
         기본값 ASC(생략)                         기본값 ASC(생략)
ORDER BY 반, 점수 ASC                    ORDER BY 반, 점수 DESC
```

	학번	이름	반	점수
1	201901002	송혜교	A	75
2	201901003	손예진	A	77
3	201901006	여진구	A	80
4	201901009	송중기	A	83
5	201901004	윤균상	A	85
6	201901010	김수현	A	88
7	201901001	박보검	A	90
8	201901008	한효주	A	90
9	201901007	박보영	A	95
10	201901005	이종석	A	95
11	201901016	박민영	B	71
12	201901011	김유정	B	75
13	201901015	이승기	B	78
14	201901020	김태희	B	78
15	201901013	박신혜	B	80
16	201901012	유승호	B	84
17	201901017	정해인	B	87
18	201901018	강소라	B	90
19	201901019	서강준	B	94
20	201901014	한지민	B	94

	학번	이름	반	점수
1	201901005	이종석	A	95
2	201901007	박보영	A	95
3	201901008	한효주	A	90
4	201901001	박보검	A	90
5	201901010	김수현	A	88
6	201901004	윤균상	A	85
7	201901009	송중기	A	83
8	201901006	여진구	A	80
9	201901003	손예진	A	77
10	201901002	송혜교	A	75
11	201901014	한지민	B	94
12	201901019	서강준	B	94
13	201901018	강소라	B	90
14	201901017	정해인	B	87
15	201901012	유승호	B	84
16	201901013	박신혜	B	80
17	201901015	이승기	B	78
18	201901020	김태희	B	78
19	201901011	김유정	B	75
20	201901016	박민영	B	71

만약, 반도 내림차순으로 정렬하고 점수도 내림차순정렬을 하기 위해서는 다음과 같이 두 개 열 모두 별도로 DESC를 기술한다.

```
SELECT 학번, 이름, 반, 점수
FROM 성적
ORDER BY 반 DESC, 점수 DESC
```

실행결과

	학번	이름	반	점수
1	201901014	한지민	B	94
2	201901019	서강준	B	94
3	201901018	강소라	B	90
4	201901017	정해인	B	87
5	201901012	유승호	B	84
6	201901013	박신혜	B	80
7	201901015	이승기	B	78
8	201901020	김태희	B	78
9	201901011	김유정	B	75
10	201901016	박민영	B	71
11	201901005	이종석	A	95
12	201901007	박보영	A	95
13	201901008	한효주	A	90
14	201901001	박보검	A	90
15	201901010	김수현	A	88
16	201901004	윤균상	A	85
17	201901009	송중기	A	83
18	201901006	여진구	A	80
19	201901003	손예진	A	77
20	201901002	송혜교	A	75

4.3 중복 데이터 제거하기

제품 테이블은 제품번호, 제품명, 종류, 색상, 가격 등 5개의 열로 구성된 테이블이다. 다음과 같이 제품 테이블의 열 전체를 조회해보고 종류만 따로 조회해보자.

```
-- 제품 테이블을 조회
SELECT  *
FROM  제품
-- 제품테이블에서 종류만 조회
SELECT  종류
FROM  제품
```

실행결과

	제품번호	제품명	종류	색상	가격
1	1	롱코트	코트	BLACK	150000
2	2	하프코트	코트	RED	130000
3	3	짚업점퍼	점퍼	BROWN	55000
4	4	후드점퍼	점퍼	YELLOW	63000
5	5	가죽자켓	자켓	BLACK	82000
6	6	주름스커트	스커트	WHITE	65000
7	7	옥스포드셔츠	셔츠	WHITE	15000
8	8	블라우스	셔츠	PINK	35000
9	9	원피스	원피스	BLUE	95000
10	10	반바지	바지	WHITE	35000
11	11	장갑	패션잡화	RED	NULL
12	12	목도리	패션잡화	BEIGE	NULL

	종류
1	코트
2	코트
3	점퍼
4	점퍼
5	자켓
6	스커트
7	셔츠
8	셔츠
9	원피스
10	바지
11	패션잡화
12	패션잡화

종류만 따로 조회한 결과를 보면 중복된 값이 여러 번 조회 된 것을 알 수 있다. 중복된 데이터는 한번만 나타나게 하고 싶다면 DISTINCT를 사용하면 된다.

```
-- 열 종류에서 중복된 값 제거
SELECT DISTINCT 종류
FROM 제품
```

실행결과

	종류
1	바지
2	셔츠
3	스커트
4	원피스
5	자켓
6	점퍼
7	코트
8	패션잡화

4.4 상위 몇 개만 출력하기 (TOP n)

전체 중에서 상위 몇 개를 추려 출력하기 위해서 TOP n 을 사용할 수 있다. 성적 테이블의 데이터중 상위 5명의 학생들만 조회해보자.

```
SELECT TOP 5 *
FROM 성적
```

SELECT TOP 5 *
FROM 성적

	학번	이름	성별	반	점수
1	201901001	박보검	남	A	90
2	201901002	송혜교	여	A	75
3	201901003	손예진	여	A	77
4	201901004	윤균상	남	A	85
5	201901005	이종석	남	A	95
6	201901006	여진구	남	A	80
7	201901007	박보영	여	A	95
8	201901008	한효주	여	A	90

실행 결과는 테이블 데이터의 앞에서 5개 행의 값만 결과로 보여준다. TOP n 은 상위 n개 행만 가져올 때 사용한다. 정렬 구문과 잘 연계하여 사용하면 활용성이 높다. 만약, 점수로 1등~5등까지의 학생들을 출력하려면 점수를 기준으로 내림차순으로 정렬을 한 이후에 상위 5명 학생의 데이터만 조회하면 된다.

```
SELECT TOP 5 이름, 점수
FROM 성적
ORDER BY 점수 DESC
```

실행결과

	이름	점수
1	이종석	95
2	박보영	95
3	한지민	94
4	서강준	94
5	박보검	90

그런데, TOP n 은 무조건 상위 데이터에서 n번째 행까지 가져오므로 만약 n번째 이후 레코드가 같은 점수를 가진 학생이 있다면 같은 순위임에도 불구하고 점수가 같은 나머지 학생들은 포함되지 않는다. 이때, WITH TIES 절을 사용하면 같은 점수까지 포함시켜 출력할 수 있다.

```
SELECT TOP 5 WITH TIES 이름, 점수
FROM 성적
ORDER BY 점수 DESC
```

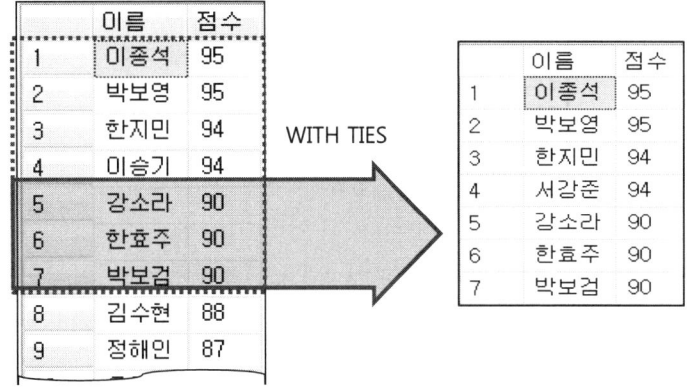

상위 n개의 개수뿐만 아니라 비율에 해당하는 레코드를 가져올 수 있다. PERCENT라는 옵션을 사용하면 n 퍼센트 개수의 레코드를 가져온다. 퍼센트는 전체 레코드 개수에 대한 비율로 결과를 갖고 오기 때문에 테이블의 레코드수에 따라 결과가 달라진다. 성적 테이블에는 20개의 레코드가 있기 때문에 다음 예제와 같이 25 퍼센트에 해당되는 레코드 결과는 5개의 레코드가 조회된다.

```
SELECT TOP 25 PERCENT 이름, 점수
FROM 성적
```

실행결과

	이름	점수
1	박보검	90
2	송혜교	75
3	손예진	77
4	윤균상	85
5	이종석	95

TOP(n)에서 n의 값을 변수로 지정할 수 있다. 이때 n은 정수형 변수나 실수 형으로 정의해야 한다. 다음 예제는 n을 정수형 변수로 정의하고 레코드의 개수를 지정하는 숫자값을 부여하여 사용한 예이다.

```
DECLARE @num INT = 7
SELECT TOP(@num) 이름, 점수 FROM 성적
```

실행결과

	이름	점수
1	박보검	90
2	송혜교	75
3	손예진	77
4	윤균상	85
5	이종석	95
6	여진구	80
7	박보영	95

이번에는 n을 실수로 정의하고 사용한 예를 살펴보자. 이때, 실수형 변수로 정의한 n의 값은 퍼센트로 지정할 때 사용해야 한다.

```
DECLARE @num FLOAT = 25.0
SELECT TOP(@num) PERCENT 학번, 이름, 점수 FROM 성적
```

실행결과

	학번	이름	점수
1	201901001	박보검	90
2	201901002	송혜교	75
3	201901003	손예진	77
4	201901004	윤균상	85
5	201901005	이종석	95

TOP 의 인수값을 숫자가 아닌 변수로 사용하면 동적인 SQL 수행이 가능하다.

TOP 은 UPDATE문이나 DELETE문에서도 사용이 가능하다. UPDATE문은 데이터를 수정하고 DELETE문은 데이터를 삭제하는 명령어이다. 실행하면 샘플데이터에 변경이 생기므로 이후에 UPDATE와 DELETE에서 다시 TOP을 다루기로 하고 구문만 확인하고 넘어가자.

```
-- 성적 테이블에서 상위 5명 학생들의 점수를 2점씩 추가하도록 수정
UPDATE TOP(5) 성적 SET 점수 = 점수 + 2
-- 성적 테이블에서 상위 5명 학생들의 데이터를 삭제
DELETE TOP(5) FROM 성적
```

4.5 연산자를 이용한 데이터 필터링

원하는 데이터만 가져오기 위해 조건절 WHERE에서 조건을 검사하는 연산자를 사용해야 한다.

❶ 비교연산자

원하는 데이터를 가져오기 위해서는 =, 〉, 〈, 〉=, 〈=, 〈〉, !=, !〉, !〈 등의 연산자를 사용하여 비교를 한다. 다음 학생 테이블에서 주소가 '종로구'인 학생의 데이터만 검색하기 위해 조건절 WHERE에서 = 연산자를 사용하여 일치하는 값을 조회한다.

학번	이름	나이	주소	전화번호
20192623	김수민	20	종로구	732-1234
20192612	최영태	21	성북구	920-7635
20182622	홍길동	21	강남구	533-3526
20171707	성춘향	23	강동구	470-2343
...	...	...	...	...
20172648	이영민	24	종로구	750-8235
20191130	박용희	20	마포구	730-3424
...	...	...	...	...

```
SELECT *
FROM   학생
WHERE  주소='종로구'
```

학번	이름	나이	주소	전화번호
20192623	김수민	20	종로구	732-1234
20172648	이영민	24	종로구	750-8235

비교연산자	설 명
A = B	A가 B와 일치
A 〉 B	A가 B보다 큼
A 〈 B	A가 B보다 작음
A 〉= B	A가 B보다 크거나 같음
A 〈= B	A가 B보다 작거나 같음
A 〈〉 B	A가 B와 같지 않음
A != B	A가 B와 같지 않음
A !〉 B	A가 B보다 크지 않음 (작거나 같음)
A !〈 B	A가 B보다 작지 않음 (크거나 같음)

조건절 WHERE에서 비교연산자를 사용하여 책 테이블에서 요리 분야의 책만 조회해보자.

```
-- 요리 분야의 책 조회
SELECT  *
FROM  책
WHERE  분야 = '요리'
```

실행결과

	책코드	책제목	분야	출판사코드	가격	출간날짜
1	C1034	파스타요리	요리	P004	7500	2011/05
2	C1051	지중해요리	요리	P003	10000	2012/05

다음은 성적테이블에서 점수가 90점 이상인 학생들을 조회하는 예이다.

```
-- 성적테이블에서 점수가 90점 이상인 학생들 조회
SELECT  학번, 이름, 점수
FROM  성적
WHERE  점수 >= 90
```

실행결과

	학번	이름	점수
1	201901001	박보검	90
2	201901005	이종석	95
3	201901007	박보영	95
4	201901008	한효주	90
5	201901014	한지민	94
6	201901018	강소라	90
7	201901019	서강준	94

연산자는 이해하기 쉽게 작성하는 것이 좋다. 다음 쿼리문은 앞서 학습한 점수가 90점 이상 학생들을 찾는 것과 동일한 결과를 나타낸다. 그러나 !< 보다 >= 를 사용하는 것이 이해하기가 쉽다.

```
-- 성적테이블에서 점수가 90점 이상인 학생들 조회
SELECT 학번, 이름, 점수
FROM 성적
WHERE 점수 !< 90
```

실행결과

	학번	이름	점수
1	201901001	박보검	90
2	201901005	이종석	95
3	201901007	박보영	95
4	201901008	한효주	90
5	201901014	한지민	94
6	201901018	강소라	90
7	201901019	서강준	94

❷ 유사검색 LIKE 와 NOT LIKE

LIKE는 주어진 문자열이 포함되어 있는 데이터를 검색한다. LIKE는 유사검색을 할 때 사용한다. 예를 들어, 책 제목 중에 computer 라는 글자가 포함되어 있는 책을 찾고 싶다면 와일드카드인 %를 결합하여 '%computer%' 로 검색을 제한할 수 있다. 이때, 책 제목이 정확히 computer라는 단어 하나로만 이루어진 책을 찾을 뿐만 아니라 문자열 computer가 포함되어 있는 책도 검색이 된다. 검색하고자 하는 글자와 와일드카드(wildcard)가 조합되어 유사 검색을 실행한다. 다음은 유사검색을 지원하는 와일드 카드의 종류이다.

와일드카드	의미	예	설명
%	0개 이상의 문자열	%computer%	computer가 들어간 단어
_	단일문자	shar_	shar로 시작하고 단일문자로 끝나는 단어 (sharp, share, shard등)
[ ]	[ ]안에 있는 문자열	[st]ing	s또는 t로 시작해서 ing로 끝나는 단어(sing, ting등)
		[b-n]ight	b와 f사이로 시작해서 ight로 끝나는 단어 (예. eight, fight, kight, night 등)
[^]	[ ]안의 문자제외	c[^a]%	c로 시작하고 a를 포함하지 않는 단어(control, cigar, cubic등)

책 테이블에서 와일드카드 %를 사용하여 책제목에 '경제'라는 단어가 들어간 책을 검색해 보자.

	책코드	책제목
1	C1034	파스타요리
2	C1051	지중해요리
3	E3089	사회적 경제의 이해
4	E3111	세계의 경제지표
5	E3324	경제학원론
6	I2021	운영체제
7	I2157	자바프로그래밍
8	I2205	자료구조
9	P4077	행동의심리학
10	P4101	심리학의 이해

```
SELECT 책코드, 책제목
FROM 책
WHERE 책제목 LIKE '%경제%'
```

	책코드	책제목
1	E3089	사회적 경제의 이해
2	E3111	세계의 경제지표
3	E3324	경제학원론

```
-- 책제목에서 '경제'라는 단어가 들어간 책 검색
SELECT 책코드, 책제목
FROM 책
WHERE 책제목 like '%경제%'
```

실행결과

	책코드	책제목
1	E3089	사회적 경제의 이해
2	E3111	세계의 경제지표
3	E3324	경제학원론

%는 0개의 문자열을 포함하기 때문에 '%경제%'의 경우 '경제'로 시작하는 문자열이나 '경제'가 중간에 포함된 문자열, '경제'로 끝나는 문자열 등을 모두 찾게 된다.

성적 테이블에서 이름이 '이'로 시작하면서 '석' 또는 '기'으로 끝나는 학생을 검색해보자.

```
-- 이름의 끝글자가 '석' 또는 '기'로 끝나는 학생 검색
SELECT  *
FROM  성적
WHERE  이름   like  '이%[석기]'
```

실행결과

	학번	이름	성별	반	점수
1	201901005	이종석	남	A	95
2	201901015	이승기	남	B	78

이름이 '박'으로 시작하고 '보' 라는 글자를 포함하지 않는 학생을 검색해보자. 성적테이블에서 이름이 '박'으로 시작하는 학생은 '박보검', '박보영', '박신혜', '박민영'인데 결과는 '박보검'과 '박보영'이 제외되어 '박신혜'와 '박민영'이 검색된다.

```
-- '박'으로 시작하며 글자 '보'을 제외
SELECT *
FROM  성적
WHERE  이름  like  '박[^보]%'
```

실행결과

	학번	이름	성별	반	점수
1	201901013	박신혜	여	B	80
2	201901016	박민영	여	B	71

지정한 단어가 포함되지 않는 데이터를 검색하려면 NOT LIKE를 사용한다. 다음은 박씨 성을 갖지 않은 학생들만 검색한다.

```
-- 박씨 성을 갖지 않은 학생들 검색
SELECT 이름, 점수
FROM 성적
WHERE 이름 NOT LIKE '박%'
```

실행결과

	이름	점수
1	송혜교	75
2	손예진	77
3	윤균상	85
4	이종석	95
5	여진구	80
6	한효주	90
7	송중기	83
8	김수현	88
9	김유정	75
10	유승호	84
11	한지민	94
12	이승기	78
13	정해인	87
14	강소라	90
15	서강준	94
16	김태희	78

❸ 논리연산자

논리연산자는 AND, OR, NOT을 사용한 검색을 지원한다.

논리연산자	설 명
A AND B	A와 B 모두 참
A OR B	A또는 B가 참
NOT A	A가 참이 아님

두 가지 조건을 만족하는 것을 비교할 때는 AND연산자를 사용한다. OR은 둘 중 하나이상을 만족하는 지를 검사한다. NOT은 조건에 만족하지 않는 것을 검색할 때 사용한다. 다음은 AND연산자의 예제이다. 성적테이블에서 A반 이고 남학생들 데이터만 조회해보자.

```
-- A반 이며 남학생들 검색
SELECT 학번, 이름, 반, 성별
FROM 성적
WHERE 반 = 'A' AND 성별 = '남'
```

실행결과

	학번	이름	반	성별
1	201901001	박보검	A	남
2	201901004	윤균상	A	남
3	201901005	이종석	A	남
4	201901006	여진구	A	남
5	201901009	송중기	A	남
6	201901010	김수현	A	남

다음은 OR 연산자의 예제이다. 이름이 '송혜교' 또는 '송중기' 학생을 검색해보자.

```
-- 송혜교 또는 송중기 학생 검색
SELECT *
FROM 성적
WHERE 이름 = '송혜교' OR 이름 = '송중기'
```

실행결과

	학번	이름	성별	반	점수
1	201901002	송혜교	여	A	75
2	201901009	송중기	남	A	83

다음은 NOT 연산자의 예제이다. 점수가 70점과 80점 사이 학생들만 제외하여 검색해보자.

```
-- 점수가 70점과 80점 사이 학생들만 제외
SELECT *
FROM 성적
WHERE NOT (점수 >= 70 AND 점수 <= 80)
```

실행결과

	학번	이름	성별	반	점수
1	201901001	박보검	남	A	90
2	201901004	윤균상	남	A	85
3	201901005	이종석	남	A	95
4	201901007	박보영	여	A	95
5	201901008	한효주	여	A	90
6	201901009	송중기	남	A	83
7	201901010	김수현	남	A	88
8	201901012	유승호	남	B	84
9	201901014	한지민	여	B	94
10	201901017	정해인	남	B	87
11	201901018	강소라	여	B	90
12	201901019	서강준	남	B	94

결과는 점수가 70점 미만이거나 80점보다 큰 학생들을 찾는 것과 동일하다. 즉, 다음의 예제와 같은 결과가 조회된다.

```
-- 점수가 70점과 80점 사이 학생들만 제외
SELECT *
FROM 성적
WHERE 점수 < 70 OR 점수 > 80
```

실행결과

	학번	이름	성별	반	점수
1	201901001	박보검	남	A	90
2	201901004	윤균상	남	A	85
3	201901005	이종석	남	A	95
4	201901007	박보영	여	A	95
5	201901008	한효주	여	A	90
6	201901009	송중기	남	A	83
7	201901010	김수현	남	A	88
8	201901012	유승호	남	B	84
9	201901014	한지민	여	B	94
10	201901017	정해인	남	B	87
11	201901018	강소라	여	B	90
12	201901019	서강준	남	B	94

❹ BETWEEN

일정 범위값 안에 있는 데이터를 조회할 때 BETWEEN을 사용한다. 예를 들어, 점수가 80점과 89점 사이의 학생들을 조회하기 위해 BETWEEN을 사용할 수 있다.

```
-- 점수가 80점과 89점 사이의 학생들 조회
SELECT *
FROM 성적
WHERE 점수 BETWEEN 80 AND 89
```

실행결과

	학번	이름	성별	반	점수
1	201901004	윤균상	남	A	85
2	201901006	여진구	남	A	80
3	201901009	송중기	남	A	83
4	201901010	김수현	남	A	88
5	201901012	유승호	남	B	84
6	201901013	박신혜	여	B	80
7	201901017	정해인	남	B	87

다음과 같이 AND 논리 연산자를 사용하여 같은 결과를 얻을 수 있다.

```
-- 점수가 80점과 89점 사이의 학생들 조회
SELECT *
FROM 성적
WHERE 점수 >= 80 AND 점수 <= 89
```

실행결과

	학번	이름	성별	반	점수
1	201901004	윤균상	남	A	85
2	201901006	여진구	남	A	80
3	201901009	송중기	남	A	83
4	201901010	김수현	남	A	88
5	201901012	유승호	남	B	84
6	201901013	박신혜	여	B	80
7	201901017	정해인	남	B	87

NOT BETWEEN 연산자를 사용하여 범위 안에 있지 않은 데이터를 검색 할 수 있다. 점수가 80점과 89점 사이에 있지 않는 학생들을 조회해보자.

```
-- 점수가 80점과 89점 사이를 제외한 학생들 조회
SELECT *
FROM 성적
WHERE 점수 NOT BETWEEN 80 AND 89
```

실행결과

	학번	이름	성별	반	점수
1	201901001	박보검	남	A	90
2	201901002	송혜교	여	A	75
3	201901003	손예진	여	A	77
4	201901005	이종석	남	A	95
5	201901007	박보영	여	A	95
6	201901008	한효주	여	A	90
7	201901011	김유정	여	B	75
8	201901014	한지민	여	B	94
9	201901015	이승기	남	B	78
10	201901016	박민영	여	B	71
11	201901018	강소라	여	B	90
12	201901019	서강준	남	B	94
13	201901020	김태희	여	B	78

❺ 서로 다른 개별 값 찾기 (IN)

IN은 연속적이지 않고 서로 다른 여러 개별 값들을 찾을 때 사용한다. 책 테이블에서 분야가 '요리', '경제', '심리' 인 책만 조회해보자.

```
-- 분야가 요리, 심리, 경제 인 책들을 조회 (IN)
SELECT *
FROM 책
WHERE 분야 IN ( '요리', '심리', '경제' )
```

실행결과

	책코드	책제목	분야	출판사코드	가격	출간날짜
1	C1034	파스타요리	요리	P004	7500	2011/05
2	C1051	지중해요리	요리	P003	10000	2012/05
3	E3089	사회적 경제의 이해	경제	P004	12000	2010/08
4	E3111	세계의 경제지표	경제	P001	13000	2012/11
5	E3324	경제학원론	경제	P002	15000	2015/01
6	P4077	행동의심리학	심리	P005	11500	2014/09
7	P4101	심리학의 이해	심리	P002	12000	2015/01

다음과 같이 OR 연산자를 사용하여 같은 결과를 얻을 수 있다.

```
-- 분야가 요리, 심리, 경제 인 책들을 조회 (OR)
SELECT *
FROM 책
WHERE 분야='요리' OR 분야='심리' OR 분야='경제'
```

실행결과

	책코드	책제목	분야	출판사코드	가격	출간날짜
1	C1034	파스타요리	요리	P004	7500	2011/05
2	C1051	지중해요리	요리	P003	10000	2012/05
3	E3089	사회적 경제의 이해	경제	P004	12000	2010/08
4	E3111	세계의 경제지표	경제	P001	13000	2012/11
5	E3324	경제학원론	경제	P002	15000	2015/01
6	P4077	행동의심리학	심리	P005	11500	2014/09
7	P4101	심리학의 이해	심리	P002	12000	2015/01

NOT 연산자와 IN 을 결합하여 지정한 개별값들 이외의 데이터들을 검색 할 수 있다.

```
-- 분야가 요리, 심리, 경제를 제외한 책 조회
SELECT *
FROM 책
WHERE 분야 NOT IN ('요리', '심리', '경제')
```

실행결과

	책코드	책제목	분야	출판사코드	가격	출간날짜
1	I2021	운영체제	컴퓨터	P001	12000	2014/12
2	I2157	자바프로그래밍	컴퓨터	P003	12000	2014/03
3	I2205	자료구조	컴퓨터	P005	11500	2013/02

4.6 널(NULL) 데이터 검색

널은 데이터를 입력하지 않은 것이기 때문에 비어있는 것을 뜻한다. 다음 제품 테이블에서 가격을 살펴보면 널 값이 들어 있는 데이터가 있다.

	제품번호	제품명	종류	색상	가격
1	1	롱코트	코트	BLACK	150000
2	2	하프코트	코트	RED	130000
3	3	짚업점퍼	점퍼	BROWN	55000
4	4	후드점퍼	점퍼	YELLOW	63000
5	5	가죽자켓	자켓	BLACK	82000
6	6	주름스커트	스커트	WHITE	65000
7	7	옥스포드셔츠	셔츠	WHITE	15000
8	8	블라우스	셔츠	PINK	35000
9	9	원피스	원피스	BLUE	95000
10	10	반바지	바지	WHITE	35000
11	11	장갑	패션잡화	RED	NULL
12	12	목도리	패션잡화	BEIGE	NULL

널 값만 들어있는 열을 검색하기 위해서는 "(빈문자열) 이나 연산자 = 을 사용해서 결과를 얻을 수 없다. 다음 구문을 각자 실행해 확인해 보자. 검색결과가 나타나지 않는다.

```
-- 연산자 = 을 사용해서 널 데이터를 검색할 수 없다.
SELECT *
FROM 제품
WHERE 가격 = ''

SELECT *
FROM 제품
WHERE 가격 = NULL
```

[실행결과]

제품번호	제품명	종류	색상	가격

제품번호	제품명	종류	색상	가격

널은 "(빈문자열)이나 연산자 =을 사용해서 검색할 수 없고 IS NULL을 사용하여 널 값이 있는지를 비교한다. 다시 가격이 널인 레코드를 조회해보자.

```
-- 연산자 = 을 사용해서 널 데이터를 검색할 수 없다.
SELECT *
FROM 제품
WHERE 가격 IS NULL
```

실행결과

	제품번호	제품명	종류	색상	가격
1	11	장갑	패션잡화	RED	NULL
2	12	목도리	패션잡화	BEIGE	NULL

널이 없는 데이터를 검색하기 위해서는 IS NOT NULL을 사용한다. 가격에 널값이 없는 데이터 즉, 가격이 있는 데이터를 검색해보자.

```
-- 가격에 널이 없는 데이터 조회
SELECT *
FROM 제품
WHERE 가격 IS NOT NULL
```

실행결과

	제품번호	제품명	종류	색상	가격
1	1	롱코트	코트	BLACK	150000
2	2	하프코트	코트	RED	130000
3	3	짚업점퍼	점퍼	BROWN	55000
4	4	후드점퍼	점퍼	YELLOW	63000
5	5	가죽자켓	자켓	BLACK	82000
6	6	주름스커트	스커트	WHITE	65000
7	7	옥스포드셔츠	셔츠	WHITE	15000
8	8	블라우스	셔츠	PINK	35000
9	9	원피스	원피스	BLUE	95000
10	10	반바지	바지	WHITE	35000

▽ **알아보기**

> ▶ ANSI_NULLS
>
> 널 검색을 할 때 연산자 = 을 사용하지 못하는 것은 ANSI_NULLS옵션이 ON으로 되어 있기 때문이다. ANSI_NULLS는 NULL 값과 함께 사용될 경우 연산자 = 와 연산자 ◇을 사용할 수 있도록 지정해 줄 수 있는 옵션이다. SQL Server를 설치하면 ANSI_NULLS 의 기본적인 옵션은 ON으로 되어 있다.
>
> 다음과 같이 옵션을 OFF로 설정하면 연산자 = 또는 ◇ 로 널 검색이 가능하다.
>
> ```
> -- 비교연산자를 사용하여 널 검색이 가능하도록 ANSI_NULLS 옵션 설정
> SET ANSI_NULLS OFF
> SELECT *
> FROM 제품
> WHERE 가격 = NULL
> ```

▣ 실습해보기

[pubs 데이터베이스]

4-1 테이블 sales 는 책의 판매량에 대한 정보가 들어 있다.
판매량 6위안에 드는 책의 책코드(title_id)와 판매량(qty)를 검색해 보자.

주문량이 상위 6위 안에 드는 책 정보를 갖고 오기 위해 책의 주문량 순으로 정렬을 해야 한다. 주문량이 가장 큰 값에서 작은값순으로 정렬이 되어야 하기 때문에 ORDER BY qty 를 DESC 옵션을 주어 정렬한다. 정렬된 데이터에서 상위 6건을 가져오기 위해서 SELECT 문에서 TOP(6)을 사용한다.

```
SELECT TOP(6) title_id 책코드,  qty 주문량
FROM sales
ORDER BY qty DESC
```

실행결과

	책코드	주문량
1	PS2091	75
2	PC8888	50
3	TC3218	40
4	BU2075	35
5	PC1035	30
6	MC3021	25

4-2 앞서 해결된 문제에서 상위 6개까지 검색하되 주문량이 같은 레코드는 모두 포함되도록 해보자.

```
SELECT TOP(6) WITH TIES title_id 책코드, qty 주문량
FROM sales
ORDER BY qty DESC
```

주문량이 같은 레코드까지 검색하기 위해 WITH TIES 옵션이 추가되어야 한다.

실행결과

	책코드	주문량
1	PS2091	75
2	PC8888	50
3	TC3218	40
4	BU2075	35
5	PC1035	30
6	BU1111	25
7	PS7777	25
8	MC3021	25
9	PS2106	25

4-3 테이블 titles에서 책의 분야(type)들을 검색해보자. 같은 분야 값은 한번만 나타나도록 한다.

type 열을 검색하며 같은 type값이 중복으로 나타나는 것을 배제하기 위하여 DISTINCT 키워드를 작성한다.

```
SELECT DISTINCT type 책분야
FROM titles
```

실행결과

	책분야
1	business
2	mod_cook
3	popular_comp
4	psychology
5	trad_cook
6	UNDECIDED

4-4 테이블 titles에서 책이름(title)과 책코드(title_id), 가격을 조회해보자.
이 때 보여질 열은 '책이름(책코드)' 형태로 나타나도록 해보자.

검색할 열은 title, title_id이다. 그런데 ()안에 title_id가 있어야 한다. 문자 결합은 '+' 를 사용하기 때문에 괄호의 시작 (과)은 +로 연결한다. 열의 제목을 붙이는 방법은 AS 를 사용하거나 빈칸을 하나 이상 띄우고 제목을 작성하면 된다. 열의 제목을 붙일 때 특수문자나 빈칸이 제목에 추가되면 []를 사용해야 한다. 제목 '책이름(책코드)'은 괄호가 포함되므로 [] 을 사용해야 한다.

```
SELECT title + '(' + title_id + ')' AS [책이름(책코드)]
FROM titles
```

[실행결과]

	책이름(책코드)
1	But Is It User Friendly?(PC1035)
2	Computer Phobic AND Non-Phobic Individuals: Behavior Variations(PS1372)
3	Cooking with Computers: Surreptitious Balance Sheets(BU1111)
4	Emotional Security: A New Algorithm(PS7777)
5	Fifty Years in Buckingham Palace Kitchens(TC4203)
6	Is Anger the Enemy?(PS2091)
7	Life Without Fear(PS2106)
8	Net Etiquette(PC9999)
9	Onions, Leeks, and Garlic: Cooking Secrets of the Mediterranean(TC3218)
10	Prolonged Data Deprivation: Four Case Studies(PS3333)
11	Secrets of Silicon Valley(PC8888)
12	Silicon Valley Gastronomic Treats(MC2222)
13	Straight Talk About Computers(BU7832)
14	Sushi, Anyone?(TC7777)
15	The Busy Executive's Database Guide(BU1032)
16	The Gourmet Microwave(MC3021)
17	The Psychology of Computer Cooking(MC3026)
18	You Can Combat Computer Stress!(BU2075)

> **4-5** 앞의 예제에서 책 가격(price)이 있는 열만 검색해보자.

조건이 추가되었으므로 WHERE절이 추가되어야 한다. 널은 비교연산자 〈 〉를 사용하지 못하므로 IS NOT NULL 연산자를 사용한다.

```
SELECT title + '(' + title_id + ')' AS [책이름(책코드)]
FROM titles
WHERE price IS NOT NULL
```

실행결과

	책이름(책코드)
1	The Busy Executive's Database Guide(BU1032)
2	Cooking with Computers: Surreptitious Balance Sheets(BU1111)
3	You Can Combat Computer Stress!(BU2075)
4	Straight Talk About Computers(BU7832)
5	Silicon Valley Gastronomic Treats(MC2222)
6	The Gourmet Microwave(MC3021)
7	But Is It User Friendly?(PC1035)
8	Secrets of Silicon Valley(PC8888)
9	Computer Phobic AND Non-Phobic Individuals: Behavior Variations(PS1372)
10	Is Anger the Enemy?(PS2091)
11	Life Without Fear(PS2106)
12	Prolonged Data Deprivation: Four Case Studies(PS3333)
13	Emotional Security: A New Algorithm(PS7777)
14	Onions, Leeks, and Garlic: Cooking Secrets of the Mediterranean(TC3218)
15	Fifty Years in Buckingham Palace Kitchens(TC4203)
16	Sushi, Anyone?(TC7777)

4장 연습문제

[SampleDB 데이터베이스]

【4-1】 테이블 '책'에서 어떤 분야의 책이 있는 지 분야만 출력하시오. 이때 분야값은 한번만 출력되도록 하시오.

【4-2】 테이블 '책'에서 컴퓨터와 심리 분야를 제외한 모든 책의 내역을 출력하시오.

【4-3】 테이블 '책'에서 가격이 10000원과 13000원 사이의 책만 제외한 모든 책의 내역을 출력하시오.

【4-4】 테이블 '책'에서 책 가격이 가장 비싼 5권의 책의 책명과 가격을 출력하시오. 이때 같은 가격의 책까지 포함되도록 하시오.

【4-5】 테이블 '책'에서 '자' 또는 '세' 글자로 시작하는 책제목을 가진 책의 정보를 찾아 출력하시오.

【4-6】 테이블 '책'에서 책명에 '이해'라는 글자가 들어간 책을 찾아 출력하시오.

[pubs 데이터베이스]

【4-7】 titles테이블에서 가격이 있는 책의 정보만 검색하시오.

【4-8】 titles테이블에서 type이 'business', 'psychology', 'mod_cook' 인 책의 정보만 검색하시오.

CHAPTER 05
요약정보 만들기

5-1. 집계함수 사용하기
5-2. GROUP BY / HAVING
5-3. GROUP BY ALL
5-4. ROLLUP
5-5. WITH CUBE

요약정보 만들기

CHAPTER 05

앞서 4장에서는 기본적인 SELECT문을 공부했다. 테이블에 들어 있는 데이터를 그대로 조회하는 방법을 알아보았다. 이번 장에서는 SELECT문을 이용해서 테이블의 데이터를 집계하여 요약된 정보를 만드는 방법을 학습한다.

5.1 집계함수 사용하기

집계함수는 행의 개수를 세거나 특정행 값의 합, 평균 등을 구하기 위해 사용하며 집계결과는 단일값을 반환한다. 테이블의 행을 그룹으로 모아서 집계결과를 만들어 낸다. 집계함수에는 다음과 같은 것이 있다.

함수	매개변수	표현식
AVG	([ALL|DISTINCT] 숫자 표현식)	표현식의 전체나 각각의 평균값
COUNT	([ALL|DISTINCT]숫자 표현식)	표현식 전체나 각각의 개수
COUNT	(*)	선택된 모든 행의 개수
MAX	(숫자 표현식)	표현식에서 가장 큰 값
MIN	(숫자 표현식)	표현식에서 가장 작은 값
SUM	([ALL|DISTINCT]숫자 표현식)	수치 표현식에서 전체나 각각의 합계

❶ 널(NULL) 집계

COUNT(*) 함수는 널(NULL)을 포함하지만 선택된 행에만 적용하는 COUNT함수와 모든 집계 함수는 널 값을 포함하지 않는다. 제품 테이블에서 COUNT(*) 함수와 COUNT의 예를 살펴보자. COUNT(*) 함수는 널을 포함하여 전체 행의 수를 세기 때문에 제품테이블의 행의 수는 12가 된다. COUNT(가격)은 널을 포함하지 않기 때문에 널이 있는 행 두개를 제외한 결과는 10이 된다.

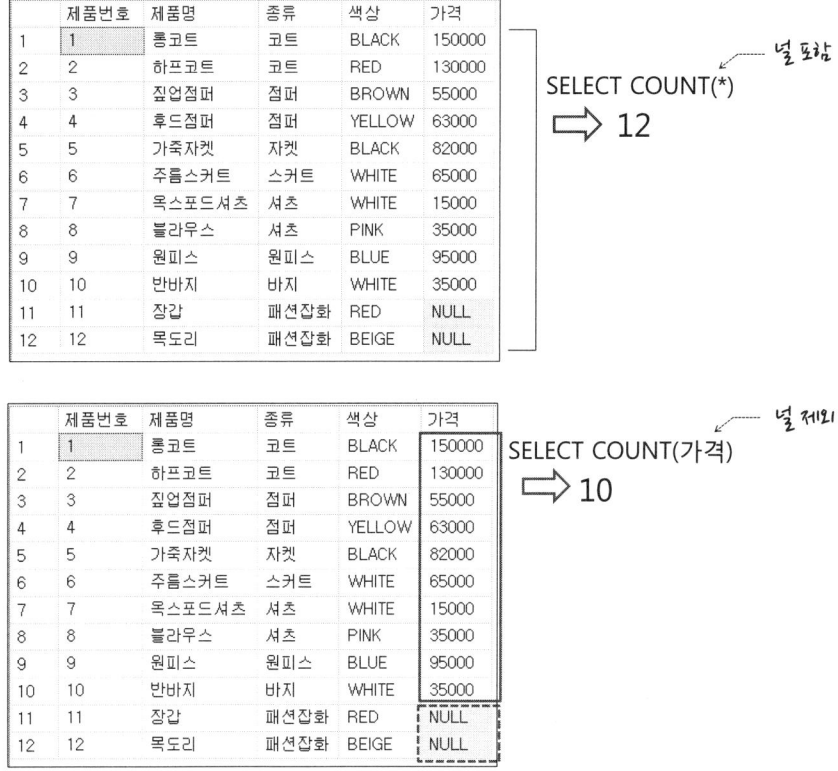

제품 테이블에서 집계함수 SUM과 COUNT를 사용하여 평균가격을 구해보자. 모든 제품의 평균 가격을 구하기 위한 예이다. 제품의 평균가격은 각 제품의 모든 가격을 더한 총 가격을 제품의 개수로 나누면 된다. 제품의 모든 가격을 더하여(SUM(가격)) 제품의 개수로 나눌 때 전체 레코드 개수(COUNT(*))로 나눈 경우와 가격 항목 개수(COUNT(가격))로 나눈 경우를 비교해 보자.

```
-- COUNT(가격) 과 COUNT(*) 비교
SELECT  SUM(가격)/COUNT(가격),  SUM(가격)/COUNT(*)
FROM  제품
```

[실행결과]

(열 이름 없음)	(열 이름 없음)
72500	60416

결과 값은 당연히 다르다. 즉, SUM(가격)/COUNT(가격) =725000/10 인 값이고 SUM(가격)/COUNT(*)= 725000/12 이기 때문이다. 앞서 설명하였듯이, COUNT(가격)과 COUNT(*)의 값이 2의 차이를 나타내는 이유는 가격 열에 널 값이 있는 행이 2개가 있기 때문이다. COUNT(*)는 NULL행도 포함하여 계산하고 COUNT(가격)은 널을 제외하고 계산한다. 아래와 같이 SQL문을 수정한다면 COUNT(*)와 COUNT(가격)를 사용한 SQL문 모두 같은 결과를 얻게 될 것이다.

```
-- COUNT(가격) 과 COUNT(*) 비교
SELECT  SUM(가격)/COUNT(*)  AS  [SUM(가격)/COUNT(*)]
FROM  제품
WHERE  가격  IS  NOT  NULL

SELECT  SUM(가격)/COUNT(가격)  AS  [SUM(가격)/COUNT(가격)]
FROM  제품
```

[실행결과]

	SUM(가격)/COUNT(*)
1	72500

	SUM(가격)/COUNT(가격)
1	72500

AVG(가격)은 SUM(가격)/COUNT(가격)의 값과 같다. AVG(가격)이 널을 제외하고 계산한다는 것을 알 수 있다.

```
-- AVG(가격) 구하기
SELECT  AVG(가격)  AS  [AVG(가격)]
FROM  제품
```

[실행결과]

	AVG(가격)
1	72500

5.2 GROUP BY / HAVING

집계함수는 대부분 GROUP BY절과 함께 사용한다. 제품 테이블의 데이터를 살펴보면 제품의 종류를 나타내는 종류 열이 있다. 종류별 평균 제품의 가격을 구하려면 우선, 제품들을 종류별로 그룹 지은 후 각 종류별의 평균 제품 가격을 구해야 한다. GROUP BY는 열에 따라 그룹을 모아 집계를 내기 위해 사용하는 구문이다.

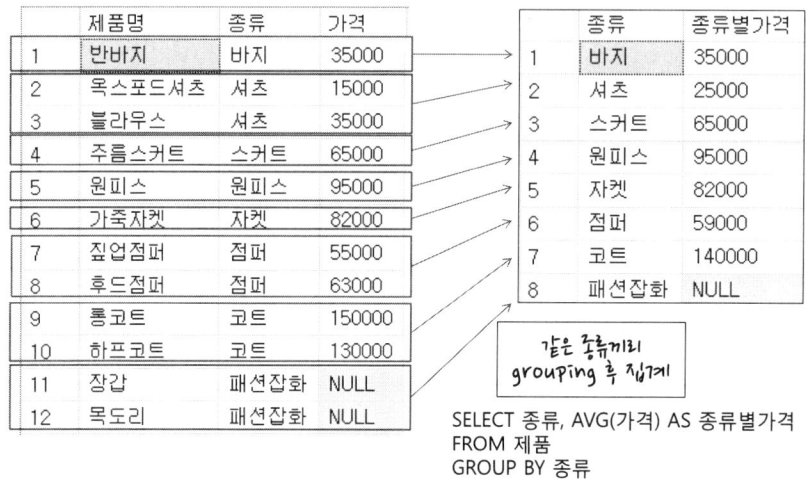

```
SELECT 종류, AVG(가격) AS 종류별가격
FROM 제품
GROUP BY 종류
```

GROUP BY를 사용하여 책 테이블에서 분야별로 그룹지어 각 분야별로 평균 가격을 구하는 SQL구문은 다음과 같다.

```
-- AVG(가격) 구하기
SELECT 분야, AVG(가격) AS 분야별가격
FROM 책
GROUP BY 분야
```

실행결과

	분야	분야별가격
1	경제	13333
2	심리	11750
3	요리	8750
4	컴퓨터	11833

책의 분야별 평균 책가격을 계산한 다음 이중에서 평균 책가격이 만원 이상인 분야와 평균 책가격만 필터링하여 가져오고 싶다면 HAVING절을 이용하여 만원 이상인 것만 추려내면 된다. HAVING은 GROUP BY를 적용하여 그룹별 집계를 낸 결과 값들 중에서 조건에 맞는 것들을 골라낼 때 사용하는 구문이다.

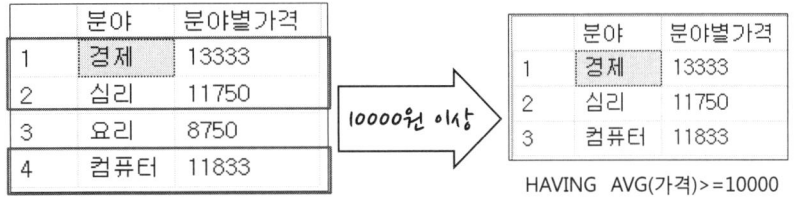

GROUP BY와 HAVING을 적용한 SQL 구문은 다음과 같다.

```
-- 분야별 평균 책가격이 만원이상 데이터 걸러내기
SELECT 분야, AVG(가격) AS 분야별가격
FROM 책
GROUP BY 분야
HAVING AVG(가격) >= 10000
```

[실행결과]

	분야	분야별가격
1	경제	13333
2	심리	11750
3	컴퓨터	11833

HAVING 은 GROUP BY를 사용하여 집계를 낸 후에 집계 값에 조건을 비교해 원하는 조건에 맞는 값만 가져오는 것이다. 따라서, SELECT구문의 WHERE절과 작업 순서가 다르다. 다음의 SQL문을 살펴보자. WHERE절과 HAVING절을 모두 사용한 구문이다.

```
-- WHERE 조건을 필터링 후 GROUP BY의 HAVING 조건 걸러내기
SELECT 종류, AVG(가격) AS 평균가격
FROM 제품
WHERE 가격>50000
GROUP BY 종류
HAVING AVG(가격)>= 80000
```

실행결과

	종류	평균가격
1	원피스	95000
2	자켓	82000
3	코트	140000

이 쿼리문의 작업순서는 다음 그림을 보며 이해하자. 먼저, 전체 테이블 값에서 WHERE 절의 조건에 맞는 가격>50000인 데이터만 골라낸다. 이렇게 모아진 데이터를 갖고 종류별 평균가격을 구한다. 이 결과를 갖고 다시 평균가격이 8만원 이상인 데이터만 최종적으로 가져온다.

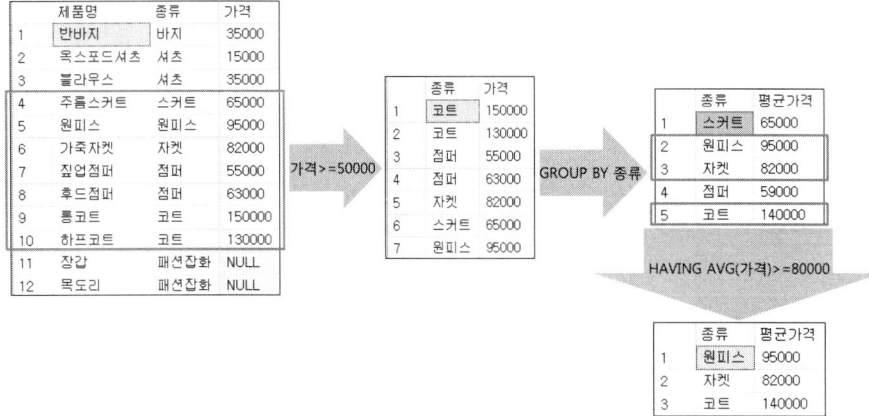

보통 WHERE절과 HAVING을 설명할 때 예선진출과 본선진출로 설명한다. WHERE절의 조건이 가격이 5만원 이상인 데이터만 모으는 것인데 이 조건에 맞아 추려진 데이터들은 예선 진출을 한 셈이다. 처음부터 가격이 5만원 미만인 제품들은 예선 탈락이 되는 것이다. 다음으로 예선 진출한 데이터들을 이용해서 같은 종류별로 묶어 평균집계를 낸 다음 집계된 평균가격이 8만원 보다 큰 값들만 HAVING절에 의해 본선진출 하는 것이다. 이해가 되었으리라고 생각한다. 다시 한번 WHERE절과 HAVING절이 모두 사용된 위의 SQL문을 실행하여 확인해보기 바란다.

5.3 GROUP BY ALL

GROUP BY는 WHERE 절과 함께 사용했을 때 WHERE 조건에 맞지 않는 데이터들은 제외하고 집계를 낸다. GROUP BY ALL절은 WHERE절의 조건에 의해 제외되었던 값들을 포함시켜서 집계를 만들지는 않지만 결과에는 포함시킬 수 있도록 하는 구문이다. 아래 예제를 실행시켜보면 집계의 결과는 동일하지만 GROUP BY ALL을 사용한 결과는 집계에 포함되지 않은 값들을 NULL 로 표시해서 나타낸다. 집계는 되지 않더라도 어떤 항목이 제외되었는지는 알 수 있도록 할 때 사용할 수 있다.

```
-- GROUP BY ALL
SELECT 종류, AVG(가격) AS 평균가격
FROM 제품
WHERE 가격>=50000
GROUP BY ALL 종류

-- GROUP BY
SELECT 종류, AVG(가격) AS 평균가격
FROM 제품
WHERE 가격>=50000
GROUP BY 종류
```

실행결과

	종류	평균가격
1	바지	NULL
2	셔츠	NULL
3	스커트	65000
4	원피스	95000
5	자켓	82000
6	점퍼	59000
7	코트	140000
8	패션잡화	NULL

GROUP BY ALL을 사용한 결과

	종류	평균가격
1	스커트	65000
2	원피스	95000
3	자켓	82000
4	점퍼	59000
5	코트	140000

GROUP BY 만 사용한 결과

또 다른 예제를 살펴보자. 제품의 종류별 평균가격을 구하면서 '점퍼'와 '셔츠' 종류의 제품은 검색조건에서 제외시켰다. 그러나 검색결과에는 나타나도록 하였다.

```
-- GROUP BY ALL (검색조건에 제외되지만 항목 출력하기)
SELECT 종류, AVG(가격) AS 평균가격
FROM 제품
WHERE 종류 NOT IN ('점퍼', '셔츠')
GROUP BY ALL 종류
```

실행결과

	종류	평균가격
1	바지	35000
2	셔츠	NULL
3	스커트	65000
4	원피스	95000
5	자켓	82000
6	점퍼	NULL
7	코트	140000
8	패션잡화	NULL

5.4 ROLLUP

ROLLUP은 부분집계와 전체집계를 동시에 나타낼 때 유용하다. 다음 그림 예를 보자. 각 학생들의 점수를 반별, 성별로 평균점수를 집계하였다. 각 반별로 성별에 따른 평균 점수가 나타나고 성별과 상관없이 반의 평균 점수가 나타난다. 그리고 가장 하단에는 전체 학생들의 평균점수가 나타난다. GROUP BY 는 반별로 모은 점수들 중 성별로 집계를 만들고 ROLLUP은 GROUP BY 결과의 반별 부분집계와 전체 집계를 나타낸다.

반별, 성별 평균점수를 구하기 위해 ROLLUP을 사용한 SQL문은 다음과 같다.

```
-- 부분집계와 전체집계 (ROLLUP)
SELECT 반, 성별, AVG(점수) AS 평균점수
FROM 성적
GROUP BY 반, 성별 WITH ROLLUP
```

[실행결과]

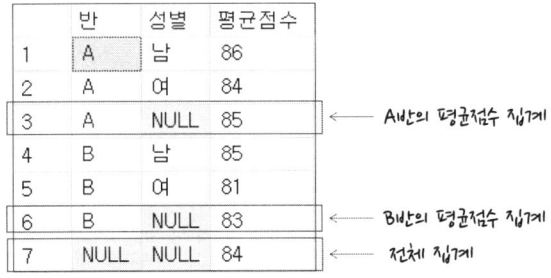

실행결과를 보면 각반별, 성별 평균점수가 보여지고 각 반마다의 중간집계가 추가된 것을 알 수 있다. 또한, 마지막에는 전체집계가 나타난다. 이러한, 중간집계와 마지막의 전체집계는 WITH ROLLUP에 의해 만들어진 결과이다.

5.5 CUBE

앞서 반별, 성별 부분집계를 만들어 보았다. 경우에 따라서는 집계 순서를 바꾸어 성별, 반별 집계가 필요한 경우도 있다. 앞서 ROLLUP을 통해 반별, 성별 평균 점수를 구하였던 것을 거꾸로 순서를 바꾸어 성별, 반별로 ROLLUP을 수행하면 된다.

```
-- 집계순서를 바꾼 ROLLUP
SELECT 성별, 반 AVG(점수) AS 평균점수
FROM 성적
GROUP BY 성별, 반 WITH ROLLUP
```

실행결과

	성별	반	평균점수
1	남	A	86
2	남	B	85
3	남	NULL	86
4	여	A	84
5	여	B	81
6	여	NULL	82
7	NULL	NULL	84

다음 그림은 반별, 성별 평균점수의 부분집계를 구한 ROLLUP결과(왼쪽그림)와 거꾸로 성별, 반별의 부분집계를 구한 ROLLUP의 결과(오른쪽그림)를 보여주고 있다. 이러한 작업은 각각 두 번의 ROLLUP 작업을 해야 한다.

반	성별	평균점수
A	남	86
A	여	84
A	NULL	85
B	남	85
B	여	81
B	NULL	83
NULL	NULL	84

GROUP BY 반, 성별 WITH ROLLUP

성별	반	평균점수
남	A	86
남	B	84
남	NULL	86
여	A	84
여	B	81
여	NULL	82
NULL	NULL	84

GROUP BY 성별, 반 WITH ROLLUP

이 두 가지 작업을 한꺼번에 할 수 있는 방법이 CUBE를 사용하는 것이다. 다음 SQL문을 실행하여 결과를 보자.

```
-- 항목 순서를 바꾸어 부분집계와 전체 집계 만들기(WITH CUBE)
SELECT 반, 성별, AVG(점수) AS 평균점수
FROM 성적
GROUP BY 반, 성별 WITH CUBE
```

실행결과

	반	성별	평균점수
1	A	남	86
2	B	남	85
3	NULL	남	86
4	A	여	84
5	B	여	81
6	NULL	여	82
7	NULL	NULL	84
8	A	NULL	85
9	B	NULL	83

CUBE의 실행결과를 앞서 작업했던 ROLLUP의 결과와 비교해서 살펴보자.

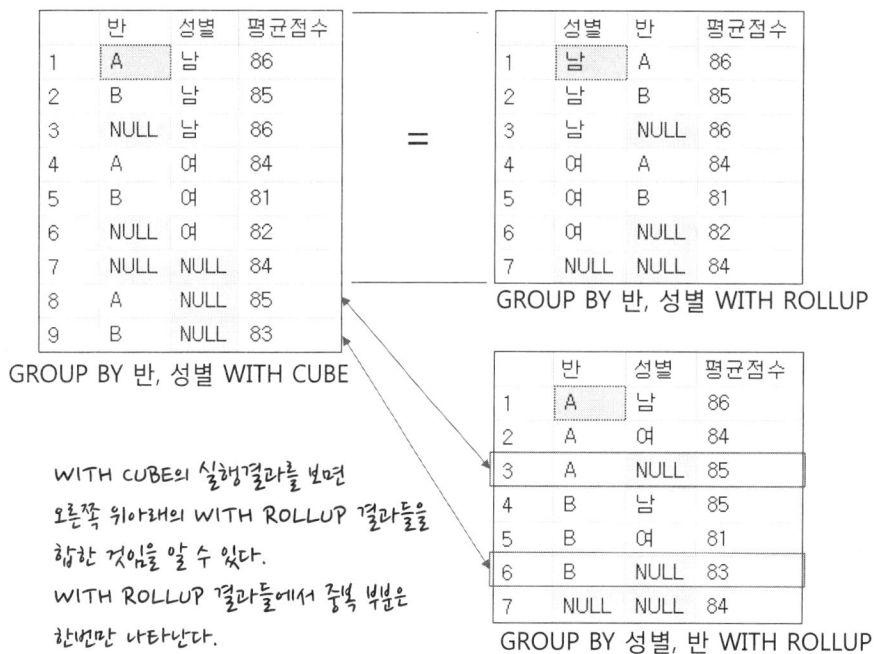

그림의 왼쪽에는 CUBE결과를 보여주고 있고 오른쪽에는 상하로 ROLLUP 작업을 보여주고 있다. 왼쪽 CUBE 의 1행부터 7행 까지는 오른쪽 위의 ROLLUP 작업과 동일하다. 첫 번째 열과 두 번째 열의 순서만 다를 뿐이다. CUBE 의 작업결과 8행과 9행의 결과는 오른쪽 아래의 ROLLUP 작업에서 표시한 부분과 일치한다. 그렇다면 오른쪽 아래 ROLLUP 작업에서 표시하지 않은 부분인 1,2,4,5,7행의 결과는 CUBE 의 어디에 표현되어 있을까. 이 부분은 오른쪽 위 그림의 ROLLUP 작업 결과를 보면 각각 1,4,2,5 행이 반과 성별의 순서만 바꾸어 졌을 뿐 집계 값은 동일한 것을 알 수 있다. 따라서, CUBE의 결과는 동일한 집계내용은 두 번 나타내지 않는 것이다. 결과적으로 CUBE의 결과는 열의 순서를 바꾸어 집계를 한 ROLLUP 작업을 합한 것이다.

▣ 실습해보기

[pubs 데이터베이스]

> **5-1** 테이블 titles 에서 분야(type)별 평균 책가격(price)을 구해보자.

분야별 평균 책가격을 구하기 위해서는 우선 같은 분야(type)끼리 그룹(GROUP BY type)으로 모아야 한다. 그룹으로 모은 뒤에는 평균 집계함수를 사용해서 평균을 구하면 된다. 다음 SQL문을 실행해보자.

```
SELECT type, AVG(price) AS 평균책가격
FROM titles
GROUP BY type
```

실행결과

	type	평균책가격
1	business	13.73
2	mod_cook	11.49
3	popular_comp	21.475
4	psychology	13.504
5	trad_cook	15.9633
6	UNDECIDED	NULL

5-2 테이블 titles 에서 분야(type)별 평균 책가격(price)을 구하고 이중에서 평균 책 가격이 20 이상인 것만 추려내보자.

type별 평균책가격을 구한 결과에서 평균책가격이 20이상인 결과만 가져오고 싶다면 HAVING절을 이용하여 20이상 인 것만 걸러내야 한다.

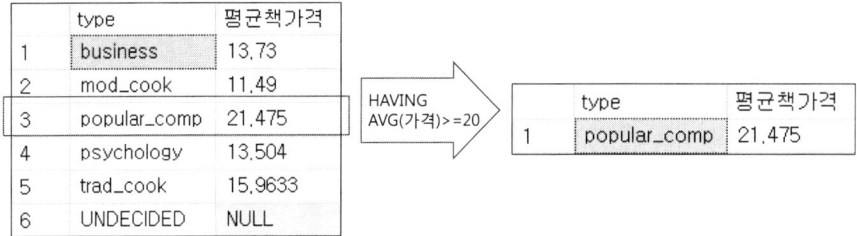

```
SELECT type, AVG(price) AS 평균책가격
FROM titles
GROUP BY type
HAVING AVG(price) >= 20
```

실행결과

	type	평균책가격
1	popular_comp	21.475

5-3 테이블 titles에서 ROLLUP을 사용하여 출판사별(pub_id), 분야별(type) 평균 책가격을 구해보자.

ROLLUP은 부분 집계와 전체 집계가 동시에 나타난다. 출판사 별로 책 분야별 평균가격의 부분집계가 나타나고 가장 하단에는 전체 집계가 나타나도록 해보자.

```
SELECT pub_id, type, AVG(price) AS 평균가격
FROM titles
GROUP BY pub_id, type WITH ROLLUP
```

실행결과

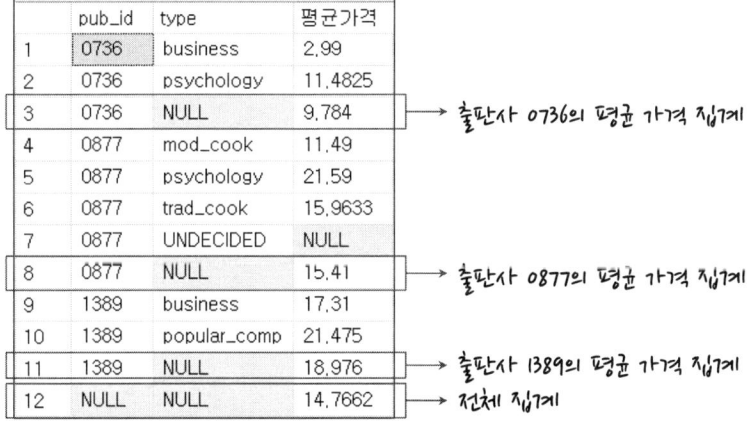

5-4 테이블 titles에서 출판사별(pub_id), 분야별(type) 평균 책가격이 나타나도록 하고 거꾸로 분야별(type), 출판사별(pub_id) 별로 평균 책가격이 나타나도록 구해보자.

이 두 가지 작업을 한꺼번에 할 수 있는 방법이 CUBE를 사용하는 것이다.

```
SELECT pub_id, type, AVG(price) AS 평균가격
FROM titles
GROUP BY pub_id, type WITH CUBE
```

(실행결과)

	pub_id	type	평균가격
1	0736	business	2.99
2	1389	business	17.31
3	NULL	business	13.73
4	0877	mod_cook	11.49
5	NULL	mod_cook	11.49
6	1389	popular_comp	21.475
7	NULL	popular_comp	21.475
8	0736	psychology	11.4825
9	0877	psychology	21.59
10	NULL	psychology	13.504
11	0877	trad_cook	15.9633
12	NULL	trad_cook	15.9633
13	0877	UNDECIDED	NULL
14	NULL	UNDECIDED	NULL
15	NULL	NULL	14.7662
16	0736	NULL	9.784
17	0877	NULL	15.41
18	1389	NULL	18.976

5장 연습문제

[SampleDB 데이터베이스]

【5-1】 테이블 '책' 에서 가장 가격이 싼 책의 가격과 가장 비싼 책의 가격을 출력하시오.

【5-2】 테이블 '책'에서 평균 책가격을 구하시오.

【5-3】 책가격이 10000원 미만인 책들은 제외하여 책의 분야별 평균 책가격을 구하고 평균 책가격이 11000원 이상인 책의 분야와 평균 책가격을 구하시오.

[pubs 데이터베이스]

【5-4】 titles테이블에서 ROLLUP을 사용하여 pub_id 별, type별 중간 집계 가격과 총가격을 출력하시오.

【5-5】 titles테이블에서 CUBE을 사용하여 pub_id 별, type별 또한, type별, pub_id 별 중간 집계 가격과 총가격을 출력하시오.

CHAPTER 06

테이블 조인(Join)하기

6-1. 내부조인(INNER JOIN)
6-2. 외부조인 (OUTER JOIN)
6-3. 셀프 조인 (SELF-JOIN)
6-4. UNION

CHAPTER 06

테이블 조인(Join)하기

관계형 데이터베이스에서 여러 개로 나뉘어진 테이블 간의 관계는 중요하다. 여러개로 나뉜 테이블을 모아 필요한 정보를 구하는 일은 빈번하게 발생한다. 조인은 여러 개로 나뉘어진 테이블에서 원하는 열들을 모아 하나의 결과를 만들어내는 것을 말한다. 조인의 종류에는 내부조인(INNER JOIN), 외부조인(OUTER JOIN), 셀프조인(SELF JOIN)이 있다. 먼저, 내부조인부터 살펴보자.

6.1 내부조인(INNER JOIN)

가장 흔히 사용하는 조인 방법이다. 두 개의 테이블에 같은 값을 가진 열을 연결하여 원하는 값을 가져오는 방법이다. 같은 값을 갖는 열이 조인키가 된다.

다음 그림을 살펴보자. 학생들에 관해 우리가 찾을 값들은 학번, 이름, 학과명이라고 하자. 학생테이블에는 학번과 이름이 있지만 학과명은 없기 때문에 학과명이 있는 학과테이블과 연관시켜 필요한 값을 가져와야 한다.

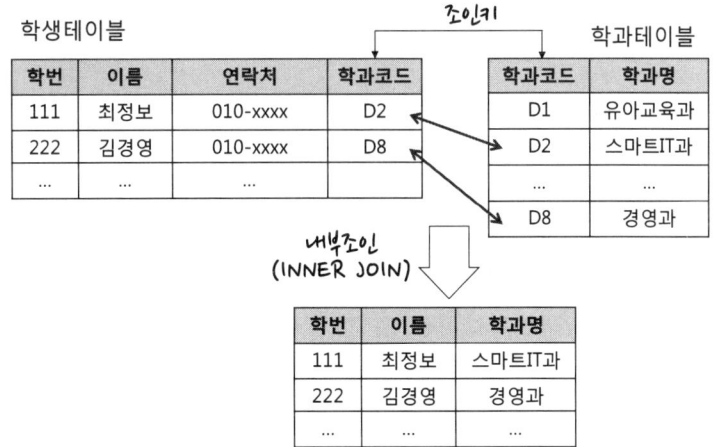

이때, 두 테이블 간에 같은 값을 가진 학과코드를 연관시키면 해당학생들의 학과명을 가져올 수 있다. 두 개 테이블을 연결할 수 있는 열이 조인키이다. 내부조인은 이처럼, 조인키를 연결시켜 필요한 값들을 가져오는 조인을 말한다.

그림에서 설명한 학생테이블과 학과테이블의 조인을 내부조인 문법을 적용하여 표현하면 다음과 같다.

```
SELECT  학번, 이름, 학과명
FROM   학생, 학과
WHERE  학생.학과코드 = 학과.학과코드
```

양쪽 테이블에서 가져올 열들을 SELECT절에 적고 FROM 에는 사용하는 테이블이 두 개이므로 두 개 테이블 명을 콤마(,) 로 구분하여 적는다. WHERE절 다음에는 두 개 테이블이 연결될 조건인 조인키를 적는다.

이 표현법은 ANSI표준이 아니기 때문에 이번에는 ANSI 표준 문법으로 다시 작성해보자.

```
SELECT  테이블의 열이름(칼럼명)
FROM   테이블명1 [INNER] JOIN 테이블명2
    ON   테이블명1.조인키 = 테이블명2.조인키
[WHERE  검색할 행의 조건]
```

다음은 ANSI표준 문법에 맞춰 조인을 다시 작성한 구문이다.

```
SELECT  학번, 이름, 학과명
FROM   학생 [INNER] JOIN 학과
   ON  학생.학과코드 = 학과.학과코드
```

가져올 열들을 SELECT절 다음에 적는 것은 동일하다. FROM 다음에 첫번째 테이블 명을 적고 INNER JOIN을 적는다. 다음으로 두 번째 테이블 명을 적는다. 테이블의 순서는 상관없다. INNER라는 글자는 생략하면 INNER JOIN, 즉 내부조인을 의미하므로 빼도 된다. ON 다음에는 두 개 테이블을 연결할 조인키를 적는다.

이번에는 책 테이블과 출판사 테이블을 조인해보자.
두 개 테이블을 살펴보면 출판사코드를 조인키로 연결시킬 수 있다는 것을 알 수 있다. 두 개 테이블을 조인하여 책제목, 출판사명, 가격을 출력해보자.

	책코드	책제목	분야	출판사코드	가격	출간날짜
1	C1034	파스타요리	요리	P004	7500	2011/05
2	C1051	지중해요리	요리	P003	10000	2012/05
3	E3089	사회적 경제의 이해	경제	P004	12000	2010/08
4	E3111	세계의 경제지표	경제	P001	13000	2012/11
5	E3324	경제학원론	경제	P002	15000	2015/01
6	I2021	운영체제	컴퓨터	P001	12000	2014/12
7	I2157	자바프로그래밍	컴퓨터	P003	12000	2014/03
8	I2205	자료구조	컴퓨터	P005	11500	2013/02
9	P4077	행동의심리학	심리	P005	11500	2014/09
10	P4101	심리학의 이해	심리	P002	12000	2015/01

책 테이블

	출판사코드	출판사명	주소	전화번호
1	P001	북출판사	부산시 동래구	051-550-111
2	P002	A&B출판사	서울시 성북구	02-224-123
3	P003	독서출판	서울시 종로구	02-722-222
4	P004	W출판사	대전시 중구	042-112-333
5	P005	풀숲출판사	제주 제주시	064-777-321

출판사 테이블

(조인키)

SQL문을 작성해보자. 먼저, SELECT 다음에 가져올 열들을 나열한다.

```
SELECT 책제목, 출판사명, 가격
```

다음으로 FROM 다음에 조인할 첫번째 테이블 명을 작성하고 INNER JOIN 키워드를 작성한 다음 나머지 테이블 명을 작성한다. 이때 테이블의 순서는 어느 테이블 명을 먼저 작성해도 상관없다.

```
SELECT 책제목, 출판사명, 가격
FROM 책 INNER JOIN 출판사
```

마지막으로 ON 다음에 두 개 테이블을 연결할 단서인 조인키를 작성한다. 조인키는 테이블명을 작성하고 점(.) 다음에 조인키 이름을 작성하는데 이때 작성하는 테이블명의 순서는 FROM에서 작성한 테이블 순서와 일치할 필요는 없다. 그래도 테이블과 같은 순서로 작성하면 이해하기가 수월할 것이다.

```
SELECT 책제목, 출판사명, 가격
FROM 책 INNER JOIN 출판사
    ON 책.출판사코드 = 출판사.출판사코드
```

실행결과

	책제목	출판사명	가격
1	파스타요리	W출판사	7500
2	지중해요리	독서출판	10000
3	사회적 경제의 이해	W출판사	12000
4	세계의 경제지표	북출판사	13000
5	경제학원론	A&B출판사	15000
6	운영체제	북출판사	12000
7	자바프로그래밍	독서출판	12000
8	자료구조	풀숲출판사	11500
9	행동의심리학	풀숲출판사	11500
10	심리학의 이해	A&B출판사	12000

출판사코드 열을 더 추가하여 출력해보자.

```
SELECT 책제목, 출판사코드, 출판사명, 가격
FROM 책 INNER JOIN 출판사
    ON 책.출판사코드 = 출판사.출판사코드
```

실행결과

```
메시지 209, 수준 16, 상태 1, 줄 1
열 이름 '출판사코드'이(가) 불확실합니다.
```

오류가 발생한다. 이유는 출판사코드가 책 테이블과 출판사 테이블 양쪽 모두에 있는 열이름이기 때문이다. 양쪽 모두에 존재하는 열의 값을 갖고 올 경우에는 어느쪽 테이블의 열값을 갖고 올 것인지 분명하게 명시해야한다. 어느 쪽 테이블의 값을 갖고 오던 값은 같다. 다음과 같이 수정하고 다시 실행해보자.

```
SELECT 책제목, 책.출판사코드, 출판사명, 가격
FROM 책 INNER JOIN 출판사
  ON 책.출판사코드 = 출판사.출판사코드
```

[실행결과]

	책제목	출판사코드	출판사명	가격
1	파스타요리	P004	W출판사	7500
2	지중해요리	P003	독서출판	10000
3	사회적 경제의 이해	P004	W출판사	12000
4	세계의 경제지표	P001	북출판사	13000
5	경제학원론	P002	A&B출판사	15000
6	운영체제	P001	북출판사	12000
7	자바프로그래밍	P003	독서출판	12000
8	자료구조	P005	풀숲출판사	11500
9	행동의심리학	P005	풀숲출판사	11500
10	심리학의 이해	P002	A&B출판사	12000

이번에는 세 개 이상 테이블을 조인해 보자. 다음 그림은 교과목 테이블, 교수 테이블, 학과 테이블을 보여주고 있다. 이 세 개 테이블을 조인하여 각 교수의 이름과 소속학과명 그리고 담당하는 과목명을 출력해보려고 한다.

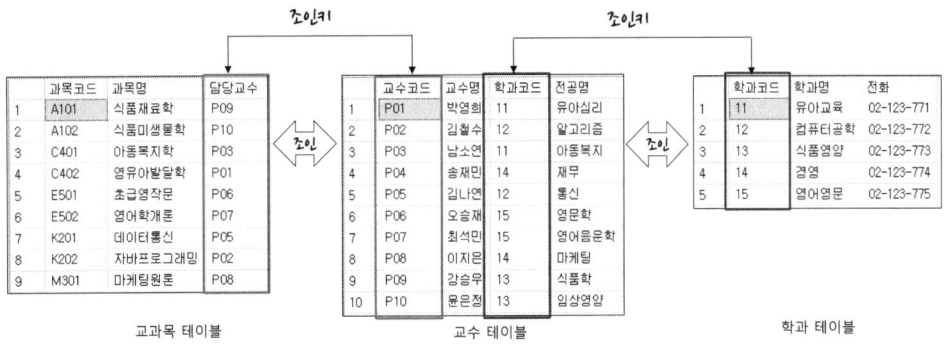

SELECT 문에 세 개의 테이블에서 가져올 열들을 작성해보자. 이해하기 쉽게 학과명은 '소속학과'로 과목명은 '담당과목'으로 열이름을 변경하여 작성한다.

```
SELECT 교수명, 학과명 AS 소속학과, 과목명 AS 담당과목
```

FROM 다음에 세 개의 테이블 조인을 작성해야 한다. 세 개의 테이블 중 임의로 조인할 수 있는 두 개 테이블을 선택하여 작성한다. 세 개 테이블 간의 조인 순서는 상관없다. 학과 테이블과 교수 테이블의 조인에서 조인키는 학과코드이다.

```
SELECT 교수명, 학과명 AS 소속학과, 과목명 AS 담당과목
FROM 학과 INNER JOIN 교수
ON 학과.학과코드 = 교수.학과코드
```

다음으로 남아있는 세 번째 테이블을 조인하기 위하여 JOIN구문 다음에 남은 세번째 테이블 명을 작성하고 계속해서 연결할 조인키 정보를 ON 다음에 작성한다.

```
SELECT 교수명, 학과명 AS 소속학과, 과목명 AS 담당과목
FROM 학과 INNER JOIN 교수
ON 학과.학과코드 = 교수.학과코드
   INNER JOIN 교과목
ON 교수.교수코드 = 교과목.담당교수
```

실행결과

	교수명	소속학과	담당과목
1	강승우	식품영양	식품재료학
2	윤은정	식품영양	식품미생물학
3	남소연	유아교육	아동복지학
4	박영희	유아교육	영유아발달학
5	오승재	영어영문	초급영작문
6	최석민	영어영문	영어학개론
7	김나연	컴퓨터공학	데이터통신
8	김철수	컴퓨터공학	자바프로그래밍
9	이지은	경영	마케팅원론

▽ **알아보기**

> ▶ **테이블명에 별칭(alias) 부여하기**
>
> 조인문법을 작성할 때 테이블명이 긴 경우 여러 번 테이블 명을 반복하여 입력하기 번거롭고 복잡하게 느껴진다. 간단하게 하기 위해 별칭을 줄 수 있다. 예를 들어, product, order, member 테이블을 조인하는 다음 SQL구문에서 별칭을 사용하였다. 별칭은 테이블명 다음에 AS를 작성하여 지정하거나 공백을 한칸 띄우고 작성하면 된다.
>
> ```
> SELECT name, prod_name, prod_qty
> FROM member m INNER JOIN order o
>   ON m.id = o.id
> INNER JOIN product p
>   ON p.code = o.code
> ```
>
> 테이블명을 간단하게 하기 위해 memeber 테이블은 'm'으로 order 테이블은 'o'로 product 테이블은 'p'로 별칭을 부여하였다. 주의할 점은 원래 테이블명과 별칭을 혼용하여 사용하면 안된다. 예를 들어, member 테이블 별칭을 'm'으로 부여하였을 때 'm.id'처럼 별칭의 테이블명을 사용해야한다. 원래 테이블명 member과 m을 혼용하여 사용하면 오류가 발생한다.

6.2 외부조인 (OUTER JOIN)

내부조인은 양쪽 테이블에서 서로 일치하는 값을 조인하여 원하는 데이터를 가져오는데 반해 외부조인은 기준으로 하는 한쪽 테이블의 데이터를 모두 가져온다. 예를 들어, 교수 테이블은 모든 교수들의 정보가 들어 있는 테이블이다. 교과목 테이블은 각 교수가 담당하는 과목 정보가 들어 있는 테이블인데 잠시 휴직이나 교환 교수 등으로 해당학기에 과목을 맡고 있지 않은 교수들의 경우 테이블에 정보가 없게 된다.

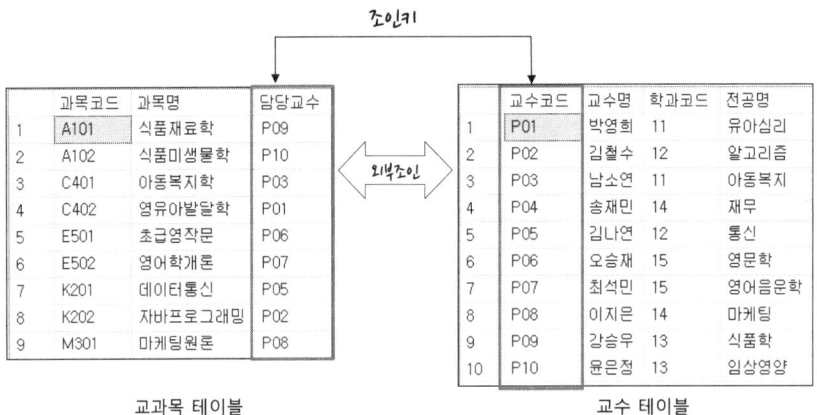

이 두 개 테이블을 내부조인하게 되면 양쪽에 공통적인 값으로만 조인되기 때문에 교과목 테이블에 담당교수 코드가 없는 교수의 정보는 조인 결과에 나타나지 않는다. 그러므로 맡고 있는 교과목이 없더라도 모든 교수를 기준으로 조인결과가 출력되게 하려면 교수테이블을 기준으로 조인해야 한다. 교과목을 맡고 있지 않은 교수명에 해당하는 과목명이 NULL로 채워진 것을 알 수 있다.

이렇게 어느 한쪽 테이블의 모든 데이터를 기준으로 조인하는 것을 외부조인이라고 한다. 외부조인은 LEFT OUTER JOIN, RIGHT OUTER JOIN, FULL OUTER JOIN 으로 구분된다. 두 개 테이블 중에 왼쪽 테이블을 기준으로 외부조인을 한다면 LEFT OUTER JOIN 구문을 사용한다. 오른쪽 테이블을 기준으로 외부 조인을 한다면 RIGHT OUTER JOIN 구문을 사용한다. LEFT 와 RIGHT 의 구분은 OUTER JOIN이란 키워드를 기준으로 왼쪽에 작성한 테이블과 오른쪽에 작성한 테이블명에서 어느 쪽을 기준으로 할 것이냐에 따라 사용하면 된다. FULL OUTER JOIN은 LEFT OUTER JOIN과 RIGHT OUTER JOIN을 합한 것이다.

교과목테이블과 교수 테이블을 기반으로 한 RIGHT OUTER JOIN의 SQL구문은 다음과 같다.

```
SELECT 교수명, 과목명
FROM 교과목 RIGHT OUTER JOIN 교수
  ON 교과목.담당교수 = 교수.교수코드
```

실행결과

	교수명	과목명
1	박영희	영유아발달학
2	김철수	자바프로그래밍
3	남소연	아동복지학
4	송재민	NULL
5	김나연	데이터통신
6	오승재	초급영작문
7	최석민	영어학개론
8	이지은	마케팅원론
9	강승우	식품재료학
10	윤은정	식품미생물학

이번에는 LEFT OUTER JOIN을 살펴보자. LEFT OUTER JOIN은 왼쪽 테이블을 기준으로 모든 데이터를 가져온다. 교과목 테이블을 기준으로 LEFT OUTER JOIN을 해보자. 결과는 교수테이블과 조인키가 일치하는 값을 기준으로 조인결과를 갖고 오기 때문에 내부조인과 같은 결과가 나타난다.

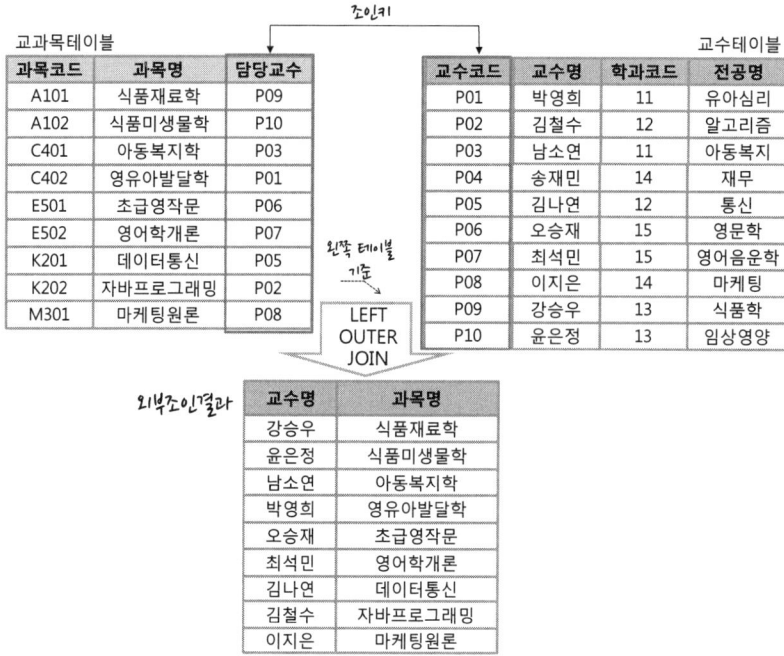

교과목테이블과 교수 테이블을 기반으로 LEFT OUTER JOIN의 SQL구문은 다음과 같다.

```
SELECT 교수명, 과목명
FROM 교과목 LEFT OUTER JOIN 교수
  ON 교과목.담당교수 = 교수.교수코드
```

실행결과

	교수명	과목명
1	강승우	식품재료학
2	윤은정	식품미생물학
3	남소연	아동복지학
4	박영희	영유아발달학
5	오승재	초급영작문
6	최석민	영어학개론
7	김나연	데이터통신
8	김철수	자바프로그래밍
9	이지은	마케팅원론

이번에는 LEFT OUTER JON과 RIGHT OUTER JOIN을 합한 FULL OUTER JOIN을 해보자. 교과목 테이블에 강사가 가르치는 과목하나를 추가하여 보자. 테이블에 레코드를 삽입하는 SQL문은 이후에 배울 내용으로 지금은 다음 SQL문을 그대로 입력하여 레코드를 삽입하자.

```
-- FULL OUTER JOIN 예제를 위한 레코드 삽입(과목코드, 과목명, 강사코드)
INSERT INTO 교과목 VALUES('M302','회계원리','T01')
```

이제 교과목프로젝트 테이블과 교수 테이블을 FULL OUTER JOIN 해보자.

```
SELECT 교수명, 과목명
FROM 교과목 FULL OUTER JOIN 교수
  ON 교과목.담당교수 = 교수.교수코드
```

(실행결과)

	교수명	과목명
1	강승우	식품재료학
2	윤은정	식품미생물학
3	남소연	아동복지학
4	박영희	영유아발달학
5	오승재	초급영작문
6	최석민	영어학개론
7	김나연	데이터통신
8	김철수	자바프로그래밍
9	이지은	마케팅원론
10	NULL	회계원리
11	송재민	NULL

실행결과를 보면 10번 행의 결과는 교과목 테이블에 있는 데이터이지만 교수가 가르치는 과목이 아니고 강사과목이기 때문에 교수 테이블에는 없는 교수코드라서 교수명은 널 값으로 출력되었다.

FULL OUTER JOIN은 양쪽 테이블 모두를 기준으로 조인하기 때문에 성능 면에서 아주 좋지 않다. 실제로 거의 사용하지 않기 때문에 개념정도만 익혀도 충분하다.

6.3 셀프 조인 (SELF-JOIN)

SELF-JOIN은 자기 자신을 조인한다는 의미로 같은 테이블을 조인하는 것을 말한다. '팀장현황' 테이블을 예로 살펴보자. '팀장현황'테이블에는 각 사원마다 상관에 해당하는 팀장의 사번정보가 있다.

팀장현황 테이블

사번	사원명	직책	팀장
1	마동석	대표이사	NULL
2	김고은	일반디자이너	7
3	유연석	프로그래머	10
4	차태현	마케팅매니저	1
5	고아라	일반디자이너	7
6	조정석	영업	4
7	정소민	수석디자이너	1
8	하정우	고객관리	4
9	박서준	프로그래머	10
10	강동원	프로그램관리	1

예를 들어, 사번 2번인 김고은 사원의 팀장 사번은 7번으로 팀장의 이름은 정소민이다. 이와같이 각 사원의 이름과 맡고 있는 직책 그리고 팀장의 이름과 팀장의 직책을 출력하려고 한다. 이 작업을 쉽게 해결하기 위해서 같은 테이블을 복사해서 서로 다른 테이블로 구분하여 생각해보자.

사원 테이블

사번	사원명	직책	팀장
1	마동석	대표이사	NULL
2	김고은	일반디자이너	7
3	유연석	프로그래머	10
4	차태현	마케팅매니저	1
5	고아라	일반디자이너	7
6	조정석	영업	4
7	정소민	수석디자이너	1
8	하정우	고객관리	4
9	박서준	프로그래머	10
10	강동원	프로그램관리	1

팀장 테이블

사번	사원명	직책	팀장
1	마동석	대표이사	NULL
2	김고은	일반디자이너	7
3	유연석	프로그래머	10
4	차태현	마케팅매니저	1
5	고아라	일반디자이너	7
6	조정석	영업	4
7	정소민	수석디자이너	1
8	하정우	고객관리	4
9	박서준	프로그래머	10
10	강동원	프로그램관리	1

두 개 테이블의 데이터가 같지만 한 테이블은 '사원' 테이블이라고 생각하고 또 다른 테이블은 '팀장' 테이블로 생각하며 서로 다른 테이블로 구분지어 생각한다. '사원' 테이블의 팀장과 '팀장' 테이블의 사번을 조인키로 연결하여 두 개의 테이블을 내부 조인하면 사원의 이름과 직책, 팀장의 이름과 직책을 얻을 수 있다.

사실상 같은 테이블을 조인하는 것이기 때문에 이것을 셀프 조인(SELF-JOIN)이라고 한다. 위의 그림을 참고하여 다음 SQL문을 살펴보자.

```
SELECT 사원.사원명, 사원.업무 AS 사원업무,
       팀장.사원명 AS 팀장명, 팀장.업무 AS 팀장업무
FROM   팀장현황 사원 JOIN 팀장현황 팀장
  ON 사원.팀장 = 팀장.사번
```

실행결과

	사원명	사원업무	팀장명	팀장업무
1	김고은	일반디자이너	정소민	수석디자이너
2	유연석	프로그래머	강동원	프로그램관리
3	차태현	마케팅매니저	마동석	대표이사
4	고아라	일반디자이너	정소민	수석디자이너
5	조정석	영업	차태현	마케팅매니저
6	정소민	수석디자이너	마동석	대표이사
7	하정우	영업	차태현	마케팅매니저
8	박서준	프로그래머	강동원	프로그램관리
9	강동원	프로그램관리	마동석	대표이사

'팀장현황' 테이블에는 10명의 사원 데이터가 있는데 대표이사는 팀장이 없기 때문에 조인 결과는 9명의 데이터가 출력된다. 만약 대표이사까지 10명의 데이터가 모두 나타나게 하려면 전체 사원을 기준으로 외부조인 해야 한다. 따라서 별칭 '사원' 테이블을 기준으로 외부조인을 해야 한다.

```
SELECT 사원.사원명, 사원.업무 AS 사원업무,
       팀장.사원명 AS 팀장명, 팀장.업무 AS 팀장업무
FROM 팀장현황 사원 LEFT OUTER JOIN 팀장현황 팀장
   ON 사원.팀장 = 팀장.사번
```

실행결과

	사원명	사원업무	팀장명	팀장업무
1	마동석	대표이사	NULL	NULL
2	김고은	일반디자이너	정소민	수석디자이너
3	유연석	프로그래머	강동원	프로그램관리
4	차태현	마케팅매니저	마동석	대표이사
5	고아라	일반디자이너	정소민	수석디자이너
6	조정석	영업	차태현	마케팅매니저
7	정소민	수석디자이너	마동석	대표이사
8	하정우	영업	차태현	마케팅매니저
9	박서준	프로그래머	강동원	프로그램관리
10	강동원	프로그램관리	마동석	대표이사

6.4 UNION

UNION은 두 개 테이블을 합하는 것을 말한다. JOIN 은 정규화된 테이블을 연결시키기 위해 사용하지만 UNION은 비 정규화된 테이블을 연결시키는 방법이다. 테이블의 데이터가 너무 크거나 자주 사용하지 않는 데이터 부분을 나누어 관리할 경우 필요할 때 합쳐서 사용하면 성능 면에서 유리하다. 학교의 졸업생들은 졸업생 테이블로 따로 관리하다가 필요할 때 재학생 테이블과 합치면 전체 동문 데이터를 얻을 수 있다.

UNION을 할 때 주의할 점은 두 개 테이블의 열의 수와 형식이 같아야 한다. 열의 이름은 같지 않아도 된다. UNION의 결과 집합의 열 이름은 첫 번째 SELECT문의 열 이름이 나타난다. UNION은 만약 두 개의 테이블에 같은 레코드가 존재한다면 중복은 제외하고 한 레코드만 출력한다.

성적테이블

학번	이름
201901001	박보검
201901002	송혜교
201901003	손예진
....	....
2019010020	김태희

교수테이블

교수코드	교수명
P01	박영희
P02	김철수
P03	남소연
...	...
P10	윤은정

UNION

학번	이름
201901001	박보검
201901002	송혜교
201901003	손예진
....	....
2019010020	김태희
P01	박영희
P02	김철수
....	....
P10	윤은정

예제를 통해 살펴보자. 두 개 테이블의 열의 개수와 데이터 형식만 맞으면 하나의 결과 집합으로 가져온다.

```
SELECT 학번, 이름  FROM 성적
UNION
SELECT 교수코드, 교수명  FROM 교수
```

실행결과

	학번	이름
1	201901001	박보검
2	201901002	송혜교
3	201901003	손예진
	중간생략	
19	201901019	서강준
20	201901020	김태희
21	P01	박영희
22	P02	김철수
	중간생략	
28	P08	이지은
29	P09	강승우
30	P10	윤은정

UNION ALL은 UNION처럼 두 개 테이블의 값을 가져오는 것은 같지만 차이점은 중복된 데이터도 모두 가져온다는 것이다. UNION과 UNION ALL의 차이점을 확인하기 위해 예제를 단순하게 만들었다. 다음 두 SQL문을 실행해서 결과 집합의 개수를 비교해보자.

```
-- UNION 결과
SELECT 교수코드, 교수명 FROM 교수
UNION
SELECT 교수코드, 교수명 FROM 교수
-- UNION ALL 결과
SELECT 교수코드, 교수명 FROM 교수
UNION ALL
SELECT 교수코드, 교수명 FROM 교수
```

실행결과

	교수코드	교수명
1	P01	박영희
2	P02	김철수
3	P03	남소연
4	P04	송재민
5	P05	김나연
6	P06	오승재
7	P07	최석민
8	P08	이지은
9	P09	강승우
10	P10	윤은정

UNION 결과

	교수코드	교수명
1	P01	박영희
2	P02	김철수
3	P03	남소연
4	P04	송재민
5	P05	김나연
6	P06	오승재
7	P07	최석민
8	P08	이지은
9	P09	강승우
10	P10	윤은정
11	P01	박영희
12	P02	김철수
13	P03	남소연
14	P04	송재민
15	P05	김나연
16	P06	오승재
17	P07	최석민
18	P08	이지은
19	P09	강승우
20	P10	윤은정

UNION ALL 결과

UNION 의 결과는 10개이지만 UNION ALL은 중복 레코드가 포함되어 20개의 결과 집합으로 나타난다.

▣ 실습해보기

[adventureWorks2014 데이터베이스]

6-1 테이블 Production.ProductCategory 와 Production.ProductSubcategory를 내부조인(INNER JOIN)하여 각각 제품명인 Name 값을 가져오자.

앞서 Production.ProductCategory 와 Production.ProductSubcategory 테이블의 조인 키는 ProductCategoryID 이다. 두 테이블에서 각각 제품이름이 Name열의 값으로 저장되어 있다. 두 개 테이블을 조인하여 제품명을 가져오는 조인문을 작성해보자.

```
SELECT p1.Name, p2.Name
FROM Production.ProductCategory p1 INNER JOIN
     Production.ProductSubcategory p2
 ON p1.ProductCategoryID = p2.ProductCategoryID
```

실행결과

	Name	Name
1	Bikes	Mountain Bikes
2	Bikes	Road Bikes
3	Bikes	Touring Bikes
4	Components	Handlebars
5	Components	Bottom Brackets
6	Components	Brakes
7	Components	Chains
8	Components	Cranksets
9	Components	Derailleurs
10	Components	Forks
11	Components	Headsets
12	Components	Mountain Fra…
13	Components	Pedals
14	Components	Road Frames

Name열 이름이 양쪽 테이블에 모두 있기 때문에 각각 Name 열 앞에 테이블명을 명시하여야 한다.

Production.ProductCategory를 p1으로 Production.ProductSubcategory를 p2로 별칭을 정했기 때문에 Name 열 앞에도 각각 p1과 p2를 명시하여야 한다.

> **6-2** Production.Product테이블에는 동일한 SubcategoryID를 가졌지만 판매가격이 다른 제품들이 있다. 동일한 SubcategoryID를 가진 제품간의 판매가격 차이가 2달러 미만인 상품들을 조회해보자.

Production.Product테이블에 SubcategoryID와 판매가격인 ListPrice 데이터가 들어있다. 같은 SubcategoryID를 가진 제품 간의 가격차이를 구하려면 SELF JOIN을 해야 한다.

	ProductSubcategoryID	ListPrice
313	4	44.54
314	4	61.92
315	4	120.27
316	4	44.54
317	4	61.92
318	4	120.27
319	12	348.76
320	17	60.745
321	17	209.025
322	17	300.215

p1

가격차이<2$

	ProductSubcategoryID	ListPrice
313	4	44.54
314	4	61.92
315	4	120.27
316	4	44.54
317	4	61.92
318	4	120.27
319	12	348.76
320	17	60.745
321	17	209.025
322	17	300.215

p2

아래의 SELF JOIN 구문을 실행해보자. 제품간의 가격차이를 비교하면서 제품가격이 같은 것은 동일한 제품이므로 이것은 제외하고 결과를 가져온다.

```
SELECT DISTINCT p1.ProductSubcategoryID, p1.ListPrice
FROM Production.Product p1
  INNER JOIN Production.Product p2
  ON p1.ProductSubcategoryID = p2.ProductSubcategoryID
  AND p1.ListPrice <> p2.ListPrice
WHERE ABS(p1.ListPrice - p2.ListPrice )< $2
ORDER BY ProductSubcategoryID;
```

실행결과

	ProductSubcategoryID	ListPrice
1	4	44.54
2	4	46.09
3	23	8.99
4	23	9.50
5	28	8.99
6	28	9.99
7	37	2.29
8	37	3.99
9	37	4.99
10	37	28.99
11	37	29.99

6장 연습문제

[pubs 데이터베이스]

【6-1】 테이블 titles 와 publishers 를 조인하여 titles, pub_name, price 를 출력하시오.

【6-2】 테이블 titles 와 publishers, sales 테이블을 조인하여 title, pub_name, qty, ord_date 를 출력하시오.

【6-3】 authors 테이블에는 공동저자의 책 정보가 들어있다. titleauthor 테이블과 authors 테이블을 조인하여 다음과 같이 공동저자 두 명과 책코드를 출력하시오.

실행결과

	저자1	저자2	책코드
1	409-56-7008	409-56-7008	BU1032
2	648-92-1872	648-92-1872	TC4203
3	238-95-7766	238-95-7766	PC1035
4	722-51-5454	722-51-5454	MC3021
5	712-45-1867	712-45-1867	MC2222
6	427-17-2319	427-17-2319	PC8888
7	213-46-8915	213-46-8915	BU1032
8	213-46-8915	213-46-8915	BU2075
9	472-27-2349	472-27-2349	TC7777

[SampleDB 데이터베이스]

【6-4】 제품테이블과 판매 테이블을 판매가 되지 않은 제품까지 포함하여 제품번호, 제품명, 가격, 판매수량을 출력하시오.

CHAPTER 07

서브쿼리(Subquery) 활용하기

7-1. 단일 값을 반환하는 서브쿼리
7-2. 집계함수를 사용하는 서브쿼리
7-3. 목록값을 반환하는 서브쿼리
7-4. 상관관계 서브쿼리(Correlated Subquery)
7-5. EXISTS/ NOT EXISTS

CHAPTER 07
서브쿼리(Subquery) 활용하기

서브쿼리(Subquery)는 SELECT, INSERT, UPDATE, DELETE내에 조건으로 사용하는 SELECT문을 말한다. 서브쿼리는 쿼리의 결과를 메인쿼리에 사용하도록 구성한다. 예를 들어 특정 초등학교 학생들의 키를 조사하고 평균키 이상되는 학생들의 인원수를 출력한다면 다음과 같은 서브쿼리를 작성할 수 있다.

```
-- 쿼리 실행순서 : ①→②
② SELECT COUNT(*) AS [평균키이상 인원수]
   FROM 초등학생
   WHERE 키 >= ( SELECT AVG(키) FROM 초등학생 )
                        서브쿼리 ①
```

괄호안에 작성한 SQL문이 서브쿼리이다. 전체 SQL문의 실행순서는 괄호안의 쿼리문을 먼저 실행하여 초등학생의 평균키를 구하고 이 값이 괄호밖의 메인쿼리와 연관지어 전체 쿼리의 결과를 출력한다.

서브쿼리의 특징은 다음과 같다.

- 서브쿼리는 괄호로 묶어져서 사용한다.
- 괄호안의 서브쿼리만 실행해도 결과가 나온다.
- 서브쿼리의 실행순서는 괄호안의 쿼리가 먼저 실행되고 그 결과에 의해 괄호 바깥쪽 쿼리가 실행된다.
- 서브쿼리속에 서브쿼리가 중첩될 수 있다.

7.1 단일 값을 반환하는 서브쿼리

서브쿼리의 실행결과가 단일 값을 반환하는 쿼리를 말한다. 예제를 통해 설명하자.

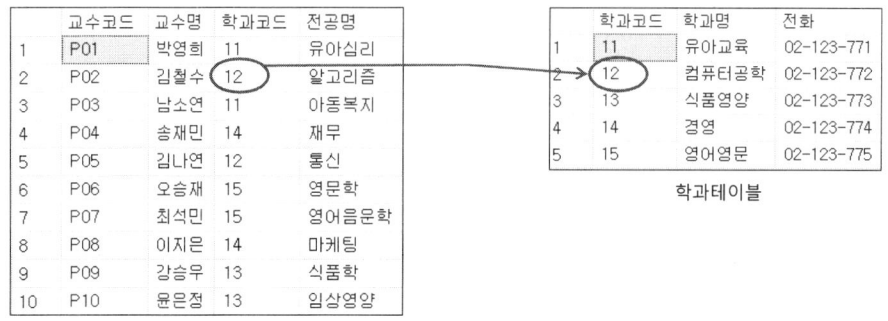

교수테이블   학과테이블

'김철수'교수가 속한 학과명을 출력해보자. 먼저, 교수 테이블에서 김철수 교수의 학과코드를 찾아 '12' 임을 확인하고 이 학과코드 값을 사용하여 학과테이블에서 '컴퓨터공학' 과 교수임을 알아낼 수 있다. 서브쿼리의 SQL문은 값을 찾는 순서대로 작성하면 된다. 우선, 서브쿼리 설명을 위해 같은 이름을 가진 교수가 없다는 가정하에 교수 테이블에서 김철수 교수의 학과코드 값을 찾는 SQL 문을 작성한다.

```
-- 서브쿼리 (김철수교수의 학과코드 조회)
SELECT  학과코드
 FROM  교수
 WHERE  교수명 = '김철수'
```

실행결과

	학과코드
1	12

이제 학과코드 '12'의 학과명을 확인하면 된다. 따라서, 다음과 같은 쿼리를 작성하면 학과명을 구할 수 있다.

```
-- 서브쿼리 (학과코드 '12'의 학과명 조회)
SELECT  학과명
FROM  학과
WHERE  학과코드 = '12'
```

실행결과

	학과명
1	컴퓨터공학

두 단계로 나누어 실행했던 작업을 하나의 서브쿼리로 작성해보자.

```
-- 서브쿼리 (김철수 교수의 학과명 조회)
SELECT  학과명
FROM  학과
WHERE  학과코드 = (SELECT  학과코드  FROM  교수
                  WHERE  교수명 = '김철수')
```

실행결과

	학과명
1	컴퓨터공학

서브쿼리는 괄호안의 쿼리가 먼저 실행되고 괄호 바깥쪽 쿼리가 실행되기 때문에 먼저, 김철수 교수의 학과코드를 찾고 그 학과코드에 해당되는 학과명을 찾는 과정으로 쿼리가 실행된다. 따라서, 먼저 작업해야 하는 단서를 괄호 안의 쿼리로 작성하면 된다.

7.2 집계함수를 사용하는 서브쿼리

성적 테이블에서 평균 점수 이상 받은 학생들을 조회해보자. 우선 평균 점수부터 구해야 한다.

```
-- 서브쿼리 (평균점수 구하기)
SELECT AVG(점수) 평균
 FROM 성적
```

실행결과

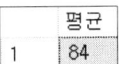

평균점수는 84점이다. 그렇다면 84점 이상 받은 학생들을 찾으면 평균점수 이상 받은 학생들을 찾게 된다.

```
-- 서브쿼리 (평균점수 '84점' 이상 받은 학생들 조회)
SELECT 학번, 이름
 FROM 성적
 WHERE 점수 >= 84
```

실행결과

	학번	이름
1	201901001	박보검
2	201901004	윤균상
3	201901005	이종석
4	201901007	박보영
5	201901008	한효주
6	201901010	김수현
7	201901012	유승호
8	201901014	한지민
9	201901017	정해인
10	201901018	강소라
11	201901019	서강준

두 단계로 실행한 작업을 하나의 쿼리로 합치면 다음과 같은 서브쿼리를 작성할 수 있다.

```
-- 서브쿼리 (평균점수 이상 받은 학생들 조회)
SELECT 학번, 이름
 FROM 성적
 WHERE 점수 >= ( SELECT AVG(점수) FROM 성적 )
```

실행결과

	학번	이름
1	201901001	박보검
2	201901004	윤균상
3	201901005	이종석
4	201901007	박보영
5	201901008	한효주
6	201901010	김수현
7	201901012	유승호
8	201901014	한지민
9	201901017	정해인
10	201901018	강소라
11	201901019	서강준

7.3 목록값을 반환하는 서브쿼리

목록값을 반환하는 서브쿼리는 서브쿼리의 실행 결과 값이 여러 개를 반환하는 경우이다. 여러 개의 값을 반환하기 때문에 WHERE 절 안에 포함된 조건 연산자에서는 IN을 사용해야 하는 것에 주의해야한다. 요리 분야의 책을 출판하고 있는 출판사들을 조회해보자.

책 테이블

	책코드	책제목	분야	출판사코드
1	C1034	파스타요리	요리	P004
2	C1051	지중해요리	요리	P003
3	E3089	사회적 경제의 이해	경제	P004
4	E3111	세계의 경제지표	경제	P001
5	E3324	경제학원론	경제	P002
6	I2021	운영체제	컴퓨터	P001
7	I2157	자바프로그래밍	컴퓨터	P003
8	I2205	자료구조	컴퓨터	P005
9	P4077	행동의심리학	심리	P005
10	P4101	심리학의 이해	심리	P002

출판사 테이블

	출판사코드	출판사명	주소	전화번호
1	P001	북출판사	부산시 동래구	051-550-111
2	P002	A&B출판사	서울시 성북구	02-224-123
3	P003	독서출판	서울시 종로구	02-722-222
4	P004	W출판사	대전시 중구	042-112-333
5	P005	풀숲출판사	제주 제주시	064-777-321

```
-- 실행순서 ①
SELECT 출판사코드
FROM 책
WHERE 분야 = '요리'
```

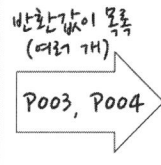
반환값이 목록 (여러 개)
P003, P004

```
-- 실행순서 ②
SELECT 출판사명
FROM 출판사
WHERE 출판사코드 IN ('P003' , 'P004')
```

먼저 책 테이블에서 요리분야의 책을 출판사 출판사를 구하는 SQL문을 실행하여 'P003'과 'P004'를 구하고 다음 단계로 출판사 테이블에서 출판사 코드가 'P003'과 'P004' 인 출판사명을 찾으면 된다. 첫 번째 실행한 쿼리의 결과값이 여러 개의 목록값으로 반환되기 때문에 IN을 사용해야 하는 것에 주의하자. 두 단계로 나누어 작업을 한 내용을 하나의 쿼리로 합치면 다음과 같은 서브쿼리를 작성할 수 있다.

```
-- 목록값을 반환하는 서브쿼리 ( 요리분야의 책을 출판하는 출판사 조회 )
SELECT 출판사명
 FROM 출판사
 WHERE 출판사코드 IN ( SELECT 출판사코드 FROM 책
                    WHERE 분야 = '요리' )
```

실행결과

	출판사명
1	독서출판
2	W출판사

이 SQL문은 조인으로 바꾸어 같은 결과를 만들 수 있다. 같은 결과를 도출한다면 서브쿼리보다 조인을 사용하는 것이 성능 면에서 유리하다. 다음은 같은 결과를 만드는 조인 SQL문이다.

```
-- 목록값을 반환하는 서브쿼리 ( 요리분야의 책을 출판하는 출판사 조회 )
SELECT  출판사명
 FROM   출판사 JOIN 책
    ON  출판사.출판사코드 = 책.출판사코드
 WHERE  분야 = '요리'
```

실행결과

이번에는 '요리' 와 '경제' 분야의 책을 출판하는 출판사들을 조회해보자.

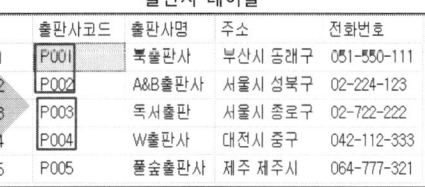

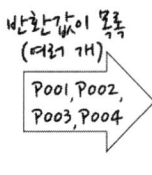

```
-- 실행순서 ①
SELECT  출판사코드
FROM    책
WHERE   분야 IN
        ( '요리', '경제')
```

반환값이 목록
(여러 개)
P001, P002,
P003, P004

```
-- 실행순서 ②
SELECT  출판사명
FROM    출판사
WHERE   출판사코드 IN
        ('P001' , 'P002' , 'P003' , 'P004')
```

두 단계로 나누어 작업을 한 내용을 하나의 쿼리로 합치면 다음과 같은 서브쿼리를 작성할 수 있다.

```
-- 목록값을 반환 서브쿼리 ( 요리와 경제분야의 책을 출판하는 출판사 조회 )
SELECT 출판사명
FROM 출판사
WHERE 출판사코드 IN ( SELECT 출판사코드 FROM 책
                      WHERE 분야 IN ( '요리' , '경제' ) )
```

실행결과

	출판사명
1	북출판사
2	A&B출판사
3	독서출판
4	W출판사

이번에는 조인문으로 작성한 결과를 확인해보자.

```
-- 조인문 쿼리 ( 요리와 경제분야의 책을 출판하는 출판사 조회 )
SELECT 출판사명
 FROM 출판사 JOIN 책
     ON 출판사.출판사코드 = 책.출판사코드
WHERE 분야 IN ( '요리' , '경제' )
```

실행결과

	출판사명
1	W출판사
2	독서출판
3	W출판사
4	북출판사
5	A&B출판사

조인문의 실행결과는 중복 데이터가 나타난다. 중복을 제외하면 서브쿼리와 조인문의 결과는 사실상 같지만 차이점은 조인에 의한 결과는 중복이 배제되지 않고 반환되고 서브쿼리는 중복이 배제되어 결과가 나타난다.

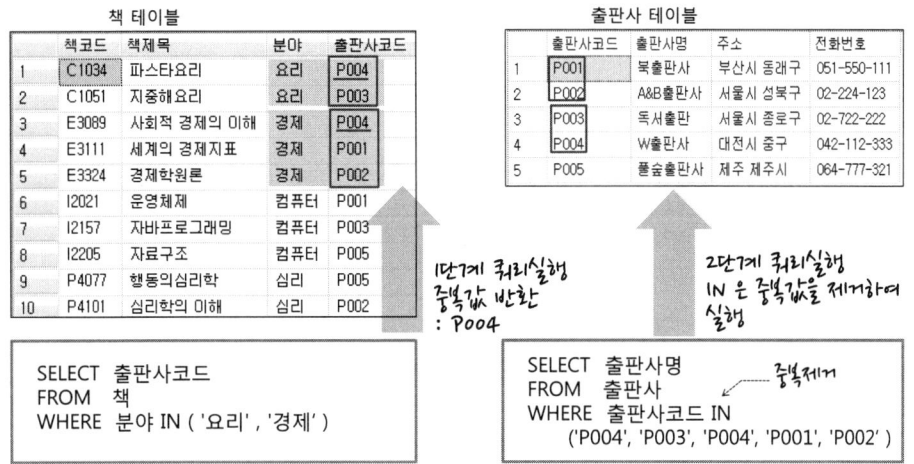

조인의 경우에는 두 개 테이블을 연결하면서 작업을 하기 때문에 **연결된** 값을 모두 결과값으로 가져오게 된다. 실행과정을 살펴보면 중복이 나타나는 것을 이해할 수 있다.

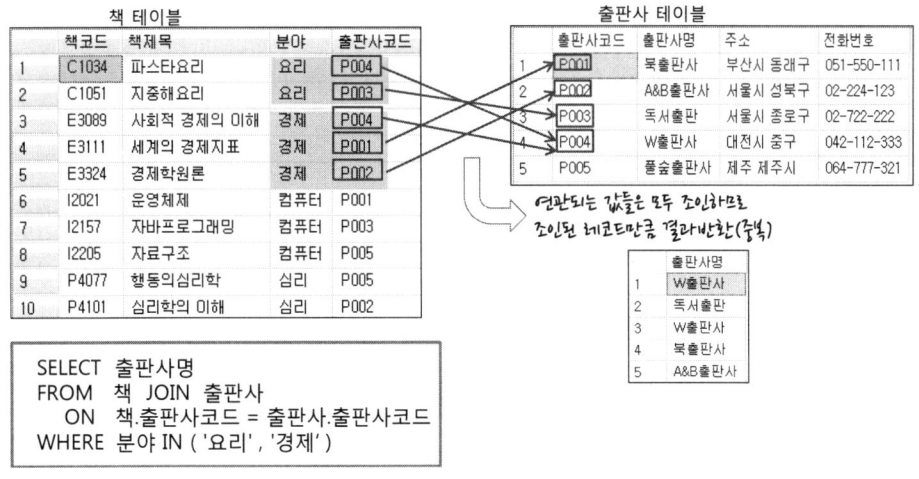

조인문에 DISTINCT를 삽입하면 결과는 같게 된다.

```
-- 중복을 제거하는 조인문 쿼리
SELECT DISTINCT 출판사명
 FROM 출판사 JOIN 책
   ON 출판사.출판사코드 = 책.출판사코드
 WHERE 분야 IN ( '요리' , '경제' )
```

실행결과

	출판사명
1	독서출판
2	북출판사
3	A&B출판사
4	W출판사

서브쿼리는 UPDATE, DELETE 문과 결합하여 다양한 작업을 할 수가 있다. 서브쿼리에 기반을 둔 UPDATE와 DELETE는 9장에서 다루기로 한다.

7.4 상관관계 서브쿼리(Correlated Subquery)

앞서 살펴보았던 일반적인 서브쿼리와 달리 상관관계 서브쿼리는 괄호안의 상관관계쿼리만 단독으로 실행할 수 없다. 상관관계 서브쿼리는 괄호안의 쿼리와 바깥쪽의 메인쿼리가 연관되면서 실행되기 때문이다. 내용이 다소 어렵고 실제 성능도 떨어지기 때문에 가급적 사용하지 않을 것을 권장한다.

테이블 '졸작평가'는 4인 1조로 졸업작품을 만드는 학생들을 개별적으로 평가한 점수를 기록한 테이블이다.

졸작평가 테이블

학번	이름	점수	조이름
201901001	박보검	81	베스트
201901002	송혜교	88	학교짱
201901003	손예진	85	무한도전
201901004	윤균상	86	점수조
201901005	이종석	78	예쁘죠
...	...	...	...
201901018	강소라	89	점수조
201901019	서강준	90	베스트
201901020	김태희	81	예쁘죠

이 졸작평가 테이블에서 각 조에서 가장 높은 점수를 받은 학생들의 데이터를 가져와보자. 전체 점수 중에서 가장 높은 점수를 구하는 것이 아니라 각 조별 가장 높은 점수를 구하기 때문에 각 조별 4명의 점수를 비교하고 그 중 가장 높은 점수를 구해야 한다. 따라서 한 번에 실행결과를 가져올 수 없다. 이런 경우 상관관계 서브쿼리를 사용하여 결과를 얻어야 한다.

```
-- 상관관계 서브쿼리 ( 조별 최고점수 출력 )
SELECT  S1.조이름,  S1.이름,  S1.점수
FROM    졸작평가 S1
WHERE   S1.점수 =
        ( SELECT  MAX(점수) FROM 졸작평가 S2
          WHERE S2.조이름 = S1.조이름 )
```

실행결과

	조이름	이름	점수
1	학교짱	송중기	93
2	점수조	강소라	89
3	예쁘죠	유승호	94
4	베스트	서강준	90
5	무한도전	정해인	91

쿼리 수행과정을 설명하기 위해 괄호 바깥쪽쿼리에서 WHERE 조건절만 제외하고 실행해 보자. 전체 실행결과 중 조이름이 '무한도전'을 대상으로 살펴보자.

```
SELECT  S1.조이름,  S1.이름,  S1.점수
FROM    졸작평가 S1
WHERE  조이름 = '무한도전'
```

실행결과

	조이름	이름	점수
1	무한도전	손예진	85
2	무한도전	여진구	84
3	무한도전	한효주	87
4	무한도전	정해인	91

조이름 '무한도전'의 팀원들중 가장 점수가 높은 학생은 '정해인'으로 검색된다. 학생평가 테이블의 전체 데이터는 여러 조들의 학생 데이터가 들어 있다. 따라서 하나의 조의 학생들 중에서 가장 높은 점수를 가진 학생을 찾아 내고 다음 조이름에서 역시 가장 높은 점수를 가진 학생을 찾는 과정을 반복한다. 앞서 실행했던 상관관계 서브쿼리를 보자.

```
-- 상관관계 서브쿼리 ( 조별 최고점수 출력 )
SELECT  S1.조이름,  S1.이름,  S1.점수
FROM    졸작평가 S1
WHERE  S1.점수 =
        ( SELECT  MAX(점수) FROM  졸작평가 S2
           WHERE S2.조이름 = S1.조이름 )
```

괄호안의 쿼리를 살펴보면 점수가 가장 높은 사람의 데이터를 찾아내는 쿼리이다. 이 과정에서 같은 조이름안에서 찾아야 하기 때문에 WHERE절에서는 괄호 밖의 졸작평가 테이블의 조이름 값(S1.조이름)이 괄호안 쿼리의 졸작평가 테이블의 조이름 값(S2.조이름=S1.조이름)으로 채워져 괄호 내부의 쿼리를 실행하게 된다. 즉, 조이름 '무한도전'의 경우 괄호안의 WHERE 절에서 S2.조이름='무한도전' 으로 채워지게 된다. 괄호안의 쿼리의 실행결과

는 같은 조에서 가장 점수가 높은 사람의 점수 값이 검색 결과가 된다. 괄호안의 실행결과인 가장 높은 점수는 다시 괄호밖에서 비교할 점수 값으로 결정되어 바깥쿼리의 모든 레코드의 점수와 비교하게 된다. 이처럼 상관관계 서브쿼리는 괄호밖의 쿼리와 괄호안의 쿼리가 연관되어 쿼리를 수행하기 때문에 같은 테이블명을 구별하기 위하여 별칭(S1, S2)을 사용하여야 한다.

앞서 언급했듯이 상관관계 서브쿼리는 괄호안의 쿼리만 따로 실행할 수 없다. 실행해보면 오류가 나타나는 것을 알 수 있다.

7.5 EXISTS/ NOT EXISTS

EXISTS와 NOT EXISTS 역시 서브쿼리의 형태라 할 수 있다. 서브쿼리가 반환하는 행의 존재를 확인하기 위한 절이다. EXISTS는 EXISTS 절안의 결과가 존재하면 참이고 NOT EXISTS절은 결과가 존재하지 않으면 참이 된다.

EXISTS와 NOT EXISTS는 서브쿼리가 반환하는 행의 존재만 확인하고 어떤 데이터도 결과로 반환하지는 않는다.

다음은 강의할 교과목이 '자바프로그래밍'인 교수명을 조회하는 예제이다.

```
SELECT 교수명
FROM 교수 T
WHERE EXISTS
    ( SELECT * FROM 교과목 S WHERE 과목명 = '자바프로그래밍' AND
    T.교수코드 = S.담당교수 )
```

실행결과

	교수명
1	김철수

NOT EXISTS는 EXISTS와 반대 개념으로 사용한다. NOT EXISTS의 WHERE 절은 결과 값의 행이 없는 경우 만족한다. 다음 예제는 '컴퓨터' 분야의 책을 출간하지 않는 출판사명을 조회하는 예제이다.

```
SELECT 출판사명
FROM 출판사 T
WHERE NOT EXISTS
    ( SELECT * FROM 책 S WHERE 분야='컴퓨터' AND
      T.출판사코드 = S.출판사코드 )
```

실행결과

	출판사명
1	A&B출판사
2	W출판사

조인을 사용하여 해결할 수 있는 작업은 가능한 조인을 사용하고 서브쿼리를 자제하는 것이 좋다. 성능 면에서 서브쿼리는 권하지 않는다. 그리고 SQL문의 이해도 측면에서도 조인이 더 쉽다. 모든 조인문은 서브쿼리로 변환 가능하지만 모든 서브쿼리가 조인문으로 변환할 수 있지는 않다. 이런 이유 때문에 부득이하게 서브쿼리를 사용해야 하는 경우를 제외하곤 조인을 권장한다. 특히, 상관관계 서브쿼리는 가능한 한 사용하지 않는 것이 좋다. 안쪽 쿼리와 바깥쪽 쿼리가 연관되면서 반복적으로 수행되기 때문에 속도가 아주 느리다.

▣ 실습해보기

[AdventureWorks2014 데이터베이스]

> **7-1** Person.Address테이블에서 StateProvinceCode열의 값이 'CA'인 지역에서 사는 사람들의 주소를 조회해보자.

Person.Address테이블에는 모든 고객, 공급업체 및 직원에 대한 주소 정보가 포함되어 있다. 이 테이블의 StateProvinceID는 지역의 고유ID로 정수값으로 표현되어 있다.

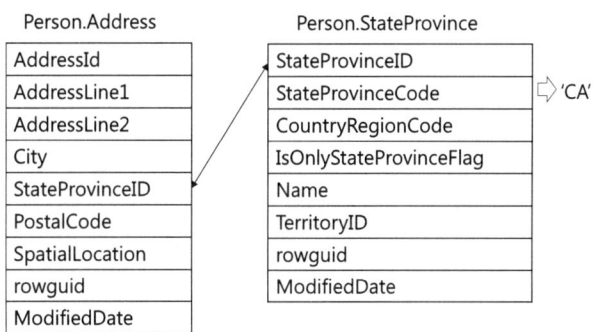

각 테이블의 열

먼저, Person.StateProvince테이블에서 StateProvinceCode 값이 'CA'인 StateProvinceID 값을 찾은 다음 Person.Address에서 이 StateProvinceID 지역에서 사는 사람들을 찾으면 된다. 다음 구문은 서브쿼리로 표현한 것이다. AddressLine1 열과 AddressLine2 열의 값에 널(NULL)이 많아서 널은 제외하였다.

```
SELECT AddressLine1 + AddressLine2 AS 주소, City
FROM Person.Address
WHERE StateProvinceID
    IN ( SELECT StateProvinceID
        FROM Person.StateProvince
        WHERE StateProvinceCode='CA')
AND ( AddressLine1 + AddressLine2 ) IS NOT NULL
ORDER BY AddressLine1
```

> **실행결과**

	주소	City
1	1 Smiling Tree CourtSpace 55	Los Angeles
2	1085 Greenbelt WayUnit B-105	Los Angeles
3	1163 Bella Vista# 103	Santa Monica
4	1345 Blocking Circle#3	Long Beach
5	1590 Mildred Ln,#35	Lemon Grove
6	1739 Sun View Terr#315	Lincoln Acres
7	1941 Pinecrest Court#611	Woodland Hills
8	20 Rambling Rose Ave,# 103	West Covina
9	2039 Doon Cr# 120	Long Beach
10	2098 Crown Ct# 235	Concord
11	2171 H Stagecoach Rd#77	Burbank
12	220 Rambling Rose Ave,# 103	West Covina
13	2479 Killdeer Court# 120	Spring Valley
14	2500 N Serene Blvd19th Floor	El Segundo
15	2751 Trail WayUnit B	La Jolla

(이후 생략)

7-2 테이블 HumanResources.EmployeeDepartmentHistory에서 지금은 다른 부서로 옮겨갔지만 1990년 이후로 'Engineering' 또는 'Purchasing'부서에서 근무했던 적이 있는 사원을 검색해보자.

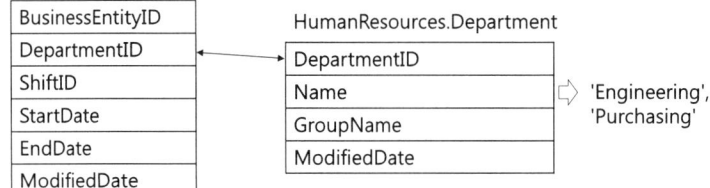

HumanResources.EmployeeDepartmentHistory테이블에는 직원 및 해당 근무 부서에 대한 현재 및 과거의 기록 데이터가 있다. HumanResources.Department는 부서명의 데이터가 들어있기 때문에 HumanResources.Department에서 'Engineering' 또는 'Purchasing'의 부서코드를 확인하고 HumanResources.EmployeeDepartmentHistory에서 이 코드 값이 있는 직원을 찾으면 된다. 1990년 이후로 근무했던 적이 있는 직원이기 때문에 부서의 근무시작날짜인 StartDate를 1990년으로 비교한다. EndDate 에 날짜가 기록되어 있는 경우는 다른 부서로 이동한 기록이기 때문에 EndDate에 날짜 값이 있는 직원을 찾으면 된다. 현재에도 근무하고 있는 직원의 경우 EndDate는 NULL로 기록되어 있다. 따라서, 조건에 EndDate IS NOT NULL을 추가 비교한다.

```
SELECT * FROM HumanResources.EmployeeDepartmentHistory
WHERE DepartmentID IN
    ( SELECT DepartmentID FROM HumanResources.Department
      WHERE Name IN ('Engineering','Purchasing'))
AND YEAR(StartDate) > '1990'
AND EndDate IS NOT NULL
```

실행결과

	BusinessEntityID	DepartmentID	ShiftID	StartDate	EndDate	ModifiedDate
1	4	1	1	2007-12-05	2010-05-30	2010-05-28 00:00:00.000
2	16	5	1	2007-12-20	2009-07-14	2009-07-12 00:00:00.000

7-3 Sales.SalesOrderHeader테이블과 Sales.SalesOrderDetail 테이블을 사용하여 주문수량(OrderQty)이 30개 이상인 주문 중 상위 5 건 주문의 고객번호(CustomerID)와 주문번호(SalesOrderID)를 조회해보자.

주문번호하나에 여러 건의 주문내역이 포함되어 있다. Sales.SalesOrderHeader는 주문번호와 주문고객에 대한 정보가 들어있고 Sales.SalesOrderDetail는 각각의 주문번호의 주문내역이 들어 있다. 주문수량이 30개 이상인 주문중에 상위 5개만 찾기 위해 다음과 같이 SQL문을 작성한다.

```
SELECT TOP(5) SalesOrderID
FROM Sales.SalesOrderDetail
GROUP BY SalesOrderID
HAVING SUM(OrderQty) > 30
```

실행결과

	SalesOrderID
1	43661
2	43662
3	43668
4	43678
5	43681

상위 주문수량을 갖는 주문번호는 43659, 43661, 43662, 43664, 43665 이다. 이 주문번호에 해당되는 CustomerID를 Sales.SalesOrderHeader 테이블에서 찾아보자.

```
SELECT CustomerID, SalesOrderID
FROM Sales.SalesOrderHeader
WHERE SalesOrderID IN (43659, 43661, 43662, 43664, 43665)
```

두 단계로 나누어 진행했던 쿼리를 서브쿼리 형태로 묶어 다시 작성해 보자.

```
SELECT CustomerID, SalesOrderID
FROM Sales.SalesOrderHeader
WHERE SalesOrderID IN
    ( SELECT TOP(5) SalesOrderID
      FROM Sales.SalesOrderDetail
      GROUP BY SalesOrderID
      HAVING SUM(OrderQty)>30)
```

실행결과

	CustomerID	SalesOrderID
1	29734	43661
2	29994	43662
3	29614	43668
4	29889	43678
5	29661	43681

7-4 테이블 Sales.SalesOrderDetail은 주문한 제품에 대한 내역이 들어있다. Sales.SalesOrderDetail에서 한번에 주문한 내역중에서 가장 많은 주문을 한 내역을 검색하려고 한다. 검색 할 내용은 같은 주문번호(SalesOrderID)에서 가장 많은 주문량(OrderQty), 주문상세번호(SalesOrderDetailID), 제품번호(ProductID)이다.

상관관계 서브쿼리 문제이다. 하나의 주문번호(SalesOrderID)에는 여러개의 주문내역이 있다 이것은 주문상세번호(SalesOrderDetailID)로 표현된다. 같은 주문번호를 가진 주문상세번호에서 가장 주문량이 많은 것을 찾아야 한다. 예를 들어, 주문번호 43659 중에서 가장 주문량이 많은 것을 찾으려면 다음과 같이 SQL문을 작성해야 한다.

```
SELECT MAX(OrderQty)
FROM Sales.SalesOrderDetail
WHERE SalesOrderID = 43659
```

이 부분이 다른 주문번호에도 같은 방법으로 적용되어야 하므로 상관관계 서브쿼리로 작성하면 다음과 같다.

```
SELECT SalesOrderID, SalesOrderDetailID, OrderQty, ProductID
FROM Sales.SalesOrderDetail s1
WHERE OrderQty =
  ( SELECT MAX(OrderQty) FROM Sales.SalesOrderDetail s2
    WHERE s2.SalesOrderID=s1.SalesOrderID)
ORDER BY SalesOrderID
```

실행결과

	SalesOrderID	SalesOrderDetailID	OrderQty	ProductID
1	43659	10	6	709
2	43660	13	1	762
3	43660	14	1	758
4	43661	29	5	708
5	43662	42	6	758
6	43663	52	1	760
7	43664	54	4	775
8	43665	69	6	709
9	43666	75	2	768
10	43667	77	3	710
11	43668	83	7	760

(이후 생략)

7장 연습문제

[SampleDB 데이터베이스]

【7-1】 테이블 '졸작평가'에는 4인 1조의 조이름과 개인 점수가 들어있다. 서브쿼리를 사용하여 송중기와 같은 조 학생들의 이름을 출력하시오.

【7-2】 테이블 '졸작평가'에서 조이름 '무한도전' 학생들의 평균점수 이상 받은 학생들의 데이터를 출력하시오.

【7-3】 테이블 '팀장현황'에서 하정우와 같은 업무(직책) 수행하는 사원의 이름을 출력하시오.

【7-4】 출판사 '풀숲출판사' 책의 책제목과 분야를 출력하시오. 테이블 '책'과 '출판사' 테이블을 기반으로 서브쿼리를 사용하시오.

[pubs 데이터베이스]

【7-5】 테이블 'titles'와 'publishers' 테이블을 기반으로 서브쿼리를 사용하여 분야(type)가 'business' 인 책을 출간하는 출판사명(pub_name)을 출력하시오.

【7-6】 sales테이블은 여러 서점의 책 판매량을 기록한 테이블이다. 상관관계 서브쿼리를 사용하여 각 서점별 최대판매량을 출력하시오.

CHAPTER 08

테이블 생성과 변경

8-1. 새 테이블 만들기
8-2. 기존 테이블을 복사하여 새 테이블 만들기
8-3. 새로운 데이터 입력하기
8-4. SELECT 결과로 입력 값 채우기
8-5. 열의 정의 내용 변경하기
8-6. 테이블 삭제하기

테이블 생성과 변경

지금까지 샘플 데이터를 이용해서 다양한 조회결과를 만들어 보았다. 이번 장에서는 직접 테이블을 생성하고 변경하는 작업을 학습한다. 테이블을 생성하기 위해서는 각 열마다 데이터형식을 지정하고 옵션을 적용해야 한다. 이번 장에서는 새로운 테이블을 생성하고 생성된 테이블에 열을 추가하거나 수정, 삭제하는 테이블 변경 작업을 다루어보자.

8.1 새 테이블 만들기

테이블은 열과 행으로 이루어져있고 데이터를 포함하는 개체이다. 새 테이블을 만드는 가장 기본적인 문법은 다음과 같다.

```
CREATE TABLE 테이블명
( 열이름   데이터형식 [ NULL | NOT NULL ],
  열이름   데이터형식 [ NULL | NOT NULL ],
  .... )
```

테이블의 열 순서는 처음 만들 때 순서를 따른다. 열이름과 데이터 형식을 작성하고 연속적으로 다음 열을 작성하기 위해서 콤마(,)에 이어 열이름과 데이터형식을 작성하면 된다. 이 밖에 옵션으로 PRIMARY KEY, DEFAULT, IDENTITY, CONSTRAINT등이 추가될 수 있다. IDENTITY를 제외한 나머지 옵션들은 11장 무결성 제약조건에서 다루기로 한다.

다음은 INT타입의 물품코드, CHAR(10)의 물품명으로 구성된 #물품 테이블을 만드는 예제이다.

```
-- 새 테이블 만들기
CREATE TABLE #물품
( 물품코드 INT NOT NULL,
  물품명 CHAR(10) NULL )
SELECT * FROM #물품
```

테이블을 만들 때 NOT NULL 옵션은 널을 허용하지 않는 옵션이기 때문에 반드시 값을 입력해야 한다. NULL 옵션은 널을 허용하는 옵션으로 입력값이 없어도 된다. 특별히 지정하지 않으면 기본값은 NULL로 널을 허용한다. 테이블 #물품의 물품코드 열은 NOT NULL을 지정하여 널을 허용하지 않도록 하였다. 물품명은 NULL을 지정하여 널을 허용하도록 만들었다. 테이블을 생성하였지만 레코드는 채우지 않았기 때문에 빈 테이블로 존재한다.

▽ 알아보기

▶ #으로 시작하는 임시테이블

앞서 살펴본 예제를 보면 새로 만든 테이블명 앞에 #이 붙어 있다. 임시 테이블은 #을 붙여 만든다. 임시테이블은 지역임시테이블과 전역임시테이블로 구분할 수 있다.

구분	생성방법	사용범위	삭제시점
지역 임시테이블	#테이블명	현재세션	세션종료
전역 임시테이블	##테이블명	모든세션	세션종료

지역 임시테이블은 #을 붙여 만들고 현재 만든 세션에서만 사용이 가능하다. 다른 세션에서 조회하면 참조할 수 없는 테이블이기 때문에 오류가 난다. 전역 임시테이블은 ##을 붙여 만들고 모든 세션에서 사용이 가능하다. 지역임시 테이블과 전역 임시테이블 모두 세션이 종료되는 시점에 테이블이 삭제된다.

8.2 기존 테이블을 복사하여 새 테이블 만들기

기존에 있는 테이블의 데이터를 그대로 복사하여 새 테이블을 만들 수 있다. 문법은 다음과 같다.

```
SELECT    테이블의 열이름(칼럼명) INTO 새 테이블명
FROM      복사본 테이블명
[ WHERE   검색할 행의 조건 ]
```

검색한 데이터를 바탕으로 새로운 테이블을 만들기 때문에 기본적인 검색 구문 사이에 INTO 와 새 테이블명만 적어주면 된다. 다음은 테이블 책의 구조와 데이터를 그대로 복사하여 새로운 테이블 #책1을 만드는 예제이다. #책1을 검색하면 기존 테이블 책과 같다는 것을 알 수 있다.

```
-- 책 테이블의 전체 열을 복사하여 #책1 을 생성
SELECT * INTO #책1
FROM 책
-- #책1 조회
SELECT * FROM #책1
```

실행결과

	책코드	책제목	분야	출판사코드	가격	출간날짜
1	C1034	파스타요리	요리	P004	7500	2011/05
2	C1051	지중해요리	요리	P003	10000	2012/05
3	E3089	사회적 경제의 이해	경제	P004	12000	2010/08
4	E3111	세계의 경제지표	경제	P001	13000	2012/11
5	E3324	경제학원론	경제	P002	15000	2015/01
6	I2021	운영체제	컴퓨터	P001	12000	2014/12
7	I2157	자바프로그래밍	컴퓨터	P003	12000	2014/03
8	I2205	자료구조	컴퓨터	P005	11500	2013/02
9	P4077	행동의심리학	심리	P005	11500	2014/09
10	P4101	심리학의 이해	심리	P002	12000	2015/01

전체 데이터 중 원하는 열을 선택하거나 WHERE 조건에 맞는 데이터만을 추려내 새로운 복사본 테이블을 만들 수 있다.

다음은 책 테이블에서 3개의 열 책제목, 분야, 가격을 선택하고 분야는 '요리'의 책들만 검색하여 새로운 테이블 '#요리책'을 만드는 예제이다.

```
-- 요리 분야 책의 책제목, 분야, 가격 복사하여 #요리책 을 생성
SELECT 책제목, 분야, 가격 INTO #요리책
FROM 책
WHERE 분야 = '요리'
-- #요리책 조회
SELECT * FROM #요리책
```

실행결과

	책제목	분야	가격
1	파스타요리	요리	7500
2	지중해요리	요리	10000

이번에는 SELECT ~ INTO 구문을 좀 더 활용해 보자. GROUP BY를 활용하여 책 테이블에서 분야별 평균가격을 구하고 이 값으로 새로운 테이블을 만들어보자.

```
-- 요약정보를 만들어 새 테이블 '#분야별가격' 생성
SELECT 분야, AVG(가격) AS [분야별 평균가격] INTO #분야별가격
FROM 책 GROUP BY 분야
-- 테이블 #분야별가격 조회
SELECT * FROM #분야별가격
```

실행결과

	분야	분야별 평균가격
1	경제	13333
2	심리	11750
3	요리	8750
4	컴퓨터	11833

위의 예제에서 AVG(가격)열에 대한 별칭을 [분야별 평균가격]으로 지정했는데 만약 이 값을 주지 않고 실행하면 어떻게 될까. 새 테이블 '#분야별가격1'로 다시 만들어보자.

```
-- 요약정보를 만들어 새 테이블 '#분야별가격1' 생성
SELECT 분야, AVG(가격) INTO #분야별가격1
FROM 책 GROUP BY 분야
```

`실행결과`

```
메시지 1038, 수준 15, 상태 5, 줄 2
개체 또는 열 이름이 없거나 비어 있습니다. SELECT INTO 문의 각 열에 이름이 있는지 확인
하십시오. 다른 문의 경우에는 빈 별칭이 있는지 확인하십시오. 별칭은 "" 또는 []로 정의할 수 없
습니다. 별칭으로 이름이나 공백 하나를 추가하십시오.
```

오류가 발생한다. 테이블을 생성하기 위해서는 열 이름이 반드시 있어야 한다. AVG(가격)은 집계함수를 사용한 것으로 실제 테이블에 있는 열이 아니기 때문에 별도로 열 이름을 지정해야 한다. SELECT ~ INTO 구문에서 SELECT 부분을 잘 활용해서 다양한 값을 만들어 내면 유용한 테이블이 만들어 질 수 있다.

▽ **알아보기**

> ▶ **기존 테이블의 구조를 복사하여 빈 테이블 만들기**
>
> SELECT ~ INTO 구문을 이용해서 간단하게 빈 테이블을 만들 수 있다. WHERE절 구문에서 일부러 맞지 않는 조건을 넣게 되면 SELECT결과 집합이 없기 때문에 빈 테이블 구조만 생성된다.
>
> ```
> -- 기존 테이블의 구조만 복사하여 빈 테이블 생성
> SELECT * INTO #T
> FROM 책
> WHERE 가격 = -1    -- 맞지 않는 조건 지정
> ```
>
> 전체 열의 구조를 그대로 복사하거나 일부의 열의 구조를 복사하여 유용하게 활용할 수 있다.

8.3 새로운 데이터 입력하기

❶ 열이름을 생략하고 데이터 입력하기

열이름을 생략하고 테이블에 레코드를 삽입하는 구문은 다음과 같다.

> INSERT [INTO] 테이블 명 VALUES(값1, 값2, …값n)

테이블 '예제'에 레코드를 삽입하는 다음 그림을 보자.

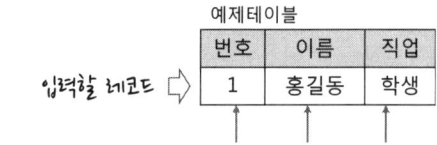

VALUES 다음 괄호 안에 작성하는 각 열의 값들은 테이블에 정의된 열 순서와 일치하여야 한다. INTO는 생략해도 된다.

```
USE tempdb
GO
-- 예제 테이블 생성
CREATE TABLE 예제
(번호 INT NOT NULL,
 이름 CHAR(20) NOT NULL,
 직업 VARCHAR(20))
 -- 데이터 입력
INSERT INTO 예제 VALUES(1,'홍길동','학생')
-- 입력 데이터 확인
SELECT * FROM 예제
```

실행결과

	번호	이름	직업
1	1	홍길동	학생

SQL2008버전부터 VALUES구문에서 한꺼번에 입력 레코드 값들을 지정할 수 있다. 입력할 레코드를 콤마(,)로 구분하여 연속적으로 작성하면 한 번의 INSERT구문으로 입력이 가능하다. 다음 표의 왼쪽과 오른쪽은 같은 결과를 나타낸다.

레코드별 INSERT 구문사용	하나의 INSERT구문으로 여러 레코드 입력
INSERT INTO 예제 VALUES(2,'성춘향','학생') INSERT INTO 예제 VALUES(3,'변학도','학생') INSERT INTO 예제 VALUES(4,'이세종','학생')	INSERT INTO 예제 VALUES(2,'성춘향','학생'), (3,'변학도','학생'), (4,'이세종','학생')

하나의 INSERT구문으로 여러 레코드를 실행하여 결과를 확인해보자.

```
-- 여러 레코드를 하나의 INSERT 구문으로 입력
INSERT INTO 예제 VALUES (2,'성춘향','학생'), (3,'변학도','학생'), (4,'이세종','학생')
SELECT * FROM 예제
```

[실행결과]

	번호	이름	직업
1	1	홍길동	학생
2	2	성춘향	학생
3	3	변학도	학생
4	4	이세종	학생

❷ 선택 열에만 데이터 입력하기

이번에는 원하는 열만 선택해서 값을 입력해보자. 테이블구조를 보면 번호와 이름은 널을 허용하지 않고 있다. 직업은 기본 값으로 널을 허용하도록 되어 있다. 따라서 반드시 입력해야하는 열인 '번호'와 '이름'의 열 값만 입력해보자.

예제테이블

번호	이름	직업
1	홍길동	학생
2	성춘향	학생
3	변학도	학생
4	이세종	학생
5	김선달	NULL

입력할 레코드 ⇨

INSERT INTO 예제(번호, 이름) VALUES(5, '김선달')

열 이름을 지정하여 입력할 때는 지정한 열의 값만 입력해야 하고 지정한 열의 순서대로 값을 입력해야 한다.

```
-- 지정한 열의 값만 입력
INSERT INTO 예제(번호, 이름) VALUES(5, '김선달')
-- 입력 데이터 확인
SELECT * FROM 예제
```

실행결과

	번호	이름	직업
1	1	홍길동	학생
2	2	성춘향	학생
3	3	변학도	학생
4	4	이세종	학생
5	5	김선달	NULL

값을 넣지 않은 열은 NULL로 나타나고 있다. 열 목록을 지정해서 입력할 때는 입력하는 열의 순서는 실제 테이블의 열 순서와 상관없이 원하는 열이름의 순서를 지정하여 입력할 수 있다.

❸ IDENTITY

IDENTITY로 지정한 열은 자동적으로 일련번호가 부여되는 열이다. 열의 값이 일련번호로 증가되어 입력되며 사용자가 값을 입력할 수 없다.

IDENTITY(1, 1)

IDENTITY는 초기 값과 증가 값으로 정의하는데 특별히 정의하지 않으면 기본은(1,1) 즉 초기값이 1이고 증가값이 1이다.

다음 예제를 보자. 테이블 '테스트1'에 IDENTITY로 지정된 번호 열이 포함되어 있다.

IDENTITY열을 제외하고 나머지 열에 대하여 값을 입력해보자.

```
-- #테스트1 테이블 생성
CREATE TABLE #테스트1
(번호 INT IDENTITY ,
 이름 CHAR(20) NOT NULL,
 직업 VARCHAR(20))
```

테이블 '테스트1'은 열이 3개로 정의되었지만 입력 문장을 보면 입력 열의 개수는 2개이다. 첫 번째 열인 번호의 값은 입력하지 않고 이름과 직업 열 값만 입력하면 된다.

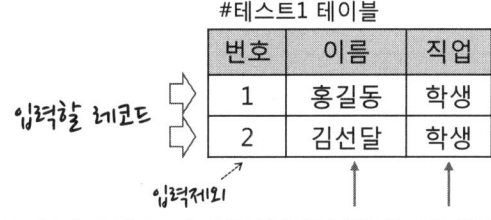

```
-- IDENTITY는 입력 제외
INSERT #테스트1 VALUES ( '홍길동', '학생' )
INSERT #테스트1 VALUES ( '김선달', '학생' )
-- 테이블 내용 확인
SELECT * FROM #테스트1
```

실행결과

	번호	이름	직업
1	1	홍길동	학생
2	2	김선달	학생

만약, 두 번째 레코드를 삭제했다가 다시 입력하면 IDENTITY값은 어떻게 될까. 삭제된 레코드의 IDENTITY 설정 열의 값은 비우고 그 다음 번호가 입력된다.

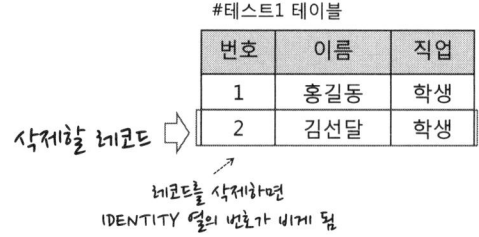

다음 장에서 배우게 될 삭제 문장을 우선, 입력하고 실행해보자. 테이블 테스트1에서 번호 값이 2인 레코드를 지우는 SQL문장이다. 삭제 구문인 DELETE는 다음 장에서 다시 학습하기로 한다.

```
-- 두 번째 레코드 삭제
DELETE FROM #테스트1 WHERE 번호=2
-- 테이블 내용 확인
SELECT * FROM #테스트1
```

실행결과

	번호	이름	직업
1	1	홍길동	학생

삭제된 것을 확인 할 수 있다. 다시 한 번 같은 레코드를 입력해보자.

```
-- 다시 레코드를 입력
INSERT #테스트1 VALUES('김선달','학생')
-- 테이블 내용 확인
SELECT * FROM #테스트1
```

실행결과

	번호	이름	직업
1	1	홍길동	학생
2	3	김선달	학생

다시 입력되는 레코드의 번호 값은 3으로 입력된다. 지워진 두 번째 레코드의 번호 값이 2였지만 IDENTITY설정이 최종 작업의 마지막 값에서 하나 증가되기 때문에 새로 입력되는 값은 3이 되는 것이다. 결국, 중간에 IDENTITY값이 비게 된다. IDENTITY로 설정된 열은 사용자가 입력값을 지정할 수 없기 때문에 다음과 같이 중간 값인 2를 지정하면 오류가 발생한다.

```
-- IDENTITY열 입력은 오류 발생
INSERT #테스트1 VALUES( 2, '성춘향', '학생' )
```

실행결과

```
메시지 8101, 수준 16, 상태 1, 줄 1
테이블 '테스트1'에 있는 번호 열의 명시적 값은 열 목록이 사용되고 IDENTITY_ INSERT가 ON일 때만 지정할 수 있습니다.
```

▽ **알아보기**

▶ **SET IDENTITY_INSERT 테이블명 ON**

IDENTITY열에 입력 가능하도록 IDENTITY_INSERT 옵션을 ON으로 지정하면 사용자가 IDENTITY열에 값을 지정할 수 있다. 주의할 점은 IDENTITY열에 입력을 할 때는 열 이름을 생략해서는 안 된다. 테이블 명 다음 괄호 안에 각 열 이름도 함께 지정해서 입력해야 한다.

```
-- IDENTITY열에 입력 가능하도록 옵션 ON으로 지정
SET IDENTITY_INSERT #테스트1 ON
-- IDENTITY열에 값 지정해서 입력 (열이름도 지정)
INSERT #테스트1(번호, 이름, 직업) VALUES( 2, '성춘향', '학생')
SELECT * FROM #테스트1
```

실행결과

	번호	이름	직업
1	1	홍길동	학생
2	3	김선달	학생
3	2	성춘향	학생

IDENTITY를 사용하는 이유는 입력 값을 자동으로 지정하기 위함이다. 부득이한 경우 IDENTITY열에 값을 입력했다면 IDENTITY_INSERT 옵션을 OFF로 원상 복귀시켜 IDENTITY의 자동입력 기능을 회복시켜야 한다.

▶ **SET IDENTITY_INSERT 테이블명 OFF**
IDENTITY열에 자동입력 기능 설정

```
-- IDENTITY열에 자동 입력 기능 설정
SET IDENTITY_INSERT #테스트1 OFF
```

다음은 IDENTITY의 초기 값을 10으로 증가 값을 5로 지정한 예제이다.

```
-- IDENTITY 초기값 10, 증가값 5로 지정
CREATE TABLE #테스트2
(번호 INT IDENTITY(10,5),
 이름 CHAR(20) NOT NULL,
 직업 CHAR(20) NULL)
-- IDENTITY는 입력제외
INSERT INTO #테스트2 VALUES('홍길동','학생'), ('김선달','학생')
-- 테이블 내용 확인
SELECT * FROM #테스트2
```

[실행결과]

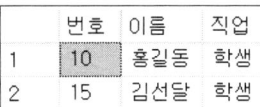

	번호	이름	직업
1	10	홍길동	학생
2	15	김선달	학생

❹ DEFAULT

DEFAULT는 아무 입력 값을 주지 않았을 때 기본 값이 입력되도록 지정해 놓은 값을 말한다. 대부분 학생이 많다면 직업란에 '학생'을 DEFAULT로 지정해 놓으면 입력하지 않을 경우 '학생'으로 채워지는 것이다.

DEFAULT로 지정한 열을 포함하는 예제 테이블을 생성해보자.

```
-- DEFAULT 지정열을 포함한 예제 테이블 만들기
CREATE TABLE #테스트3
(이름  CHAR(20)  NOT  NULL,
 직업  VARCHAR(20)  DEFAULT '학생')
```

DEFAULT로 지정한 열에 값을 입력하는 방법은 두 가지이다. 첫번째로 열의 이름을 생략하는 경우에는 DEFAULT값을 넣기 위해서는 해당 열에 DEFAULT라고 작성한다. 두 번째로 DEFAULT를 제외한 나머지 열이름을 테이블명 다음 괄호안에 지정하고 VALUES의 값은 순서에 맞게 입력하면 된다.

열이름 생략	DEFAULT열을 제외한 나머지 열이름 입력

INSERT #테스트3
VALUES('홍길동', DEFAULT)
	INSERT #테스트3(이름)
	VALUES('홍길동')

예제 테이블에 데이터를 입력해보자.

```
-- DEFAULT 입력하기
INSERT #테스트3 VALUES('홍길동', DEFAULT)   -- 1. 열이름 생략
INSERT #테스트3(이름) VALUES('김선달')       -- 2. 열이름 지정
INSERT #테스트3 VALUES('성춘향','교수')      -- DEFAULT입력 안함
SELECT * FROM #테스트3
```

실행결과

	이름	직업
1	홍길동	학생
2	김선달	학생
3	성춘향	교수

8.4 SELECT 결과로 입력 값 채우기

SELECT실행 결과로 입력값을 채울 때는 INSERT INTO ~ SELECT 구문을 사용한다. INSERT INTO ~ SELECT 구문은 다음과 같다.

```
INSERT [INTO] 테이블명(열이름)
    SELECT 테이블의 열이름(칼럼명) FROM 테이블명
    [ WHERE 검색할 행의 조건 ]
```

❶ INSERT INTO 구문으로 전체 열 채우기

SELECT 구문으로 실행한 결과 집합이 입력값으로 채워지는 다른 테이블의 열의 개수와 순서가 일치할 때에는 채워지는 테이블의 열 이름을 생략할 수 있다.

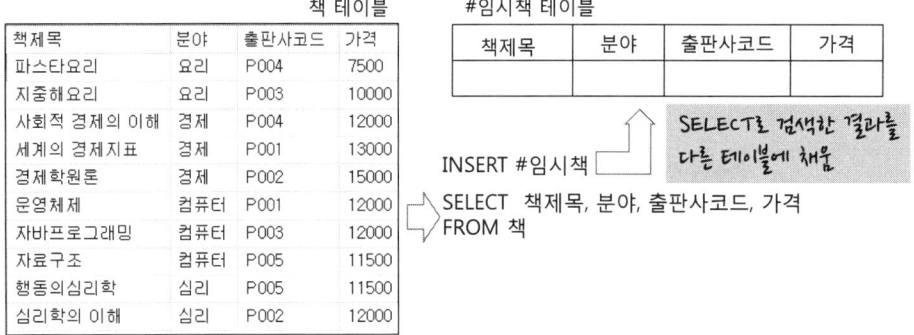

실습을 위해 빈 테이블 '#임시책'을 만들어보자. 맞지 않는 조건을 부여하여 빈 테이블을 생성하자.

```
-- 빈 테이블 생성
SELECT 책제목, 분야, 출판사코드, 가격 INTO #임시책
FROM 책
WHERE 1 = 0   -- 맞지 않는 조건을 부여
```

빈 테이블 '#임시책'에 테이블 '책'의 데이터를 갖고 와서 채워보자. INSERT INTO 테이블 명에서 열이름을 생략하였다.

```
-- 책 테이블의 데이터를 #임시책 테이블에 채움
INSERT INTO #임시책      -- 열 이름 생략
  SELECT 책제목, 분야, 출판사코드, 가격 FROM 책
-- #임시책 테이블 조회
SELECT * FROM #임시책
```

실행결과

	책제목	분야	출판사코드	가격
1	파스타요리	요리	P004	7500
2	지중해요리	요리	P003	10000
3	사회적 경제의 이해	경제	P004	12000
4	세계의 경제지표	경제	P001	13000
5	경제학원론	경제	P002	15000
6	운영체제	컴퓨터	P001	12000
7	자바프로그래밍	컴퓨터	P003	12000
8	자료구조	컴퓨터	P005	11500
9	행동의심리학	심리	P005	11500
10	심리학의 이해	심리	P002	12000

❷ INSERT INTO 구문으로 일부 열만 채우기

INSERT INTO 구문으로 채워질 테이블 열의 순서는 SELECT구문의 열의 순서와 일치한다.

INSERT INTO 테이블2(K, L, M, N) ----- 대응하는 열은 순서대로 타입 일치
         ↑ ↑ ↑ ↑
    SELECT A, B, C, D FROM 테이블1

따라서, SELECT 구문에 작성하는 열과 INSERT INTO 구문에 작성하는 열의 개수 및 자료형에 주의하여야 한다.

SELECT의 결과 집합이 INSERT INTO 로 입력되는 테이블에 일부 열만 채우는 경우에는 채우지 못하는 남은 열들은 DEFAULT, NULL, IDENTITY, TIMESTAMP 속성의 열이어야 한다. 예를 들어, 다음 그림과 같이 SELECT의 결과로 책제목, 분야, 출판사코드, 가격등 4개의 열값으로 #TBL1 테이블을 채우는데 나머지 열인 저자, 재고량은 DEFAULT, NULL, IDENTITY, TIMESTAMP 속성의 열이어야 한다.

책 테이블

책제목	분야	출판사코드	가격
파스타요리	요리	P004	7500
지중해요리	요리	P003	10000
사회적 경제의 이해	경제	P004	12000
세계의 경제지표	경제	P001	13000
경제학원론	경제	P002	15000
운영체제	컴퓨터	P001	12000
자바프로그래밍	컴퓨터	P003	12000
자료구조	컴퓨터	P005	11500
행동의심리학	심리	P005	11500
심리학의 이해	심리	P002	12000

#TBL1 테이블

책제목	분야	출판사코드	가격	저자	재고량
✓	✓	✓	✓	NULL	NULL

↑ SELECT로 검색한 결과를 다른 테이블에 채움

INSERT INTO #TBL1(책제목,분야,출판사코드,가격)
SELECT 책제목, 분야, 출판사코드, 가격
FROM 책

실습을 위해 #TBL1 테이블을 만들어보자.

```
-- #TBL1 테이블 생성
CREATE TABLE #TBL1
(책제목 CHAR(100) NOT NULL,
 분야 CHAR(10) NULL,
 출판사코드 CHAR(4) NULL,
 가격 INT NOT NULL,
 저자 CHAR(20) NULL,
 재고량 INT NULL)
```

책 테이블에서 일부열을 가져와 테이블 #TBL1에 채워보자.

```
-- 테이블 책에서 일부열을 가져와 #TBL1 테이블에 입력
INSERT INTO #TBL1(책제목, 분야, 출판사코드, 가격)
SELECT 책제목, 분야, 출판사코드, 가격 FROM 책
SELECT * FROM #TBL1
```

> 실행결과

	책제목	분야	출판사코드	가격	저자	재고량
1	파스타요리	요리	P004	7500	NULL	NULL
2	지중해요리	요리	P003	10000	NULL	NULL
3	사회적 경제의 이해	경제	P004	12000	NULL	NULL
4	세계의 경제지표	경제	P001	13000	NULL	NULL
5	경제학원론	경제	P002	15000	NULL	NULL
6	운영체제	컴퓨터	P001	12000	NULL	NULL
7	자바프로그래밍	컴퓨터	P003	12000	NULL	NULL
8	자료구조	컴퓨터	P005	11500	NULL	NULL
9	행동의심리학	심리	P005	11500	NULL	NULL
10	심리학의 이해	심리	P002	12000	NULL	NULL

❸ 집계함수의 결과를 테이블에 채우기

집계함수의 결과를 다른 테이블에 입력할 수 있다. 예를 들어, 다음 그림과 같이 책테이블에서 분야별 평균가격을 구한 결과로 #TBL2 테이블에 채울 수 있다.

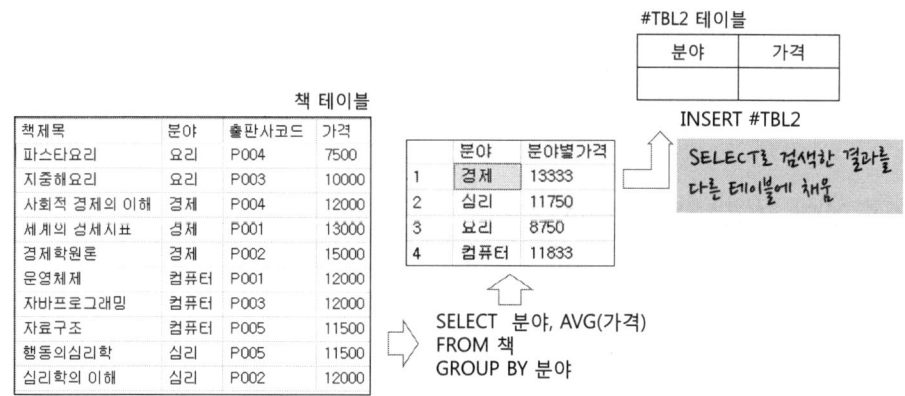

실습을 해보자. 테이블 책의 분야와 가격 열의 구조만 복사하여 빈 테이블 #TBL2를 생성하자.

```
-- 테이블 책의 분야, 가격 열의 구조만 복사하여 테이블 #TBL2 생성
SELECT 분야, 가격 INTO #TBL2
FROM 책
WHERE 1 = 0
```

집계함수를 사용한 결과를 테이블에 채워보자.

```
-- #TBL2 테이블에 집계값 입력
INSERT INTO #TBL2
SELECT 분야, AVG(가격) FROM 책 GROUP BY 분야
-- #TBL2 테이블 조회
SELECT * FROM #TBL2
```

실행결과

	분야	가격
1	경제	13333
2	심리	11750
3	요리	8750
4	컴퓨터	11833

INSERT INTO ~ SELECT는 기존의 데이터를 활용해서 다양한 값을 만들어 데이터를 입력할 수 있기 때문에 잘 활용하면 많은 도움이 될 것이다.

8.5 열의 정의 내용 변경하기

이미 테이블을 만들었지만 테이블의 구조가 변경되어야 할 경우가 있다. 열의 데이터 형식을 수정하거나 열을 추가, 또는 삭제해야 하는 경우 테이블을 수정하는 구문은 다음과 같다.

```
ALTER TABLE 테이블 명
    수정할 작업내역         -- 새로운 열 추가, 열 변경, 열 삭제 등
```

ALTER TABLE 구문으로 수정할 테이블의 작업은 다음과 같다.

테이블 수정작업 내역	구문
새로운 열 추가하기	ADD 열이름 자료형
열 변경하기	ALTER COLUMN 열이름 자료형
열 삭제하기	DROP COLUMN 열이름
제약조건 추가하기	ADD CONSTRAINT 제약조건명 제약조건

이번 장에서는 열 추가, 열 변경, 열 삭제 에 대하여 다루고 제약조건은 11장에서 다루기로 한다.

❶ 새로운 열 추가하기

기존에 만들어진 테이블에 새로운 열을 추가하는 방법에 대하여 학습해 보자.

#책 테이블

책코드	책제목	출판사코드		가격

← 열 추가

기존 테이블에 새로운 열을 추가하는 구문은 다음과 같다.

```
ALTER TABLE 테이블 명
  ADD 열이름 자료형
```

새로운 열을 추가 할 때 주의해야 할 점은 반드시 추가할 열의 형식에 NULL로 지정하거나 DEFAULT를 지정하는 열만 추가 할 수 있다. 기존에 만들어진 테이블에 이미 레코드들이 채워져 있다면 그 레코드들에 새로운 열이 추가되면서 값을 채울 수 없기 때문이다. 당연하다. 물론, 기존에 데이블이 만들어져 있지만 데이터가 없는 경우라면 새로 추가하는 열에 NOT NULL 지정이 가능하다.

실습을 위해 책 테이블을 이용하여 임시테이블 #책을 만들어보자.

```
-- #책 테이블 생성
SELECT 책코드, 책제목, 출판사코드 INTO #책
FROM 책
```

테이블 #책에 새로운 열 가격을 추가하여 보자.

```
-- 가격 열을 추가
ALTER TABLE #책
  ADD 가격 INT NULL
-- 테이블 확인
SELECT * FROM #책
```

실행결과

	책코드	책제목	출판사코드	가격
1	C1034	파스타요리	P004	NULL
2	C1051	지중해요리	P003	NULL
3	E3089	사회적 경제의 이해	P004	NULL
4	E3111	세계의 경제지표	P001	NULL
5	E3324	경제학원론	P002	NULL
6	I2021	운영체제	P001	NULL
7	I2157	자바프로그래밍	P003	NULL
8	I2205	자료구조	P005	NULL
9	P4077	행동의심리학	P005	NULL
10	P4101	심리학의 이해	P002	NULL

❷ 열 변경하기

열의 정의를 바꾸는 경우 다음의 구문을 사용한다.

```
ALTER TABLE 테이블명
  ALTER COLUMN 열이름 자료형
```

열의 정의를 바꾸는 경우는 열의 크기를 늘리거나 변경할 열의 모든 값이 NULL인 경우에 해당된다. 기존에 데이터가 존재하는 열의 경우에는 변환이 가능한 데이터의 경우(예. 정수

→ 문자 등)에만 데이터 타입 변경이 가능하다. 문자 타입의 열을 정수형 또는 실수형으로 변경하는 것은 불가능하다. 예외적으로 기존에 입력된 데이터가 없을 경우에는 문자 데이터 형식을 숫자 데이터 형식으로 변경하는 것이 가능하다.

다음은 테이블 #책에서 책코드가 CHAR(5) 인 것을 CHAR(7)로 변경하는 예제이다.

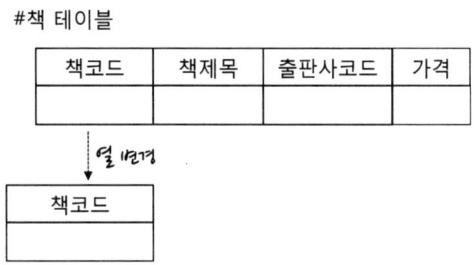

```
-- #책 테이블에서 열 변경
ALTER TABLE #책
   ALTER COLUMN 책코드 CHAR(7)
```

책코드가 CHAR(5)에서 CHAR(4)로 줄이도록 변경하는 것은 불가능하다. 이미 데이터가 채워져 있기 때문에 길이를 줄이는 것은 불가능하다. 만약, 기존에 입력되어 있는 데이터가 모두 CHAR(4) 이하의 길이이거나 전혀 데이터가 입력되지 않은 상태라면 물론, 가능하다. 열의 타입 변경은 숫자타입의 데이터를 문자 타입으로 변경하거나 길이 변환이 가능한 경우에는 열의 수정이 가능하지만 자료의 형태가 변환되지 않는 데이터의 경우에는 열의 변경이 불가능하다.

❸ 열 삭제하기

테이블에서 열을 삭제할 때는 다음 구문을 사용한다.

```
ALTER TABLE 테이블명
   DROP COLUMN 열이름
```

#책 테이블

책코드	책제목	출판사코드	가격

열 삭제

다음은 테이블 #책에서 열 가격을 삭제하는 예제이다.

```
ALTER TABLE #책
 DROP COLUMN 가격
SELECT * FROM #책
```

실행결과

	책코드	책제목	출판사코드
1	C1034	파스타요리	P004
2	C1051	지중해요리	P003
3	E3089	사회적 경제의 이해	P004
4	E3111	세계의 경제지표	P001
5	E3324	경제학원론	P002
6	I2021	운영체제	P001
7	I2157	자바프로그래밍	P003
8	I2205	자료구조	P005
9	P4077	행동의심리학	P005
10	P4101	심리학의 이해	P002

이 밖에 제약과 관련한 수정부분은 10장 무결성 제약조건에서 다루기로 한다.

8.6 테이블 삭제하기

테이블을 삭제하는 구문은 아주 간단하다. DROP TABLE 구문 다음에 삭제할 테이블명만 적어주면 된다.

```
DROP TABLE 테이블 명
```

앞서 만든 #책 테이블을 삭제해보자.

```
DROP TABLE #책
```

DROP TABLE 구문은 존재하지 않는 테이블을 삭제하려고 할 때 오류가 발생한다. SQL Server 2016부터 다음과 같이 개체가 존재하는 지를 체크하여 삭제하는 기능이 추가되었다.

```
DROP TABLE IF EXISTS 테이블명
```

다음은 테이블 '학생' 이 존재하는지 체크하여 존재한다면 삭제하는 예제이다. 학생테이블이 존재하지 않지만 오류 없이 다음 메시지를 출력한다.

```
DROP TABLE IF EXISTS 학생
PRINT '작업완료'
```

실행결과

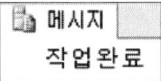

▣ 실습해보기

8-1 테이블 customer를 생성하자. 각 열에 대한 데이터 형식은 다음과 같다. tempdb에 테이블을 생성하자.

열이름	데이터형식	옵션
고객코드	INT	IDENTITY(1,1)
고객명	CHAR(10)	NOT NULL
전화번호	CHAR(10)	
주소	CHAR(20)	
포인트	INT	

테이블은 CREATE TABLE 구문으로 시작한다. 다음은 customer테이블을 만드는 구문이다. 고객코드는 IDENTITY 열로 만든다. 시작 값은 1, 증가치는 1씩 증가하도록 하자. 널은 허용하지 않도록 하자.

```
USE tempdb
-- 테이블 생성
CREATE TABLE customer
( 고객코드 INT IDENTITY(1,1) NOT NULL,
  고객명 CHAR(10) NOT NULL,
  전화번호 CHAR(10),
  주소 CHAR(20),
  포인트 INT )
```

8-2 테이블 customer에 열을 추가시켜 보자.

열이름	데이터형식	옵션
고객등급	CHAR(4)	NOT NULL

이미 존재하는 테이블에 열을 추가하기 위해서는 ALTER TABLE구문을 사용한다. 열을 추가하기 위하여 ADD 를 사용한다.

```
ALTER TABLE customer
    ADD 고객등급 CHAR(4) NOT NULL
```

8-3 테이블 customer의 열 고객등급의 데이터형식을 VARCHAR(5)로 변경하자.

데이터 형식을 변경하기 위하여 ALTER TABLE ~ ALTER COLUMN 구문을 사용한다.

```
ALTER TABLE customer
    ALTER COLUMN 고객등급 VARCHAR(5)
```

8-4 데이터를 입력해보자.

고객코드	고객명	전화번호	주소	포인트	고객등급
1	홍길동	111-1234	서울	500	일반
2	김선달	222-5678	대전	1000	실버
3	이태백	333-4689	부산	2000	골드

IDENTITY열은 입력하지 않으므로 5개 열에 대해서만 입력 값을 넣는다. 데이터를 입력한 후 조회해보자.

```
-- 레코드 입력
INSERT INTO customer VALUES('홍길동','111-1234','서울',500,'일반')
INSERT INTO customer VALUES('김선달','222-5678','대전',1000,'실버')
INSERT INTO customer VALUES('이태백','333-4689','부산',2000,'골드')
-- 데이터 조회
SELECT * FROM customer
```

실행결과

	고객코드	고객명	전화번호	주소	포인트	고객등급
1	1	홍길동	111-1234	서울	500	일반
2	2	김선달	222-5678	대전	1000	실버
3	3	이태백	333-4689	부산	2000	골드

8-5 customer 테이블의 데이터는 채우지 말고 구조만 복사하여 customer_COPY를 만들자.

데이터는 복사되지 않도록 WHERE 절에 1=0 의 조건을 부여한다. 맞지 않는 조건을 부여하면 데이터는 복사되지 않는다.

```
-- 조건에 맞는 데이터가 없도록 하여 데이터는 제외하고 구조만 복사
SELECT * INTO customer_COPY FROM customer
WHERE 1 = 0
```

> **8-6** customer 테이블의 데이터를 customer_COPY 에 입력한다.
> 이때 포인트가 1000 이상인 고객의 데이터만 골라 customer_COPY 에 입력한다.

INSERT ~ SELECT 구문을 이용하여 customer 데이터를 갖고와 customer_COPY 에 넣어보자.

```
INSERT customer_COPY
SELECT * FROM customer WHERE 포인트 >= 1000
```

실행결과

```
메시지 8101, 수준 16, 상태 1, 줄 1
테이블 'customer_COPY'에 있는 ID 열의 명시적 값은 열 목록이 사용되고 IDENTITY_IN-
SERT가 ON일 때만 지정할 수 있습니다.
```

오류가 발생하였다. customer_COPY의 IDENTITY열인 고객코드는 입력을 하지 않고 자동 값을 생성하는 열이기 때문이다. * 대신 열 이름을 지정하자. customer_COPY 테이블에도 괄호 안에 열 이름을 부여해야 한다.

```
INSERT customer_COPY(고객명, 전화번호, 주소, 포인트, 고객등급)
SELECT 고객명, 전화번호, 주소, 포인트, 고객등급 FROM customer
WHERE 포인트 >= 1000
-- 테이블 customer_COPY 조회
SELECT * FROM customer_COPY
```

실행결과

	고객코드	고객명	전화번호	주소	포인트	고객등급
1	1	김선달	222-5678	대전	1000	실버
2	2	이태백	333-4689	부산	2000	골드

8장 연습문제

[SampleDB 데이터베이스]

【8-1】 다음을 참고하여 #구매 테이블을 만드시오.

열이름	자료형	옵션
구매번호	INT	IDENTITY(1,1)
제품코드	INT	
수량	INT	

【8-2】 다음을 참고하여 #구매 테이블에 데이터를 입력하시오.

제품코드	수량
2	5
3	2
7	3

【8-3】 제품테이블을 이용하여 빈 테이블 #구매이력을 생성하시오.

【8-4】 #구매테이블과 제품테이블을 이용하여 다음과 같이 구매이력이 있는 제품 정보결과 집합을 만들고 앞서 생성한 '#구매이력' 테이블에 입력하시오.

	제품번호	제품명	종류	색상	가격
1	2	하프코트	코트	RED	130000
2	3	짚업점퍼	점퍼	BROWN	55000
3	7	옥스포드셔츠	셔츠	WHITE	15000

【8-5】 #구매테이블과 제품테이블을 이용하여 다음과 같은 테이블 '#판매'를 만드시오.

	구매번호	제품명	판매금액
1	1	하프코트	650000
2	2	짚업점퍼	110000
3	3	옥스포드셔츠	45000

【8-6】 앞서 만든 #판매 테이블에 열(칼럼) '비고'를 추가하시오.
(비고 : varchar(50) NOT NULL)

【8-7】 #판매 테이블을 삭제하시오.

CHAPTER 09

데이터 변경하기

9-1. 트랜잭션(TRANSACTION)
9-2. 데이터 수정하기 (UPDATE)
9-3. 데이터 삭제하기 (DELETE)
9-4. TRUNCATE TABLE
9-5. MERGE

CHAPTER 09
데이터 변경하기

데이터 변경 작업은 입력, 수정, 삭제 등이 포함된다. 이러한 데이터 변경작업은 항상 주의해서 작업을 해야 한다. 잘못된 작업을 원래 상태로 회복시키기 위해서는 백업된 데이터를 이용해서 복구 작업을 해야 한다. 만약, 백업된 데이터가 없다면 곤란한 상태에 놓이게 마련이다. 이번 장에서는 데이터를 변경하기 전에 안전 장치로 실행하는 트랜잭션 작업과 데이터 값의 수정, 삭제 그리고 merge에 대해 학습해보자.

9.1 트랜잭션(TRANSACTION)

트랜잭션을 설명하기 위해 가장 많이 사용하는 예로 은행 현금 인출기에서 현금을 인출하는 과정을 설명한다. 현금을 인출하는 과정에서 기계결함이나 정전 등 이상이 생겨 찾으려는 돈은 기계에서 나오지 않고 계좌에서는 인출한 내역으로 기록이 된다면 문제가 심각하게 될 것이다. 정상적으로 현금을 인출 받고 계좌에 인출한 금액이 기록되기 까지가 하나의 작업으로 묶어져서 처리도중에 문제가 생겼다면 이 작업 전체가 취소되어야 할 것이다.

데이터베이스에서 트랜잭션은 하나의 논리적인 작업 단위를 일컫는 말이다. 데이터베이스에 수행하는 관련된 연산의 묶음으로 트랜잭션은 작업이 비정상적인 상태로 종료되었다면 원래 상태로 회복시켜서 데이터의 일관성을 지키기 위해 사용하는 개념이다. 작업결과를 대기시켜놓은 상태에서 잘못되었다면 취소시키고 정상적인 결과로 진행되었다면 이를 반영시켜서 믿을 수 있는 상태가 보장될 수 있도록 하는 작업의 기본 단위이다. 데이터베이스 작업이 보장되도록 작업 전체를 취소 또는 반영시킬 수 있는 최소의 작업 단위로 생각하면 된다.

❶ 트랜잭션 작업의 선언

트랜잭션 작업의 시작은 BEGIN TRAN으로 한다.

```
BEGIN TRAN
   데이터 변경작업
```

트랜잭션이 걸려 있는 작업은 대기 상태이다. 데이터가 변경되었다고 해도 대기상태이기 때문에 트랜잭션을 종료할 때까지 확정된 작업이 아니다.

❷ 트랜잭션 작업의 종료

트랜잭션은 정상적인 작업 결과인지 여부에 따라 작업을 완료시켜야 한다.
트랜잭션으로 수행한 연산이 잘못된 결과를 초래하였다면 롤백(ROLLBACK)으로 트랜잭션을 취소하면 된다.

```
ROLLBACK TRAN
```

TRAN은 생략해도 된다. 롤백을 실행하면 트랜잭션 작업은 무효화되어 트랜잭션 작업 이전 상태로 돌아간다.
작업이 원하는 데로 잘 되었다면 커밋(COMMIT) 으로 트랜잭션 결과를 테이블에 반영하면 된다.

```
COMMIT TRAN
```

TRAN은 생략하고 COMMIT 명령어만 사용해도 된다. 커밋은 데이터베이스에 변경 내역을 반영한다. 커밋 명령을 실행하고 나면 백업 데이터를 이용하여 복구하는 방법 이외에는 실행 전으로 되돌릴 방법이 없다. 만약, BEGIN TRAN으로 작업을 시작하고 커밋이나 롤백을 하지 않고 작업 세션을 종료하게 되면 트랜잭션은 자동 롤백된다.

권장하지는 않지만 트랜잭션은 중첩이 가능하다. 트랜잭션 내에 또 하나의 트랜잭션을 중첩시킬 수 있다. 현재 몇 개의 트랜잭션이 실행중인지 확인하는 방법은 아래와 같다.

```
SELECT @@TRANCOUNT
```

트랜잭션의 중첩예제는 마지막의 실습해보기에서 예제로 다루기로 한다.

트랜잭션 작업에 대한 예제는 지금부터 공부할 데이터 수정과 함께 실습해보기로 한다.

9.2 데이터 수정하기 (UPDATE)

데이터를 수정하는 구문은 다음과 같다.

```
UPDATE  테이블명
SET  열이름 = 값
[ WHERE  수정할 행의 조건 ]
```

❶ 하나의 값 수정하기

테이블 수정에 앞서 샘플로 사용할 테이블을 생성하자. SELECT ~ INTO를 사용하여 제품 테이블을 복사하자. (8장에서 공부한 내용이다.)

```
-- 제품 테이블의 복사본 #제품을 생성
SELECT * INTO #제품
FROM  제품
-- #제품 조회
SELECT * FROM #제품
```

실행결과

	제품번호	제품명	종류	색상	가격
1	1	롱코트	코트	BLACK	150000
2	2	하프코트	코트	RED	130000
3	3	짚업점퍼	점퍼	BROWN	55000
4	4	후드점퍼	점퍼	YELLOW	63000
5	5	가죽자켓	자켓	BLACK	82000
6	6	주름스커트	스커트	WHITE	65000
7	7	옥스포드셔츠	셔츠	WHITE	15000
8	8	블라우스	셔츠	PINK	35000
9	9	원피스	원피스	BLUE	95000
10	10	반바지	바지	WHITE	35000
11	11	장갑	패션잡화	RED	NULL
12	12	목도리	패션잡화	BEIGE	NULL

테이블 #제품을 살펴보자. 제품번호 1인 롱코트의 가격이 150000원 인데 이 가격을 140000원으로 수정시켜보자. 수정작업은 트랜잭션 작업으로 해보자.

	제품번호	제품명	종류	색상	가격
1	1	롱코트	코트	BLACK	150000 → 140000 수정
2	2	하프코트	코트	RED	130000
3	3	짚업점퍼	점퍼	BROWN	55000
4	4	후드점퍼	점퍼	YELLOW	63000
5	5	가죽자켓	자켓	BLACK	82000
6	6	주름스커트	스커트	WHITE	65000
7	7	옥스포드셔츠	셔츠	WHITE	15000
8	8	블라우스	셔츠	PINK	35000
9	9	원피스	원피스	BLUE	95000
10	10	반바지	바지	WHITE	35000
11	11	장갑	패션잡화	RED	NULL
12	12	목도리	패션잡화	BEIGE	NULL

```
-- 트랜잭션 시작
BEGIN TRAN
--제품번호=1인 레코드의 가격을 140,000으로 수정
UPDATE #제품 SET 가격 = 140000 WHERE 제품번호 = 1
-- 테이블 조회
SELECT * FROM #제품
```

실행결과

	제품번호	제품명	종류	색상	가격
1	1	롱코트	코트	BLACK	140000
2	2	하프코트	코트	RED	130000
3	3	짚업점퍼	점퍼	BROWN	55000
4	4	후드점퍼	점퍼	YELLOW	63000
5	5	가죽자켓	자켓	BLACK	82000
6	6	주름스커트	스커트	WHITE	65000
7	7	옥스포드셔츠	셔츠	WHITE	15000
8	8	블라우스	셔츠	PINK	35000
9	9	원피스	원피스	BLUE	95000
10	10	반바지	바지	WHITE	35000
11	11	장갑	패션잡화	RED	NULL
12	12	목도리	패션잡화	BEIGE	NULL

제품번호 1의 가격이 140000원으로 수정되었다. 트랜잭션 작업을 커밋 해보자.

```
-- 트랜잭션 완료(커밋)
COMMIT TRAN
```

커밋된 작업은 현재 수정작업 결과로 데이터베이스에 확정지어 완료한 작업이기 때문에 이전 작업 내용으로 복귀할 수 없다.

다시 한 번 트랜잭션 작업을 해 보자. 같은 레코드의 가격을 이번에는 130000원으로 수정해보자.

```
-- 트랜잭션 시작
BEGIN TRAN
--제품번호=1인 레코드의 가격을 130000으로 수정
UPDATE #제품 SET 가격 = 130000
WHERE 제품번호 = 1
-- 테이블 조회
SELECT * FROM #제품
```

실행결과

	제품번호	제품명	종류	색상	가격
1	1	롱코트	코트	BLACK	130000
2	2	하프코트	코트	RED	130000
3	3	짚업점퍼	점퍼	BROWN	55000
4	4	후드점퍼	점퍼	YELLOW	63000
5	5	가죽자켓	자켓	BLACK	82000
6	6	주름스커트	스커트	WHITE	65000
7	7	옥스포드셔츠	셔츠	WHITE	15000
8	8	블라우스	셔츠	PINK	35000
9	9	원피스	원피스	BLUE	95000
10	10	반바지	바지	WHITE	35000
11	11	장갑	패션잡화	RED	NULL
12	12	목도리	패션잡화	BEIGE	NULL

가격을 수정한 트랜잭션 작업에 대하여 롤백을 실행해보자. 다음 SQL문을 실행한 후 #제품 테이블을 확인해보면 이전 작업으로 회복된 사실을 알 수 있다.

```
-- 트랜잭션 취소
ROLLBACK
-- 테이블 조회
SELECT * FROM #제품
```

실행결과

	제품번호	제품명	종류	색상	가격
1	1	롱코트	코트	BLACK	140000
2	2	하프코트	코트	RED	130000
3	3	짚업점퍼	점퍼	BROWN	55000
4	4	후드점퍼	점퍼	YELLOW	63000
5	5	가죽자켓	자켓	BLACK	82000
6	6	주름스커트	스커트	WHITE	65000
7	7	옥스포드셔츠	셔츠	WHITE	15000
8	8	블라우스	셔츠	PINK	35000
9	9	원피스	원피스	BLUE	95000
10	10	반바지	바지	WHITE	35000
11	11	장갑	패션잡화	RED	NULL
12	12	목도리	패션잡화	BEIGE	NULL

❷ **여러 값 수정하기**

여러 열의 값을 수정할 때는 수정할 내역을 콤마(,)로 구분하면서 나열하면 된다.

```
UPDATE  테이블명
SET  열이름1 = 값1, 열이름2 = 값2, ... , 열이름n = 값n
[ WHERE  수정할 행의 조건 ]
```

#제품 테이블에서 원피스 (제품번호 9번)의 수정할 내역은 색상과 가격 두 가지 이다.

	제품번호	제품명	종류	색상	가격
1	1	롱코트	코트	BLACK	140000
2	2	하프코트	코트	RED	130000
3	3	짚업점퍼	점퍼	BROWN	55000
4	4	후드점퍼	점퍼	YELLOW	63000
5	5	가죽자켓	자켓	BLACK	82000
6	6	주름스커트	스커트	WHITE	65000
7	7	옥스포드셔츠	셔츠	WHITE	15000
8	8	블라우스	셔츠	PINK	35000
9	9	원피스	원피스	BLUE → ORANGE	95000 → 100000
10	10	반바지	바지	WHITE	35000
11	11	장갑	패션잡화	RED	NULL
12	12	목도리	패션잡화	BEIGE	NULL

제품번호 9인 원피스의 색상을 ORANGE 로 수정하고 가격은 10만원으로 수정해보자.

```
-- 수정 작업전 #제품 테이블을 조회
SELECT * FROM #제품
-- 색상과 가격 열을 수정
UPDATE  #제품  SET  색상 = 'ORANGE',  가격 = 100000
WHERE  제품번호 = 9
-- #제품 테이블 조회
SELECT * FROM #제품
```

실행결과

	제품번호	제품명	종류	색상	가격
1	1	롱코트	코트	BLACK	140000
2	2	하프코트	코트	RED	130000
3	3	짚업점퍼	점퍼	BROWN	55000
4	4	후드점퍼	점퍼	YELLOW	63000
5	5	가죽자켓	자켓	BLACK	82000
6	6	주름스커트	스커트	WHITE	65000
7	7	옥스포드셔츠	셔츠	WHITE	15000
8	8	블라우스	셔츠	PINK	35000
9	9	원피스	원피스	BLUE	95000
10	10	반바지	바지	WHITE	35000
11	11	장갑	패션잡화	RED	NULL
12	12	목도리	패션잡화	BEIGE	NULL

수정 전 테이블 조회결과

	제품번호	제품명	종류	색상	가격
1	1	롱코트	코트	BLACK	140000
2	2	하프코트	코트	RED	130000
3	3	짚업점퍼	점퍼	BROWN	55000
4	4	후드점퍼	점퍼	YELLOW	63000
5	5	가죽자켓	자켓	BLACK	82000
6	6	주름스커트	스커트	WHITE	65000
7	7	옥스포드셔츠	셔츠	WHITE	15000
8	8	블라우스	셔츠	PINK	35000
9	9	원피스	원피스	ORANGE	100000
10	10	반바지	바지	WHITE	35000
11	11	장갑	패션잡화	RED	NULL
12	12	목도리	패션잡화	BEIGE	NULL

수정 후 테이블 조회결과

❸ 서브 쿼리를 기반으로 값 수정하기

이번에는 서브 쿼리를 기반으로 한 데이터 변경에 대해 학습해보자. 제품 테이블의 몇 개 제품의 가격을 10% 인상하려고 한다. 인상시킬 제품들의 제품번호는 수정제품 테이블에 들어있는 경우 서브 쿼리 작업으로 가격을 수정할 수 있다.

	제품번호	제품명	종류	색상	가격
1	1	롱코트	코트	BLACK	140000
2	2	하프코트	코트	RED	130000
3	3	짚업점퍼	점퍼	BROWN	55000
4	4	후드점퍼	점퍼	YELLOW	63000
5	5	가죽자켓	자켓	BLACK	82000
6	6	주름스커트	스커트	WHITE	65000
7	7	옥스포드셔츠	셔츠	WHITE	15000
8	8	블라우스	셔츠	PINK	35000
9	9	원피스	원피스	ORANGE	100000
10	10	반바지	바지	WHITE	35000
11	11	장갑	패션잡화	RED	NULL
12	12	목도리	패션잡화	BEIGE	NULL

수정제품 테이블의 제품가격들은 10% 가격인하

수정 →

	제품번호
1	3
2	5
3	6

수정제품 테이블

앞서 작업했던 #제품테이블을 사용하여 수정 작업을 해보자. 우선, 인상시킬 제품목록을 갖는 테이블 #수정제품을 만들어 보자.

```
-- 제품번호 열을 가진 임시 테이블 생성
CREATE TABLE #수정제품
 (제품번호 INT NOT NULL)
-- 레코드 입력
INSERT INTO #수정제품 VALUES(3), (5), (6)
-- 테이블 조회
SELECT * FROM #수정제품
```

실행결과

	제품번호
1	3
2	5
3	6

테이블 #수정제품의 제품번호들에 대해 #제품 테이블의 가격을 10% 인상시키는 서브쿼리는 다음과 같다. 실행해서 결과를 확인하자.

```sql
-- 수정 전 조회
SELECT * FROM #제품
-- #수정제품 테이블의 제품번호에 해당하는 #제품 테이블의 제품을 수정
UPDATE #제품 SET 가격 = 가격 * 1.1
WHERE 제품번호 IN ( SELECT 제품번호 FROM #수정제품 )
-- 수정 후 조회
SELECT * FROM #제품
```

실행결과

수정 전

	제품번호	제품명	종류	색상	가격
1	1	롱코트	코트	BLACK	140000
2	2	하프코트	코트	RED	130000
3	3	집업점퍼	점퍼	BROWN	55000
4	4	후드점퍼	점퍼	YELLOW	63000
5	5	가죽자켓	자켓	BLACK	82000
6	6	주름스커트	스커트	WHITE	65000
7	7	옥스포드셔츠	셔츠	WHITE	15000
8	8	블라우스	셔츠	PINK	35000
9	9	원피스	원피스	ORANGE	100000
10	10	반바지	바지	WHITE	35000
11	11	장갑	패션잡화	RED	NULL
12	12	목도리	패션잡화	BEIGE	NULL

수정 후

	제품번호	제품명	종류	색상	가격
1	1	롱코트	코트	BLACK	140000
2	2	하프코트	코트	RED	130000
3	3	집업점퍼	점퍼	BROWN	60500
4	4	후드점퍼	점퍼	YELLOW	63000
5	5	가죽자켓	자켓	BLACK	90200
6	6	주름스커트	스커트	WHITE	71500
7	7	옥스포드셔츠	셔츠	WHITE	15000
8	8	블라우스	셔츠	PINK	35000
9	9	원피스	원피스	ORANGE	100000
10	10	반바지	바지	WHITE	35000
11	11	장갑	패션잡화	RED	NULL
12	12	목도리	패션잡화	BEIGE	NULL

이번에는 좀 더 복잡한 작업을 해보자. 각 제품의 판매량이 20개 이상인 제품의 가격을 10% 인하하는 작업을 해보자. 우선 각 제품의 판매량이 20개 이상인 제품들의 목록을 구해보자. 제품의 판매실적은 판매 테이블에 기록되어 있다. 판매 테이블 내역은 판매번호, 제품번호, 판매수량, 판매날짜 등 4개의 열로 구성되어 있다.

	판매번호	제품번호	판매수량	판매날짜
1	1	1	10	2019/02/11
2	2	2	12	2019/02/11
3	3	2	15	2019/02/12
4	4	4	21	2019/02/13
5	5	7	17	2019/02/16
6	6	4	11	2019/02/16
7	7	10	3	2019/02/17

→ 판매수량 합이 20개 이상인 제품번호 목록 : 2, 4

20개 이상 판매량을 보이는 제품을 구하기 위해 다음과 같이 SQL 구문을 작성할 수 있다.

```
-- 판매 테이블에서 20개 이상 판매된 제품번호 조회
SELECT 제품번호 FROM 판매
GROUP BY 제품번호
HAVING SUM(판매수량) >= 20
```

실행결과

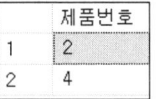

결과에서 보여준 제품번호 2와 4가 가격인하가 될 제품의 목록이다. 전체 작업은 다음과 같다. SQL문을 보면 방금 실행해 본 질의가 전체 작업에서는 괄호안에 표현된 서브쿼리임을 알 수 있다. 먼저 괄호안의 SQL 문을 실행하여 제품 목록을 얻어내고 이 값에 의해 바깥쪽 질의가 수정된다.

```
-- 수정 전 데이터 조회
SELECT 제품번호, 제품명, 가격 FROM #제품
-- #제품 테이블 수정
UPDATE #제품 SET 가격 = 가격 * 0.9
WHERE 제품번호 IN ( SELECT 제품번호 FROM 판매
            GROUP BY 제품번호
            HAVING SUM(판매수량) >= 20 )
-- 수정 후 데이터 조회
SELECT 제품번호, 제품명, 가격 FROM #제품
```

실행결과

	제품번호	제품명	종류	색상	가격
1	1	롱코트	코트	BLACK	140000
2	2	하프코트	코트	RED	130000
3	3	짚업점퍼	점퍼	BROWN	60500
4	4	후드점퍼	점퍼	YELLOW	63000
5	5	가죽자켓	자켓	BLACK	90200
6	6	주름스커트	스커트	WHITE	71500
7	7	옥스포드셔츠	셔츠	WHITE	15000
8	8	블라우스	셔츠	PINK	35000
9	9	원피스	원피스	ORANGE	100000
10	10	반바지	바지	WHITE	35000
11	11	장갑	패션잡화	RED	NULL
12	12	목도리	패션잡화	BEIGE	NULL

수정 전

	제품번호	제품명	종류	색상	가격
1	1	롱코트	코트	BLACK	140000
2	2	하프코트	코트	RED	117000
3	3	짚업점퍼	점퍼	BROWN	60500
4	4	후드점퍼	점퍼	YELLOW	56700
5	5	가죽자켓	자켓	BLACK	90200
6	6	주름스커트	스커트	WHITE	71500
7	7	옥스포드셔츠	셔츠	WHITE	15000
8	8	블라우스	셔츠	PINK	35000
9	9	원피스	원피스	ORANGE	100000
10	10	반바지	바지	WHITE	35000
11	11	장갑	패션잡화	RED	NULL
12	12	목도리	패션잡화	BEIGE	NULL

수정 후

작업 결과를 확인해보면 총 판매량이 20개 이상인 제품인 제품번호 2와 4의 가격이 10%씩 인하 된 것을 알 수 있다.

❹ 조인을 기반으로 수정하기

이번에는 조인에 기반을 둔 수정 작업을 해보자. 책 테이블에서 'A&B출판사'의 책 가격을 5%씩 인하하는 작업을 해보자. 책 테이블과 출판사 테이블을 조인하여 수정작업을 하여야 한다.

조인키

	책코드	책제목	분야	출판사코드	가격	출간날짜
1	C1034	파스타요리	요리	P004	7500	2011/05
2	C1051	지중해요리	요리	P003	10000	2012/05
3	E3089	사회적 경제의 이해	경제	P004	12000	2010/08
4	E3111	세계의 경제지표	경제	P001	13000	2012/11
5	E3324	경제학원론	경제	P002	15000	2015/01
6	I2021	운영체제	컴퓨터	P001	12000	2014/12
7	I2157	자바프로그래밍	컴퓨터	P003	12000	2014/03
8	I2205	자료구조	컴퓨터	P005	11500	2013/02
9	P4077	행동의심리학	심리	P005	11500	2014/09
10	P4101	심리학의 이해	심리	P002	12000	2015/01

책 테이블

	출판사코드	출판사명	주소	전화번호
1	P001	북출판사	부산시 동래구	051-550-111
2	P002	A&B출판사	서울시 성북구	02-224-123
3	P003	독서출판사	서울시 종로구	02-722-222
4	P004	W출판사	대전시 중구	042-112-333
5	P005	풀숲출판사	제주 제주시	064-777-321

출판사 테이블

다음은 조인에 기반을 둔 수정문이다.

```
-- 수정 전 테이블 조회
SELECT * FROM 책
-- 조인 기반의 테이블 수정
UPDATE 책 SET 가격 = 가격 * 0.95
FROM 책 JOIN 출판사 ON 책.출판사코드 = 출판사.출판사코드
WHERE 출판사명 = 'A&B출판사'
-- 수정 후 테이블 조회
SELECT * FROM 책
```

실행결과

수정 전

	책코드	책제목	분야	출판사코드	가격	출간날짜
1	C1034	파스타요리	요리	P004	7500	2011/05
2	C1051	지중해요리	요리	P003	10000	2012/05
3	E3089	사회적 경제의 이해	경제	P004	12000	2010/08
4	E3111	세계의 경제지표	경제	P001	13000	2012/11
5	E3324	경제학원론	경제	P002	15000	2015/01
6	I2021	운영체제	컴퓨터	P001	12000	2014/12
7	I2157	자바프로그래밍	컴퓨터	P003	12000	2014/03
8	I2205	자료구조	컴퓨터	P005	11500	2013/02
9	P4077	행동의심리학	심리	P005	11500	2014/09
10	P4101	심리학의 이해	심리	P002	12000	2015/01

수정 후

	책코드	책제목	분야	출판사코드	가격	출간날짜
1	C1034	파스타요리	요리	P004	7500	2011/05
2	C1051	지중해요리	요리	P003	10000	2012/05
3	E3089	사회적 경제의 이해	경제	P004	12000	2010/08
4	E3111	세계의 경제지표	경제	P001	13000	2012/11
5	E3324	경제학원론	경제	P002	14250	2015/01
6	I2021	운영체제	컴퓨터	P001	12000	2014/12
7	I2157	자바프로그래밍	컴퓨터	P003	12000	2014/03
8	I2205	자료구조	컴퓨터	P005	11500	2013/02
9	P4077	행동의심리학	심리	P005	11500	2014/09
10	P4101	심리학의 이해	심리	P002	11400	2015/01

'A&B출판사'는 출판사 코드가 'P002'이기 때문에 책 테이블에서 'P002' 출판사코드에 해당하는 책 가격이 수정되었다.

❺ TOP(n)을 기반으로 수정하기

이제, TOP(n)을 이용한 수정을 살펴보자. TOP(n)은 상위 n 개의 데이터만 가져올 때 사용하는 구문이다. TOP(n)은 UPDATE구문과 함께 사용할 수 있다. '2019/02/11' 날짜에 첫 번째 주문자에게 주문한 상품을 한개 더 증정하는 행사를 한 경우 판매수량은 +1을 하여 수정하여야 한다. 제품의 판매현황을 기록한 판매 테이블에서 수정작업을 해보자.

첫 번째 주문 : 판매수량 +1 수정

```
-- 판매 테이블에서 날짜 '2019/02/11' 레코드 조회
SELECT * FROM 판매 WHERE 판매날짜 = '2019/02/11'
-- 날짜 '2019/02/11' 의 레코드의 첫 번째 레코드의 판매수량을 +1
UPDATE TOP(1) 판매 SET 판매수량 = 판매수량 + 1
WHERE 판매날짜 = '2019/02/11'
-- 수정 후 판매 테이블에서 날짜 '2019/02/11' 레코드 조회
 SELECT * FROM 판매 WHERE 판매날짜 = '2019/02/11'
```

실행결과

수정 전
수정 후

살펴본 예제와 같이 TOP(n)은 UPDATE구문과 함께 사용할 수 있다.

9.3 데이터 삭제하기 (DELETE)

삭제는 간단하다. 테이블의 한행 또는 여러 행의 레코드를 삭제하는 구문은 다음과 같다.

```
DELETE [FROM] 테이블 명
[ WHERE  삭제할 행의 조건 ]
```

❶ WHERE 조건에 맞는 레코드 삭제하기

만약, WHERE의 조건이 없다면 테이블의 모든 데이터가 지워지게 된다. WHERE 조건을 작성하면 조건에 맞는 데이터만 선별해서 삭제를 한다. 삭제 명령어는 단순하지만 잘못된 삭제를 했을 경우에 결과는 단순하지는 않다. 삭제 역시 신중하게 작업을 하도록 하자.

삭제 작업을 위해 제품 테이블을 복사본 #의류제품 테이블을 생성하자.

```
-- 제품 테이블의 복사본 #의류제품 생성
 SELECT * INTO  #의류제품  FROM  #제품
```

테이블 #의류제품 에서 제품번호 = 11 인 장갑의 레코드를 삭제해 보자. 삭제 전에 제품번호가 11인 데이터를 조회해보자.

```
-- 제품번호=11 레코드 확인
 SELECT * FROM  #의류제품  WHERE  제품번호 = 11
```

실행결과

	제품번호	제품명	종류	색상	가격
1	11	장갑	패션잡화	RED	NULL

제품번호 11의 레코드를 삭제하고 테이블을 조회해보자.

```
-- 제품번호=11 레코드 삭제
DELETE FROM #의류제품 WHERE 제품번호 = 11
-- 제품번호=11 레코드 확인
SELECT * FROM #의류제품 WHERE 제품번호 = 11
```

실행결과

제품번호	제품명	종류	색상	가격

(삭제후)

❷ 서브 쿼리를 기반으로 레코드 삭제하기

서브 쿼리를 기반으로 한 데이터 삭제를 해보자. 삭제 작업이므로 원본 테이블에 대한 삭제를 하지 않도록 판매 테이블의 복사본 #판매 테이블을 생성하고 작업을 해보자.

```
-- 판매 테이블의 복사본 테이블 #판매 생성
SELECT * INTO #판매 FROM 판매
```

반바지의 판매 내역이 잘못되었다고 가정하고 #판매 테이블에서 반바지의 판매 실적을 삭제해보자. 그런데, #판매 테이블에는 제품명의 열이 없고 제품번호의 열이 있기 때문에 롱코트의 제품번호를 알아야 삭제를 할 수 있다. 따라서, 제품 테이블에서 반바지의 제품번호를 조회하고 이를 통해 #판매 테이블에서 반바지의 판매 레코드 실적을 삭제할 수 있다.

#판매 테이블

	판매번호	제품번호	판매수량	판매날짜
1	1	1	11	2019/02/11
2	2	2	12	2019/02/11
3	3	2	15	2019/02/12
4	4	4	21	2019/02/13
5	5	7	17	2019/02/16
6	6	4	11	2019/02/16
7	7	10	3	2019/02/17

반바지 판매레코드 삭제

제품 테이블

	제품번호	제품명	종류	색상	가격
1	1	롱코트	코트	BLACK	150000
2	2	하프코트	코트	RED	130000
3	3	집업점퍼	점퍼	BROWN	55000
4	4	후드점퍼	점퍼	YELLOW	63000
5	5	가죽자켓	자켓	BLACK	82000
6	6	주름스커트	스커트	WHITE	65000
7	7	옥스포드셔츠	셔츠	WHITE	15000
8	8	블라우스	셔츠	PINK	35000
9	9	원피스	원피스	BLUE	95000
10	10	반바지	바지	WHITE	35000
11	11	장갑	패션잡화	RED	NULL
12	12	목도리	패션잡화	BEIGE	NULL

먼저, 제품 테이블에서 반바지의 제품번호를 구해보자.

```
-- 제품명 '반바지'의 제품번호 조회
SELECT  제품번호
FROM  제품
WHERE  제품명 = '반바지'
```

실행결과

	제품번호
1	10

즉, 판매 테이블에서 제품번호=10 인 레코드를 삭제하면 된다.

```
-- 반바지의 판매 레코드 삭제
DELETE FROM  #판매
WHERE  제품번호 = ( SELECT  제품번호  FROM  제품
                   WHERE  제품명 = '반바지' )
-- 삭제 작업 후 #판매 테이블 조회
SELECT * FROM  #판매
```

실행결과

	판매번호	제품번호	판매수량	판매날짜
1	1	1	11	2019/02/11
2	2	2	12	2019/02/11
3	3	2	15	2019/02/12
4	4	4	21	2019/02/13
5	5	7	17	2019/02/16
6	6	4	11	2019/02/16

#판매 테이블에서 제품번호 10의 판매 레코드가 삭제되었다. 실행한 삭제 작업은 서브쿼리에 기반을 둔 삭제 작업이다. 괄호안의 작업이 먼저 진행되어 제품번호를 구하고 이 값을 기반으로 괄호 바깥쪽 질의가 실행되었다.

❸ 조인을 기반으로 레코드 삭제하기

이번에는 조인에 기반을 둔 삭제 작업을 해보자. '옥스퍼드셔츠'의 판매 레코드를 삭제해보자.

```
-- 조인에 기반을 둔 삭제 작업 (옥스퍼드셔츠의 판매레코드 삭제)
DELETE FROM #판매
FROM #판매 INNER JOIN 제품
   ON #판매.제품번호 = 제품.제품번호
 WHERE 제품명 = '옥스포드셔츠'
-- 삭제 작업 후 #판매 테이블 조회
SELECT * FROM #판매
```

실행결과

	판매번호	제품번호	판매수량	판매날짜
1	1	1	11	2019/02/11
2	2	2	12	2019/02/11
3	3	2	15	2019/02/12
4	4	4	21	2019/02/13
5	6	4	11	2019/02/16

'옥스퍼드셔츠'의 제품번호인 7의 판매 레코드가 삭제되었다.

❹ TOP(n)을 이용한 레코드 삭제하기

이제, TOP(n)을 이용한 삭제를 살펴보자. 판매날짜 '2019/02/11' 의 판매 레코드 중 첫 번째 레코드를 삭제해보자.

```
-- 삭제 전 #판매 테이블 조회
SELECT * FROM #판매
-- 판매날짜 '2019/02/11' 의 판매 레코드중 첫 번째 레코드 삭제
DELETE TOP(1) FROM #판매 WHERE 판매날짜 = '2019/02/11'
-- 삭제 후 #판매 테이블 조회
SELECT * FROM #판매
```

실행결과

	판매번호	제품번호	판매수량	판매날짜
1	1	1	11	2019/02/11
2	2	2	12	2019/02/11
3	3	2	15	2019/02/12
4	4	4	21	2019/02/13
5	6	4	11	2019/02/16

삭제 전

	판매번호	제품번호	판매수량	판매날짜
1	2	2	12	2019/02/11
2	3	2	15	2019/02/12
3	4	4	21	2019/02/13
4	6	4	11	2019/02/16

삭제 후

살펴본 예제와 같이 TOP(n)은 DELETE 구문과 함께 사용할 수 있다.

9.4 TRUNCATE TABLE

테이블 내의 모든 데이터를 삭제해야 한다면 WHERE절을 사용하지 않고 DELETE문을 사용하면 된다. 간단하다. 그러나 많은 데이터를 지운다면 오랜 시간이 걸린다. 빠른 시간 내에 데이터를 지우는 방법은 TRUNCATE문을 사용하는 것이다. TRUNCATE은 실제 데이터를 지우는 것이 아니라 IAM(Index Allocation Map)에서 데이터의 할당(Allocation) 정보만 지운다. 그러므로 DELETE 보다 TRUNCATE이 속도가 빠르다. TRUNCATE 명령어도 트랜잭션으로 작업의 복구가 가능하다. 성적 테이블에 대하여 트랜잭션 작업으로 TRUNCATE구문을 사용한 삭제를 해보자.

```
-- 트랜잭션 시작
BEGIN TRAN
-- 성적 테이블의 모든 데이터를 삭제
TRUNCATE TABLE 성적
-- 테이블의 모든 레코드가 삭제된 것을 확인
SELECT * FROM 성적
```

실행결과

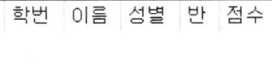

성적 테이블의 모든 데이터가 삭제되었다. 이번에는 트랜잭션 작업을 롤백하여 성적테이블의 모든 데이터가 원상 복귀되도록 해보자.

```
-- 테이블 데이터 복구
ROLLBACK
-- 복구 데이터 확인
SELECT * FROM 성적
```

실행결과

	학번	이름	성별	반	점수
1	201901001	박보검	남	A	90
2	201901002	송혜교	여	A	75
3	201901003	손예진	여	A	77
	중간 생략				
16	201901016	박민영	여	B	71
17	201901017	정해인	남	B	87
18	201901018	강소라	여	B	90
19	201901019	서강준	남	B	94
20	201901020	김태희	여	B	78

성적 테이블의 모든 데이터가 복구되었다. 예제에서 보듯이 TRUNCATE 역시 트랜잭션 작업이 가능하다.

▽ 알아보기

▶ TRUNCATE과 트리거

TRUNCATE TABLE은 DELETE문과 동일한 효과를 만들지만 실제적으로 개별 행 삭제를 기록하지 않기 때문에 트리거를 실행할 수 없다. 따라서, DELETE 트리거가 없는 테이블에서 TRUNCATE을 실행해야 한다.

9.5 MERGE

MERGE는 MSSQL 2008 버전 부터 새롭게 추가된 기능이다. MERGE의 의미처럼 하나로 합치는 기능이다. 소스 테이블과의 조인 결과를 기반으로 대상 테이블에서 삽입, 수정 또는 삭제 작업을 수행한다. 두 개 테이블과의 차이에 따라 대상 테이블에서 행을 삽입, 수정 및 삭제하여 두 테이블을 동기화한다. MERGE 구문은 다음과 같다.

```
MERGE
    대상 테이블
    USING 소스 테이블 ON 대상 테이블과 소스 테이블의 조인조건
    [ WHEN MATCHED [ AND 〈 추가 조건 〉]
        THEN 갱신작업
    [ WHEN NOT MATCHED [ BY TARGET ] [ AND 〈 추가조건 〉]
        THEN 대상 테이블 작업 ]
    [ WHEN NOT MATCHED [ BY SOURCE ] [ AND 〈 추가조건 〉]
        THEN 소스 테이블 작업]
```

다음 그림은 MERGE 작업을 할 대상테이블과 소스테이블이다. 소스테이블에서 '홍길동'의 부서가 '국제마케팅부'로 되어 있다. '이도령' 데이터는 직급이 '부장'으로 되어 있다. '성춘향' 데이터는 대상테이블에는 없는 레코드이다. 소스 테이블에서 대상 테이블과 다른 값이나 없는 데이터는 그림에서 색을 주어 구분되도록 하였다. 대상 테이블과 소스테이블을 비교하여 같은 데이터가 존재하는 '홍길동'과 '이도령'은 대상테이블을 수정하고 '성춘향'데이터는 새로 입력하여 MERGE 한다.

대상 테이블

사번	이름	직급	부서
1	홍길동	부장	홍보부
2	김선달	부장	인사부
3	이도령	과장	홍보부

소스 테이블

사번	이름	직급	부서
1	홍길동	부장	국제마케팅부
3	이도령	부장	홍보부
4	성춘향	과장	영업부

MERGE

대상 테이블

사번	이름	직급	부서
1	홍길동	부장	국제마케팅부
2	김선달	부장	인사부
3	이도령	부장	홍보부
4	성춘향	과장	영업부

생성된 두 개 테이블을 확인해보자. 실행결과에서 수정할 부분과 추가할 레코드가 표시되어 있다.

```
SELECT * FROM 대상
SELECT * FROM 소스
```

실행결과

	사번	이름	직급	부서
1	1	홍길동	부장	홍보부
2	2	김선달	부장	인사부
3	3	이도령	과장	홍보부

	사번	이름	직급	부서	
1	1	홍길동	부장	국제마케팅부	수정
2	3	이도령	부장	홍보부	
3	4	성춘향	과장	영업부	추가

대상 테이블과 소스 테이블로 merge 작업을 진행해보자.

```
-- 같은 사번을 가진 레코드는 수정작업, 같은 사번이 없으면 레코드 추가
MERGE 대상
    USING 소스 ON 대상.사번 = 소스.사번
WHEN MATCHED
    THEN UPDATE SET 대상.직급 = 소스.직급, 대상.부서 = 소스.부서
WHEN NOT MATCHED
    THEN INSERT VALUES(소스.사번, 소스.이름, 소스.직급, 소스.부서);
-- 대상 테이블과 소스 테이블의 데이터 조회
SELECT * FROM 대상
SELECT * FROM 소스
```

실행결과

	사번	이름	직급	부서
1	1	홍길동	부장	국제마케팅부
2	2	김선달	부장	인사부
3	3	이도령	부장	홍보부
4	4	성춘향	과장	영업부

	사번	이름	직급	부서
1	1	홍길동	부장	국제마케팅부
2	3	이도령	부장	홍보부
3	4	성춘향	과장	영업부

대상 테이블에 수정되거나 추가된 데이터를 확인해보면 정상적으로 작업이 진행되었음을 알 수 있다. 대상테이블에서 네모 (　　)표시 부분이 merge 작업에 의한 결과 부분이다.

▣ 실습해보기

[pubs, AdventureWorks2014 데이터베이스]

9-1 트랜잭션을 중첩시켜 작업을 해보자. pubs 데이터베이스를 사용하자.

다음의 예를 보자. 다소 복잡해 보이지만 2개의 트랜잭션 작업을 중첩한 내용이다.

```
USE pubs
SELECT title_id, ytd_sales FROM titles
 WHERE title_id='BU1032'
BEGIN TRAN      -- 트랜잭션시작(1)
  SELECT @@TRANCOUNT                      -- ①
  UPDATE titles SET ytd_sales=5000        -- ②
     WHERE title_id='BU1032'
  BEGIN TRAN    -- 트랜잭션시작 (2)
  SELECT @@TRANCOUNT                      -- ③
  UPDATE titles SET ytd_sales=7000        -- ④
      WHERE title_id='BU1032'
  COMMIT       -- 트랜잭션 완료           -- ⑤
  SELECT @@TRANCOUNT                      -- ⑥
  SELECT title_id,ytd_sales FROM titles   -- ⑦
   WHERE title_id='BU1032'
ROLLBACK TRAN    -- 트랜잭션 ROLLBACK     -- ⑧
 SELECT @@TRANCOUNT                       -- ⑨
 SELECT title_id,ytd_sales FROM titles    -- ⑩
 WHERE title_id='BU1032'
```

실행결과

```
    title_id  ytd_sales
1   BU1032    4095

    (열 이름 없음)
1   1                    -- ①

    (열 이름 없음)
1   2                    -- ③

    (열 이름 없음)
1   1                    -- ⑥

    title_id  ytd_sales
1   BU1032    7000       -- ⑦

    (열 이름 없음)
1   0                    -- ⑨

    title_id  ytd_sales
1   BU1032    4095       -- ⑩
```

①에서 트랜잭션의 개수를 보면 예상대로 1이다. 작업 ②의 UPDATE를 실행하고 또 하나의 트랜잭션 작업을 시작하였다. ③에서 트랜잭션 작업의 개수를 확인해보니 2가 된 것을 알 수 있다. ④번 작업을 실행하고 ⑤에서 COMMIT작업을 실행하였다. ⑥에서 트랜잭션의 수를 확인해보면 바로 전에 COMMIT작업을 실행하였기 때문에 트랜잭션이 1로 된 것을 알 수 있다. 그리고, ⑦의 작업 결과를 확인해보면 바로 직전의 작업인 ④번 작업 결과로 ytd_sales값이 7000으로 변경되었다. ⑧에서 ROLLBACK을 하였다. ⑨에서 트랜잭션 개수를 확인하면 0으로 모든 트랜잭션 작업이 마무리 되었다는 것을 알 수 있다. 최종 결과를 확인해보기 위해 ⑩의 작업을 보면 ytd_sales값이 모든 트랜잭션 작업을 시작하기 전인 4095임을 알 수 있다. 어찌된 일일까? ⑤번작업에서 COMMIT을 했지만 ⑧번 작업에서 ROLLBACK한 결과가 최종적으로 반영되었다. 중첩된 트랜잭션은 가장 바깥쪽의 트랜잭션이 COMMIT하지 않으면 모든 값은 임시값으로 적용된다. 따라서, 중첩된 트랜잭션 작업은 문제를 발생시킬 수 있기 때문에 사용하지 않는 것이 좋다.

9-2 데이터 변경을 위한 테이블을 생성하자. 다음 SQL문을 실행하여 테이블을 만들고 데이터를 입력하자.

```
USE tempdb
-- 테이블 생성
CREATE TABLE customer
( 고객코드 INT IDENTITY,
  고객명  CHAR(10) NOT NULL,
  전화번호 CHAR(10),
  주소    CHAR(20),
  포인트  INT,
  고객등급 VARCHAR(5)
)
GO
-- 레코드 입력
INSERT INTO customer VALUES('홍길동','111-1234','서울',500,'일반')
INSERT INTO customer VALUES('김선달','222-5678','대전',1000,'실버')
INSERT INTO customer VALUES('이태백','333-4689','부산',2000,'골드')
-- 데이터 조회
SELECT * FROM customer
```

[실행결과]

	고객코드	고객명	전화번호	주소	포인트	고객등급
1	1	홍길동	111-1234	서울	500	일반
2	2	김선달	222-5678	대전	1000	실버
3	3	이태백	333-4689	부산	2000	골드

> **9-3** 테이블 customer에서 고객등급이 '골드' 인 고객을 제외한 나머지 고객의 포인트를 500점씩 증가시키자.

고객의 포인트를 500점씩 증가시키기 위해서 customer테이블을 UPDATE 한다.

```
-- 레코드 수정
UPDATE customer SET 포인트 = 포인트 + 500
WHERE 고객등급 <> '골드'
-- 데이터 조회
SELECT * FROM customer
```

실행결과

	고객코드	고객명	전화번호	주소	포인트	고객등급
1	1	홍길동	111-1234	서울	1000	일반
2	2	김선달	222-5678	대전	1500	실버
3	3	이태백	333-4689	부산	2000	골드

> **9-4** HumanResources.Employee 테이블을 복사해서 #Employee을 생성하자.
> #Employee에서 사번10의 입사일(HireDate)을 사번1의 입사일과 같게 수정하자.

다음은 #Employee를 생성하는 구문이다.

```
USE AdventureWorks2014
SELECT * INTO #Employee
FROM HumanResources.Employee
```

사번10의 입사일(HireDate)을 수정하는 구문은 다음과 같다.

```
UPDATE #Employee SET HireDate=사번1의 입사일
WHERE BusinessEntityID=10
```

사번1의 입사일을 조회해보자.

```
SELECT HireDate
FROM #Employee
WHERE BusinessEntityID=1
```

실행결과

	HireDate
1	2009-01-14

사번1의 입사일을 조회하는 SQL문을 서브쿼리로 하여 전체 질의를 작성하여 보자.

```
-- 수정전 #Employee조회
SELECT BusinessEntityID, HireDate FROM #Employee
WHERE BusinessEntityID IN (1,10)
--사번10번 사원의 입사일을 사번1의 입사일로 수정
UPDATE #Employee SET HireDate=
    ( SELECT HireDate FROM #Employee
      WHERE BusinessEntityID=1)
WHERE BusinessEntityID=10
```

```
-- 수정후 #Employee조회
SELECT BusinessEntityID, HireDate FROM #Employee
WHERE BusinessEntityID IN (1,10)
```

실행결과

	BusinessEntityID	HireDate
1	1	2009-01-14
2	10	2009-05-03

	BusinessEntityID	HireDate
1	1	2009-01-14
2	10	2009-01-14

9-5 다른 테이블의 데이터를 기반으로 삭제 예제를 풀어보자.
'Production Control'부서에서 근무하는 사람들을 모두 삭제해보자.

#Employee테이블에는 부서 데이터가 없다.
HumanResources.EmployeeDepartmentHistory 테이블에는 사원번호와 부서코드의 데이터가 있다. 우선 부서테이블인 HumanResources.Department에서 'Product ion Control'부서의 부서코드 DepartmentID를 구해보자.

```
SELECT DepartmentID
FROM HumanResources.Department
WHERE Name='Production Control'
```

실행결과

'Production Control'부서의 부서코드는 8이다. 이 부서코드에서 근무하는 직원의 사번을 구해보자.

```
SELECT BusinessEntityID
FROM HumanResources.EmployeeDepartmentHistory
WHERE DepartmentID
   IN (SELECT DepartmentID
      FROM HumanResources.Department
      WHERE Name='Production Control')
```

실행결과

	BusinessEntityID
1	26
2	222
3	223
4	224
5	225
6	226

이제 삭제해야할 직원들의 사번은 26, 222, 223, 224, 225, 226 이다.

지금까지 작업한 쿼리문들을 서브쿼리로 묶어 작성해보자.

```
-- 삭제전 #Employee조회
SELECT BusinessEntityID, JobTitle, BirthDate, Gender, HireDate
FROM #Employee WHERE BusinessEntityID IN (26,222,223,224,225,226)
-- 다른 테이블의 데이터를 기반으로 삭제 작업
DELETE FROM #Employee
WHERE BusinessEntityID IN
 (SELECT BusinessEntityID
  FROM HumanResources.EmployeeDepartmentHistory
  WHERE DepartmentID IN
       (select DepartmentID FROM HumanResources.Department
         WHERE Name='Production Control') )
-- 삭제후 #Employee조회
SELECT BusinessEntityID, JobTitle, BirthDate, Gender, HireDate
FROM #Employee WHERE BusinessEntityID IN (26,222,223,224,225,226)
```

실행결과

	BusinessEntityID	JobTitle	BirthDate	Gender	HireDate
1	26	Production Control Manager	1982-11-03	M	2008-12-01
2	222	Master Scheduler	1968-09-17	M	2008-12-12
3	223	Scheduling Assistant	1987-12-22	M	2009-01-26
4	224	Scheduling Assistant	1981-11-06	M	2009-01-07
5	225	Scheduling Assistant	1984-03-29	M	2009-02-13
6	226	Scheduling Assistant	1984-08-11	M	2009-03-03

(삭제 전)

BusinessEntityID	JobTitle	BirthDate	Gender	HireDate

(삭제 전)

삭제작업이 정상적으로 되었다. 두 번 중첩된 서브쿼리를 수행해보았다. 시스템성능에 좋지 않기 때문에 중첩된 서브쿼리는 특히 사용하지 않는 편이 좋다.

9장 연습문제

[SampleDB 데이터베이스]

【9-1】 (1) (　　　　)은 하나의 논리적인 작업 단위로 데이터베이스에 수행하는 관련된 연산의 묶음을 말한다. 이 작업 단위가 정상적인 작업 결과인 경우 (2) (　　　　　　) 으로 작업을 테이블에 반영하고 잘못된 결과를 초래하였다면 (3) (　　　　)으로 작업 내용을 취소한다.

【9-2】 테이블 '책'의 복사본 테이블 '#책'을 생성하시오.

【9-3】 테이블 '#책'에서 책제목 '파스타요리' 책의 가격을 8000원으로 수정하시오.

【9-4】 테이블 '#책'에서 책제목 '지중해요리' 책가격을 '파스타요리' 책가격과 같게 수정하시오.

【9-5】 테이블 '#책' 과 테이블 '출판사'를 사용하여 서브쿼리를 사용한 수정구문으로 'A&B 출판사'의 책 가격을 1000원씩 인상시키시오.

【9-6】 테이블 '#책' 과 테이블 '출판사'를 사용하여 조인을 사용한 수정구문으로 'W출판사'의 책 가격을 1000원씩 인하시키시오.

【9-7】 '#책'테이블과 '출판사' 테이블을 사용하여 '북출판사'의 책을 테이블 '#책'에서 삭제하시오.

【9-8】 테이블 '#책' 에서 각 출판사 코드별 책의 가격이 가장 저렴한 책을 출력하시오.

【9-9】 테이블 '#업체' 와 '#임시업체'를 사용하여 MERGE작업을 하시오. 두 테이블의 업체코드를 비교하여 업체코드가 같으면 '#임시업체'의 업체명, 연락처로 '#업체' 테이블의 열 값을 수정하고 '#업체' 테이블에 없는 업체코드이면 '#임시업체' 테이블의 레코드를 '#업체' 테이블에 삽입하시오.

업체코드	업체명	연락처
1	Lu&z	02-111-11234
2	소망실업	031-21-4567
3	ABC컴	02-555-7777

업체 테이블

업체코드	업체명	연락처
1	Lu&z	02-111-1237
3	A컴퓨터	02-555-7777
4	아리아	032-82-3321

임시업체 테이블

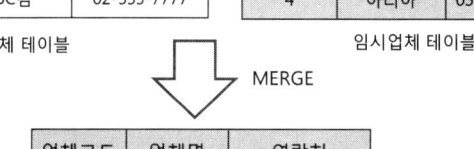

MERGE

업체코드	업체명	연락처
1	Lu&z	02-111-1237
2	소망실업	031-21-4567
3	A컴퓨터	02-555-7777
4	아리아	032-82-3321

업체 테이블

CHAPTER 10

무결성 제약조건 부여하기

10-1. 데이터의 무결성 이란?
10-2. 데이터의 무결성 종류
10-3. 무결성 제약조건
10-4. 제약조건 부여하기
10-5. UNIQUE 제약 부여하기
10-6. PRIMARY KEY 제약 부여하기
10-7. DEFAULT 부여하기
10-8. CHECK 제약 부여하기
10-9. FOREIGN KEY(외래키) 제약 부여하기
10-10. 제약 조건 추가, 삭제하기

무결성 제약조건 부여하기

CHAPTER 10

무결성 제약조건은 테이블에 신뢰할 수 없는 데이터가 유지되지 않도록 제약조건을 부여하는 것을 말한다. 데이터베이스에 저장된 값들이 정확한 데이터로 유지되도록 다양한 제약조건을 부여할 수 있다. 이번 장에서는 무결성 제약조건의 종류와 제약조건을 부야하고 삭제하는 방법에 대해 학습하도록 한다.

10.1 데이터의 무결성 이란?

무결성이란 데이터베이스에 저장된 값들이 정확하고 일관성 있는 데이터임을 나타내는 의미이다. 데이터베이스에는 많은 데이터가 저장되어 있다. 전혀 다른 값이 저장되어 있거나, 중복된 데이터가 여러 건이거나, 참조할 데이터가 없다면 데이터베이스는 정확한 데이터임을 보장할 수가 없다. 예를 들어 한 회사에 5개의 부서가 있을 때 직원 테이블에 신입직원 데이터를 입력하면서 5개 부서에 부여된 부서코드 이외의 부서코드를 입력한다면 부적절한 자료가 될 것이다. 데이터베이스는 무결성이 보장되도록 여러 개체에 제약조건을 부여하여 운영한다.

10.2 데이터의 무결성 종류

데이터의 무결성의 형태는 크게 세 가지로 규정한다.

무결성 종류	의미	예	SQL 구현
도메인 무결성	속성이 정의되어 있는 영역을 벗어나지 않도록 규정하는 것	학년: 1,2,3,4 값만 가능	CHECK
개체 무결성	하나의 테이블에 중복된 레코드가 존재하지 않도록 규정하는 것	학번, 주민등록번호..	PRIMARY KEY
참조 무결성	행을 입력, 수정, 삭제할 때 연관된 다른 테이블과의 데이터가 정확하게 유지되도록 규정하는 것	신입사원의 부서코드는 반드시 부서테이블에 있는 값으로 부여	FOREIGN KEY

❶ 도메인 무결성

테이블의 특정 열에 대한 유효성을 의미하는 것으로 정해진 도메인 영역안의 값들로 유지되도록 하는 것이다. 예를 들어, 학생테이블의 학년 열의 도메인을 1, 2, 3, 4 값으로 규정하여 유지하는 것이다.

❷ 개체 무결성

한 테이블을 고유하게 하기 위한 개체로 한 행에 대해 무결성을 정의하는 것이다. 고유하게 정의된 개체는 중복값을 허용하지 않는다. 예를 들어, 주민등록번호의 경우 고유한 값을 갖고 중복값을 허용하지 않는다.

❸ 참조 무결성

행이 입력되거나 삭제될 때 다른 테이블과의 참조 관계를 유지하도록 하는 것이다. 참조 무결성은 여러 테이블에서 같은 값이 일관되게 유지하도록 한다. 존재하지 않는 값에 대한 참조를 허용하지 않고 키 값이 변경될 경우 해당 키 값에 대한 모든 참조가 데이터베이스 전체에서 일관되게 변경되어야 한다. 예를 들어, 사원 테이블의 부서코드는 부서 테이블의 부서코드를 참조하여 일관된 값을 유지하도록 한다.

10.3 무결성 제약조건

무결성 제약조건	의미
UNIQUE	테이블의 열의 값은 항상 고유한 값이어야 한다.
PRIMARY KEY	열의 값이 고유하면서 NULL을 허용하지 않는다.
CHECK	열의 값이 지정한 데이터 범위 안에 있는 값이어야 한다.
FOREIGN KEY	한 테이블에서 열의 값이 다른 테이블의 열의 값을 참조하여야 한다.
NOT NULL	널을 허용하지 않기 때문에 반드시 값이 입력되어야 한다.
DEFAULT	열의 기본값을 지정 할 수 있다.

데이터 무결성의 종류 중 도메인 무결성은 데이터 형식을 통해 유형을 제한하거나 CHECK 제약 , FOREIGN KEY 제약 조건, DEFAULT 정의, NOT NULL 정의 및 규칙을 통해 도메인 무결성을 유지한다.

개체 무결성은 한 열에 UNIQUE 제약 또는 PRIMARY KEY 제약을 부여하여 개체가 고유한 값을 갖도록 함으로써 무결성을 유지한다.

참조 무결성은 FOREIGN KEY 제약 조건을 통해 참조 무결성을 유지한다.

10.4 제약조건 부여하기

제약 조건을 부여하는 방법은 두 가지로 테이블 레벨의 제약을 부여하는 방법과 칼럼 레벨의 제약을 부여하는 방법이 있다.

❶ 제약조건의 칼럼 레벨 정의

열(칼럼)을 정의하면서 제약조건도 함께 정의하는 방법이다. 칼럼 레벨 제약조건을 정의하는 기본적인 문법은 다음과 같다.

```
열 이름  데이터 형식
[ CONSTRAINT  제약명 ] 제약유형
```

❷ 제약조건의 테이블 레벨 정의

테이블 레벨의 제약은 이미 정의된 열에 대한 제약 조건을 따로 정의하는 것이다. 테이블 레벨의 제약 부여 방법의 기본적인 문법은 다음과 같다.

```
CONSTRAINT  제약명  제약유형(열이름)
```

제약의 종류별로 칼럼 레벨 제약과 테이블 레벨 제약을 하나씩 살펴보자.

10.5 UNIQUE 제약 부여하기

UNIQUE 제약은 값의 중복을 허용하지 않는 제약이다. UNIQUE 제약은 값을 유일해야 하는 제약이기 때문에 널도 한번만 입력가능하다. PRIMARY KEY 제약과의 차이는 PRIMARY KEY는 널을 허용하지 않지만 UNIQUE제약은 널을 한번만 허용한다.

❶ UNIQUE 제약조건의 칼럼 레벨 정의

다음은 UNIQUE제약을 부여하여 테이블을 만드는 예제이다. 열(칼럼)을 정의하면서 제약 조건도 함께 정의하는 칼럼 레벨 정의 방법으로 제약을 부여하였다. UNIQUE 제약을 부여하기 위해 'CONSTRAINT' 키워드와 다음으로 제약명 'u_번호'를 정의하였다.

```
CREATE TABLE unique테이블
( 번호 INT NULL CONSTRAINT u_번호 UNIQUE,
  이름 CHAR(10) NOT NULL)
```

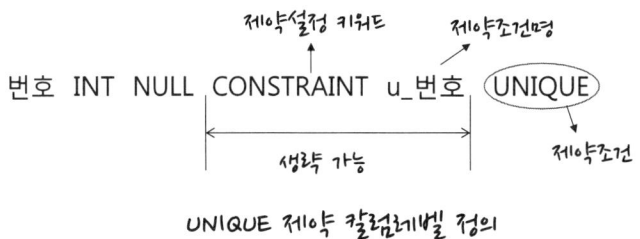

UNIQUE 제약 칼럼레벨 정의

번호 열은 데이터 형식인 INT를 지정하고 UNIQUE 제약에서는 널(NULL)이 한번은 입력이 가능하기 때문에 NULL 옵션을 부여하여 널 입력이 가능하도록 하였다. 제약조건 명을 기술하는 경우에는 CONSTRAINT 키워드를 작성한 후 제약조건명을 기술하고 제약의 유형을 정의한다. CONSTRAINT 키워드를 생략하면 제약조건명도 함께 생략해야 한다.

다음처럼 간단하게 정의할 수 있다. 제약 조건명을 생략하면 SQL Server가 제약조건 명을 정의해 준다.

```
CREATE TABLE unique테이블
(번호 INT NULL UNIQUE,   -- CONSTRAINT 키워드와 제약명 생략
이름 CHAR(10) NOT NULL)
```

데이터를 입력하여 UNIQUE제약을 확인해보자. UNIQUE제약은 중복값을 입력할 수 없게 하는 제약이다. UNIQUE제약을 부여한 번호 열에 같은 값을 입력해보자.

unique테이블

번호	이름
1	이순신
1	이태백

중복값

```
INSERT INTO unique테이블 VALUES(1, '이순신')
--번호열에 같은 값인 1을 부여하여 입력
INSERT INTO unique테이블 VALUES(1, '이태백')
```

[실행결과]

```
(1개 행이 영향을 받음)
메시지 2627, 수준 14, 상태 1, 줄 6
UNIQUE KEY 제약 조건 'UQ__unique테이__13F3FFC17D170025'을(를) 위반했습니다.
개체 'dbo.unique테이블'에 중복 키를 삽입할 수 없습니다. 중복 키 값은 (1)입니다.
문이 종료되었습니다.
```

첫 번째 레코드는 정상적으로 입력되었지만 두 번째 레코드에 의해 오류가 발생했다. 두 번째 레코드에서 번호 열에 설정한 1의 값이 UNIQUE제약에 위배되었기 때문이다.

다음 레코드를 입력해보자. UNIQUE 제약에서는 널(NULL)이 한번은 입력이 가능하기 때문에 번호 열에서 널값이 정상적으로 입력된다.

```
INSERT INTO unique테이블 VALUES(NULL, '홍길동')
SELECT * FROM unique테이블
```

[실행결과]

다시 한 번 번호 열이 널인 레코드를 입력하면 오류가 발생한다.

```
INSERT INTO unique테이블 VALUES(NULL,'성춘향')
```

[실행결과]

```
메시지 2627, 수준 14, 상태 1, 줄 11
UNIQUE KEY 제약 조건 'UQ__unique테이__13F3FFC17D170025'을(를) 위반했습니다.
개체 'dbo.unique테이블'에 중복 키를 삽입할 수 없습니다. 중복 키 값은 (〈NULL〉)입니다.
문이 종료되었습니다.
```

NULL값도 한 번만 입력하면 중복 값이 없기 때문에 가능하지만 두 번째 입력은 중복이 되므로 오류 메시지가 나타나고 레코드 입력을 허용하지 않았다. UNIQUE 제약을 통해 중복 레코드를 허용하지 않도록 관리가 된다는 것을 확인 할 수 있다.

❷ UNIQUE 제약조건의 테이블 레벨 정의

이번에는 테이블 레벨 방법으로 UNIQUE제약을 부여해보자. 앞서 만든 테이블을 삭제하고 테이블 레벨 방법으로 제약을 부여하자. 테이블 레벨 제약은 이미 정의된 열에 대한 제약 조건을 따로 정의하는 것이므로 UNIQUE제약을 열과 별도로 정의하였다.

```
-- 앞서 만든 테이블 삭제
DROP TABLE unique테이블
-- 테이블 레벨 방식으로 다시 정의
CREATE TABLE unique테이블
(번호 INT NULL,
 이름 CHAR(10) NOT NULL,          --열의 정의를 마친 후
 CONSTRAINT u_번호 UNIQUE(번호))   --별도로 제약을 정의(테이블레벨제약)
```

테이블 레벨의 제약 정의 역시 CONSTRAINT 다음에 제약조건 명을 부여하고 이어서 제약조건(UNIQUE)과 괄호 안에 제약을 부여할 열이름을 지정한다.

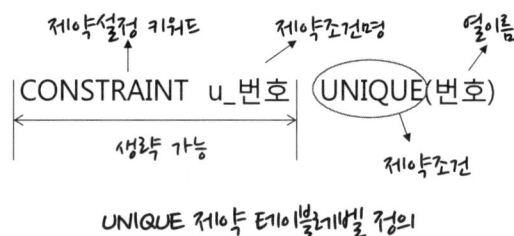

UNIQUE 제약 테이블레벨 정의

제약을 부여할 때 CONSTRAINT와 제약 조건 명을 생략하고 다음과 같이 간략하게 작성할 수 있다.

```
-- 테이블 레벨 방식으로 다시 정의
CREATE TABLE unique테이블
( 번호 INT NULL,
  이름 CHAR(10) NOT NULL,
  UNIQUE(번호) )         --CONSTRAINT와 제약 조건 명을 생략
```

칼럼레벨 제약과 테이블 레벨 제약 구문을 비교 정리하면 다음과 같다.

칼럼 레벨 제약	번호 INT CONSTRAINT u_번호 UNIQUE
테이블 레벨 제약	번호 INT, CONSTRAINT u_번호 UNIQUE(번호)

10.6 PRIMARY KEY 제약 부여하기

PRIMARY KEY(기본키) 제약은 열에 유일한 값만 입력 되도록 제약을 주는 것으로 널 값을 허용하지 않는다. UNIQUE 제약에 NOT NULL 이 합쳐진 것이다.

❶ PRIMARY KEY 제약조건의 칼럼 레벨 정의

다음은 PRIMARY KEY 제약을 부여한 예제이다. 열의 정의와 함께 PRIMARY KEY제약을 부여하였다.

```
-- 칼럼 레벨 방식으로 정의
CREATE TABLE pk테이블
( 번호 INT CONSTRAINT pk_번호 PRIMARY KEY,
  이름 CHAR(10) NOT NULL)
```

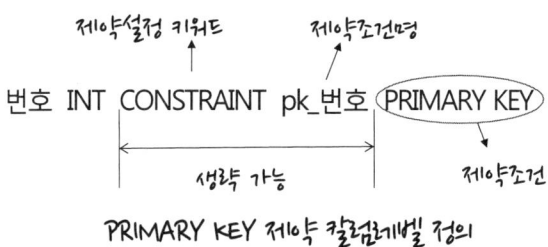

PRIMARY KEY 제약 칼럼레벨 정의

제약을 부여할 때 CONSTRAINT 키워드와 제약명을 작성하지 않고 번호 열을 다음처럼 간단하게 PRIMARY KEY를 정의할 수 있다.

```
-- 칼럼 레벨 방식으로 제약조건명 생략하고 정의
CREATE TABLE pk테이블
( 번호 INT PRIMARY KEY,      --CONSTRAINT와 제약 조건 명을 생략
  이름 CHAR(10) NOT NULL)
```

레코드를 입력하여 PRIMARY KEY제약을 확인해보자. 중복키 값을 부여하여 PRIMARY KEY제약이 잘 동작하는지 살펴보자.

```
INSERT INTO pk테이블 VALUES(1,'이순신')
INSERT INTO pk테이블 VALUES(1,'이태백')
```

[실행결과]

```
(1개 행이 영향을 받음)
메시지 2627, 수준 14, 상태 1, 줄 21
PRIMARY KEY 제약 조건 'PK__pk테이블__13F3FFC0569B7F4C'을(를) 위반했습니다.
개체 'dbo.pk테이블'에 중복 키를 삽입할 수 없습니다. 중복 키 값은 (1)입니다.
문이 종료되었습니다.
```

첫 번째 레코드는 정상적으로 입력되지만 두 번째 레코드는 번호 열의 값을 중복값인 1을 입력하기 때문에 제약조건이 위반되어 오류가 발생하였다. PRIMARY KEY는 널허용을 하지 않기 때문에 다음과 같이 번호열에 널을 입력하면 오류가 발생한다.

```
INSERT INTO pk테이블 VALUES(NULL, '이순신')
```

[실행결과]

```
메시지 515, 수준 16, 상태 2, 줄 23
테이블 'SampleDB.dbo.pk테이블', 열 '번호'에 NULL 값을 삽입할 수 없습니다.
열에는 NULL을 사용할 수 없습니다. INSERT이(가) 실패했습니다.
문이 종료되었습니다.
```

❷ PRIMARY KEY 제약조건의 테이블 레벨 정의

이미 정의된 열에 대한 제약 조건을 따로 정의하는 테이블 레벨 정의 방법이기 때문에 PRIMARY KEY 제약을 열과 별도로 정의한다. 앞서 생성한 테이블을 삭제하고 테이블 레벨 정의 방법으로 'pk테이블'을 다시 정의하면 다음과 같다.

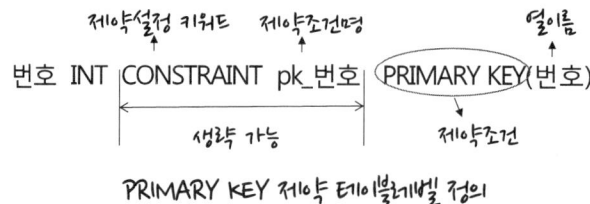

PRIMARY KEY 제약 테이블레벨 정의

```
-- 테이블 레벨 방식으로 다시 정의
DROP TABLE pk테이블
CREATE TABLE pk테이블
( 번호 INT,
  이름 CHAR(10) NOT NULL,
  CONSTRAINT pk_번호 PRIMARY KEY(번호) )
```

테이블을 생성할 때 CONSTRAINT 키워드와 제약조건명을 생략하고 PRIMARY KEY 제약을 부여하면 다음과 같다.

```
-- 테이블 레벨 방식으로 제약조건명 생략하고 정의
CREATE TABLE pk테이블
( 번호 INT,
  이름 CHAR(10) NOT NULL,
  PRIMARY KEY(번호) )
```

PRIMARY KEY 제약을 이용해서 널과 중복 레코드 입력을 허용하지 않도록 관리 할 수 있다.

▽ 알아보기

> ▶ 제약 조건 정보 확인 (sp_helpconstraint)
>
> sp_helpconstraint를 사용해 제약조건에 관한 정보를 확인 할 수 있다. 제약 조건의 유형, 제약 조건 명, DEFAULT 및 CHECK 제약 조건의 정보를 확인할 수 있다.
>
> ```
> EXEC sp_helpconstraint pk테이블
> ```
>
> 실행결과
>
> | | Object Name |
> |---|---|
> | 1 | pk테이블 |
>
> | | constraint_type | constraint_name | delete_action | update_action | status_enabled | status_for_replication | constraint_keys |
> |---|---|---|---|---|---|---|---|
> | 1 | PRIMARY KEY (clustered) | PK__pk테이블__13F3FFC0569B7F4C | (n/a) | (n/a) | (n/a) | (n/a) | 번호 |

10.7 DEFAULT 부여하기

DEFAULT는 열의 입력값을 지정하지 않았을 때 기본값으로 입력되도록 부여해 놓은 값이다. IDENTITY나 TIMESTAMP를 가진 열에는 적용시킬 수가 없다. 8장에서 학습한 내용이다. DEFAULT 는 칼럼 레벨 정의로만 부여한다. 다음은 주소 열에 DEFAULT 값을 '서울'로 부여하는 예이다.

```
CREATE TABLE df테이블
(번호 INT PRIMARY KEY,
 주소 CHAR(10) NOT NULL
    CONSTRAINT df_주소 DEFAULT '서울')
```

DEFAULT를 정의할 때 CONSTRAINT키워드와 제약명 'df_주소'를 생략하고 다음처럼 간단하게 지정할 수 있다. 8장에서 다룰 때는 CONSTRAINT키워드와 제약명을 생략하고 사용하였다.

```
주소 CHAR(10) NOT NULL DEFAULT '서울'
```

8장에서 DEFAULT 입력방법을 학습하였다. 각자 다음과 같은 예제 레코드를 입력하여 다시 확인해보기 바란다.

열이름 생략	DEFAULT열을 제외한 입력
INSERT INTO df테이블 VALUES(1, DEFAULT)	INSERT INTO df테이블(번호) VALUES(2)

10.8 CHECK 제약 부여하기

CHECK제약은 값의 범위를 정해놓는 제약이다. CHECK제약을 사용해서 조건에 맞는 데이터만 입력받을 수 있다.

❶ CHECK 제약조건의 칼럼 레벨 정의

다음의 예를 살펴보자. 학년 열의 입력값 범위를 1, 2, 3, 4로 제한하였다.

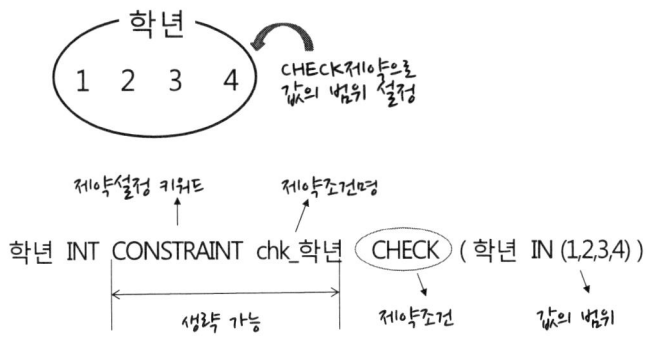

```
CREATE TABLE chk테이블
( 번호 INT IDENTITY,
  학년 INT CONSTRAINT chk_학년 CHECK(학년 IN (1,2,3,4) ) )
```

CHECK제약 조건은 CONSTRAINT키워드와 제약조건명을 생략하고 다음과 같이 작성할 수 있다.

```
학년 INT CHECK(학년 IN (1,2,3,4) )
```

레코드를 입력해보자. 번호 열은 IDENTITY로 설정되어 있으므로 입력하지 않는다.

```
-- 학년열은 CHECK 범위안의 값 입력
INSERT INTO chk테이블 VALUES(1)
-- 테이블 조회
SELECT * FROM chk테이블
```

실행결과

학년 열 값인 1은 CHECK범위 안의 값이기 때문에 정상적으로 입력이 되었다. 두 번째 레코드를 입력해보자. 이번에는 CHECK범위를 벗어난 학년 값을 입력해보자.

```
-- 학년 열은 CHECK 범위 이외의 값 입력
INSERT INTO chk테이블 VALUES(5)
```

실행결과

```
메시지 547, 수준 16, 상태 0, 줄 2
INSERT 문이 CHECK 제약 조건 "CK__chk테이블__학년__5BE2A6F2"과(와) 충돌했습니다.
데이터베이스 "SampleDB", 테이블 "dbo.chk테이블", column '학년'에서 충돌이 발생했습니다.
문이 종료되었습니다.
```

입력 값 5는 CHECK 제약을 준 범위의 값을 벗어나기 때문에 오류가 발생한다.

❷ CHECK 제약조건의 테이블 레벨 정의

앞서 생성한 테이블을 삭제하고 테이블 레벨 정의 방법으로 'chk테이블'을 다시 생성하며 테이블 레벨 CHECK제약을 부여하면 다음과 같다.

```
-- 테이블 레벨 방식으로 다시 정의
DROP TABLE chk테이블
CREATE TABLE chk테이블
( 번호 INT IDENTITY,
  학년 INT,
  CONSTRAINT chk_학년 CHECK(학년 IN (1,2,3,4) ) )
```

CHECK제약 조건의 테이블 레벨 제약 정의 역시 CONSTRAINT키워드와 제약조건명을 생략하고 다음과 같이 작성할 수 있다.

```
CHECK(학년 IN (1,2,3,4) )
```

❸ 한 열에 여러 개의 CHECK 제약조건 정의하기

CHECK제약은 다른 제약과 달리 열 하나에 여러 개의 CHECK 제약 조건을 적용할 수 있다. 한 열에 대한 여러 개의 CHECK제약을 적용한 테이블을 만들어보자.

```
--학년 열에 2개 CHECK 제약 부여
CREATE TABLE #chk테이블
( 번호 INT,
  학년 INT CHECK(학년 IN (1,2,3,4)),
  CHECK(학년 < 번호) )
```

학년 열에 대한 제약이 1, 2, 3, 4 범위로 입력을 제한하는 CHECK 제약과 번호 값보다 작아야 한다는 두 가지의 CHECK제약이 부여 되었다. 두 가지 제약이 어떻게 적용되는지 레코드를 입력해보자. 학년 값이 1, 2, 3, 4 범위안에 있지만 번호값 보다 큰 수를 입력해보자.

```
INSERT INTO #chk테이블 VALUES(1,4)    --번호, 학년
```

실행결과

```
메시지 547, 수준 16, 상태 0, 줄 34
INSERT 문이 CHECK 제약 조건 "CK__#chk테이블_____A4C4FBA9"과(와) 충돌했습
니다. 데이터베이스 "tempdb", 테이블 "dbo.#chk테이블_____0000000
00004"에서 충돌이 발생했습니다.
문이 종료되었습니다.
```

학년 값 4가 1와 4 사이의 정수값 범위에는 일치하지만 두 번째 CHECK제약인 '학년 〈 번호'에 부합하지 않아 오류가 발생하였다. 다음 SQL문을 입력하고 실행해보자.

```
-- 번호=5, 학년=4 입력 (학년값이 1~4 범위 이고 학년 〈 번호 )
INSERT INTO #chk테이블 VALUES(5,4)
-- 테이블 조회
SELECT * FROM #chk테이블
```

실행결과

	번호	학년
1	5	4

입력 값 학년은 1,2,3,4 값 범위 안에 있고 번호값이 학년값보다 크기 때문에 모두 CHECK 제약에 부합되어 정상적으로 입력이 되었다. CHECK제약은 여러 개의 제약조건을 부여할 수 있다.

10.9 FOREIGN KEY(외래키) 제약 부여하기

FOREIGN KEY(외래키)는 다른 테이블의 데이터를 참조할 때 없는 값을 참조할 수 없도록 제약을 주는 것이다. 예를 들어, 사원테이블에서 신입사원의 레코드를 입력할 때 사원의 부서 코드는 부서테이블에 있는 부서 코드 값만을 입력할 수 있도록 해야 한다.

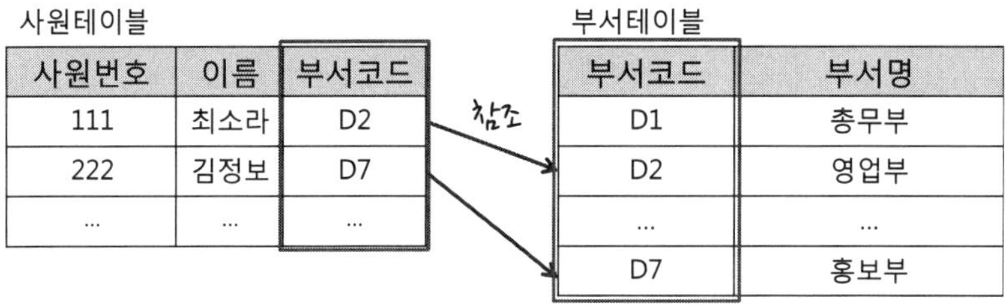

사원테이블

사원번호	이름	부서코드
111	최소라	D2
222	김정보	D7
...	...	...

부서테이블

부서코드	부서명
D1	총무부
D2	영업부
...	...
D7	홍보부

▽ 알아보기

> ▶ FOREIGN KEY 주의사항
>
> ❶ FOREIGN KEY는 참조하는 키를 의미하는 것이지 참조되는 키를 가리키는 말이 아니다. 앞의 그림의 예를 살펴보면, 부서테이블의 부서코드는 참조되는 값이기 때문에 사원테이블의 부서코드가 FOREIGN KEY로 설정되는 것이다.
>
> ❷ 참조될 테이블이 먼저 만들어지고 값이 입력되어 있어야 한다. 이때, 참조될 열의 값은 PRIMARY KEY로 설정되어 있어야 한다. 위 그림의 예에서 부서테이블이 먼저 만들어져야 하고 부서테이블의 부서코드가 PRIMARY KEY로 정의되어 있어야 한다.

❶ FOREIGN KEY 제약조건의 칼럼레벨 정의

예제 테이블을 만들어보자. 우선 참조될 테이블로 부서 테이블을 만들어보자.

```
-- 부서테이블 생성(참조될 열을 PRIMARY KEY 설정)
CREATE TABLE 부서
( 부서코드 CHAR(3) PRIMARY KEY,
  부서명 CHAR(10))
```

부서테이블의 부서코드 열은 반드시 PRIMARY KEY(기본키) 로 정의하여야 한다. 사원테이블에서 참조를 할 열이기 때문이다. 부서테이블에 2개의 부서 레코드를 입력하자.

```
-- 부서 테이블에 레코드 입력
INSERT INTO 부서 VALUES('D1','총무부')
INSERT INTO 부서 VALUES('D2','영업부')
-- 테이블 조회
SELECT * FROM 부서
```

[실행결과]

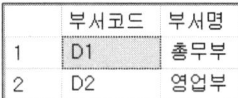

다음은 참조를 할 '사원' 테이블을 만들어 보자. 부서코드 열에 FOREIGN KEY설정을 하여 부서 테이블의 부서코드 열을 참조하도록 한다.

```
-- 참조할 사원테이블을 생성 (참조할 칼럼을 FOREIGN KEY 설정 )
CREATE TABLE 사원
( 사번 INT PRIMARY KEY,
  사원명 CHAR(10),
  부서코드 CHAR(3) CONSTRAINT fk_부서
    FOREIGN KEY REFERENCES 부서(부서코드) )
```

부서코드 열에 참조 설정을 할 때 다음과 같이 키워드 CONSTRAINT 와 제약조건명은 생략할 수 있다.

```
부서코드  CHAR(3) FOREIGN  KEY  REFERENCES  부서(부서코드) )
```

'사원' 테이블에 데이터를 입력해보자. 부서코드의 값은 부서테이블의 부서코드에 존재하는 값으로 'D1', 'D2'를 입력해보자.

```
-- 부서테이블에 있는 값인 D1, D2를 입력
INSERT INTO 사원 VALUES(1,'홍길동','D1')
INSERT INTO 사원 VALUES(2,'김선달','D2')
-- 사원 테이블 조회
SELECT * FROM 사원
```

[실행결과]

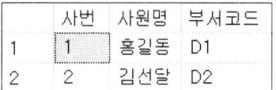

이번에는 '사원' 테이블의 부서코드 값을 'D3'으로 입력해보자. 부서 테이블의 부서코드에는 'D3'이 없는 값이다. 참조 무결성 제약에 의해 오류가 발생할 것이다.

```
-- 부서테이블에 없는 값인 D3을 입력
INSERT INTO 사원 VALUES(3,'성춘향','D3')
```

> 실행결과

```
메시지 547, 수준 16, 상태 0, 줄 61
INSERT 문이 FOREIGN KEY 제약 조건 "fk_부서"과(와) 충돌했습니다. 데이터베이스 "SampleDB", 테이블 "dbo.부서", column '부서코드'에서 충돌이 발생했습니다.
문이 종료되었습니다.
```

데이터의 정확성을 유지하기 위해서 두 테이블의 참조관계를 유지하도록 FOREIGN KEY 제약을 사용할 수 있다.

❷ FOREIGN KEY 제약조건의 테이블 레벨 정의

'사원' 테이블에서 부서코드를 테이블 레벨 정의 방법으로 정의해보자. 테이블 레벨 제약은 이미 정의된 열에 대한 제약 조건을 따로 정의하는 것이다. 실습을 위해 부서코드를 두 번째 열로 정의하자.

```
-- 테이블 레벨 방식으로 다시 정의
DROP TABLE 사원
CREATE TABLE 사원
( 사번 INT PRIMARY KEY,
  부서코드 CHAR(3),
  사원명 CHAR(10),
  CONSTRAINT fk_부서 FOREIGN KEY REFERENCES 부서(부서코드) )
```

FOREIGN KEY 테이블 레벨 제약 정의 역시 키워드 CONSTRAINT와 제약조건명을 생략할 수 있다.

```
FOREIGN KEY REFERENCES 부서(부서코드)
```

❸ CASCADE 옵션

만약 회사의 부서가 재정비 되면서 부서 코드 'D2'이 'D8'로 수정해야 한다고 가정해보자.

사원테이블

사원번호	이름	부서코드
111	최소라	D2
222	김정보	D7
...	...	...

참조 →

부서테이블

부서코드	부서명
D1	총무부
D2 → D8	영업부
...	...
D7	홍보부

부서코드 D2가 D8로 수정 된다면?

다음과 같이 부서테이블을 수정해야 할 것이다.

```
UPDATE 부서 SET 부서코드='D8' WHERE 부서코드='D2'
```

실행결과

```
메시지 547, 수준 16, 상태 0, 줄 1
UPDATE 문이 REFERENCE 제약 조건 "fk_부서"과(와) 충돌했습니다. 데이터베이스 "SampleDB", 테이블 "dbo.사원", column '부서코드'에서 충돌이 발생했습니다.
문이 종료되었습니다.
```

이 쿼리문을 실행한 결과 위와 같은 오류가 발생한다. 영업부 부서코드를 수정한다면 기존에 영업부에 근무하는 '최소라' 사원의 부서코드 'D2'는 없는 부서가 되기 때문에 참조 무결성에 위배된다.

결과적으로 부서테이블에서 부서 코드는 '사원'테이블에서 참조하고 있는 값이 있다면 수정, 삭제가 불가능하게 된다. 그렇다면 정말 부서 코드가 바뀌었을 때 수정은 불가능한 것일까.

그렇지 않다. '사원' 테이블을 생성할 때 CASCADE옵션을 사용하면 참조 관계가 있는 연관된 테이블 열의 값이 수정 또는 삭제가 될 경우 참조하는 열의 값도 자동적으로 수정 또는 삭제되도록 지정할 수 있다.

사원테이블				부서테이블	
사원번호	이름	부서코드		부서코드	부서명
111	최소라	D8	참조	D1	총무부
222	김정보	D7	수정 자동반영	D8	영업부
...	...	...		...	...
				D7	홍보부

UPDATE CASCADE 옵션 - 참조값 수정 자동반영

CASCADE옵션을 살펴보기 위해 사원테이블과 부서테이블을 삭제하고 다시 정의하여 만들어보자. 주의할 점은 두 개 테이블을 삭제할 때에는 반드시 참조하는 테이블(사원)을 먼저 삭제하고 참조되는 테이블(부서)을 삭제해야 한다. 테이블 생성 순서는 반대로 참조되는 테이블(부서)를 먼저 만들고 참조하는 테이블(사원)을 만들어야 한다.

```
-- 삭제 순서 주의!
-- 1. 사원테이블 삭제 → 2. 부서테이블 삭제
DROP TABLE 사원
DROP TABLE 부서

-- 부서테이블 생성
CREATE TABLE 부서
( 부서코드 CHAR(3) PRIMARY KEY,  -- 참조될 열을 PRIMARY KEY 설정
  부서명 CHAR(10))
-- 부서테이블에 레코드 삽입
INSERT INTO 부서 VALUES('D1', '총무부')
INSERT INTO 부서 VALUES('D2', '영업부')
```

부서테이블을 생성한 후 사원 테이블을 만들어 보자. 사원 테이블을 생성하면서 UPDATE와 DELETE 모두에 CASCASE옵션을 부여한다.

```
-- 사원테이블 생성
CREATE TABLE 사원
(사번 INT PRIMARY KEY,
 사원명 CHAR(10),
 부서코드 CHAR(3) FOREIGN KEY REFERENCES 부서(부서코드)
    ON UPDATE CASCADE    -- 부서테이블의 부서코드 수정 반영
    ON DELETE CASCADE )  -- 부서테이블의 부서코드 삭제 반영
-- 사원테이블에 두 명의 사원 레코드를 입력
INSERT INTO 사원 VALUES(1, '홍길동', 'D1'), (2, '김선달', 'D2')
```

앞서 수정에 실패했던 부서테이블의 영업부 부서 코드 값을 다시 한 번 수정해 보자.

```
-- 부서 테이블 수정 전에 부서 테이블과 사원 테이블 조회
SELECT * FROM 부서
SELECT * FROM 사원
UPDATE 부서 SET 부서코드='D8' WHERE 부서코드='D2'
-- 부서 테이블 수정 후에 부서 테이블과 사원 테이블 조회
SELECT * FROM 부서
SELECT * FROM 사원
```

[실행결과]

수정전:

	부서코드	부서명
1	D1	총무부
2	D2	영업부

	사번	사원명	부서코드
1	1	홍길동	D1
2	2	김선달	D2

수정후:

	부서코드	부서명
1	D1	총무부
2	D8	영업부

	사번	사원명	부서코드
1	1	홍길동	D1
2	2	김선달	D8

부서테이블의 부서코드 D2가 정상적으로 D8로 수정되었고 사원테이블 역시 참조하는 값 'D2'가 'D8'로 자동 수정된 것을 알 수 있다. UPDATE CASCADE 옵션의 결과이다.

이번에는 부서테이블의 '영업부' 레코드를 삭제해보자.

DELETE CASCADE 옵션 - 참조값 삭제 자동반영

```
-- 부서 레코드 삭제 전에 부서 테이블과 사원 테이블 조회
SELECT * FROM 부서
SELECT * FROM 사원
DELETE FROM 부서 WHERE 부서코드='D8'
-- 부서 레코드 삭제 후에 부서 테이블과 사원 테이블 조회
SELECT * FROM 부서
SELECT * FROM 사원
```

실행결과

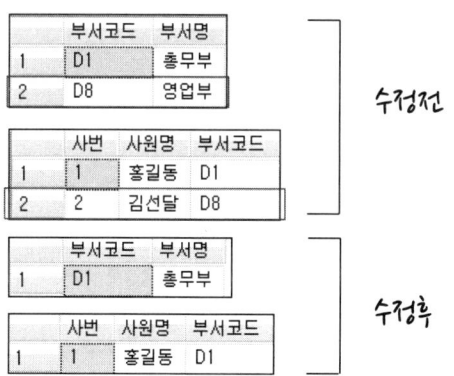

부서코드 D8의 영업부 레코드가 삭제되면 CASCADE옵션에 따라 부서코드 D8을 참조하는 사원테이블의 레코드도 자동 삭제된다.

10.10 제약 조건 추가, 삭제하기

테이블을 만든 이후에 ALTER구문을 이용하여 제약조건을 추가하거나 제약조건을 삭제할 수 있다.

❶ 제약조건 추가하기

먼저, ALTER구문을 이용하여 제약조건을 추가하는 방법은 테이블 레벨로 정의한다.

```
ALTER TABLE 테이블 명
   ADD CONSTRAINT 제약조건명 제약조건
```

기존 테이블에 제약조건을 추가하기 위해 먼저 제약조건이 없는 테이블을 생성하자.

```
-- 제약조건 없는 예제 테이블 생성
CREATE TABLE 테스트
( 번호 INT NOT NULL,
  이름 CHAR(10) NOT NULL,
  도시 CHAR(20) NOT NULL)
```

열 '번호'에 PRIMARY KEY를 추가하자.

```
-- PRIMARY KEY 제약조건 추가
ALTER TABLE 테스트
   ADD CONSTRAINT pk번호 PRIMARY KEY(번호)
```

앞서 학습했듯이 CONSTRAINT 키워드와 제약조건명 'pk번호'는 생략하고 간략하게 정의할 수 있다.

```
ALTER TABLE 테스트
   ADD PRIMARY KEY(번호)
```

열 '도시'에 DEFAULT 값 '서울'을 추가해보자. 열이름은 FOR 문 다음에 작성한다.

```
ALTER TABLE 테스트
  ADD DEFAULT '서울' FOR 도시
```

그 밖에 CHECK제약, FOREIGN KEY제약 등도 마찬가지로 ALTER TABLE 구문에서 테이블 레벨 제약 구문처럼 ADD문을 사용하여 제약을 추가할 수 있다.

❷ 제약조건 삭제하기

이번에는 제약 조건을 삭제해 보자. 이미 만들어진 제약 조건을 삭제할 때는 ALTER TABLE 구문 안에 DROP 문을 사용하여 제약조건을 삭제한다.

```
ALTER TABLE 테이블 명
    DROP CONSTRAINT 제약조건명
```

다른 개체를 삭제할 때와 마찬가지로 삭제 명령어는 DROP CONSTRAINT와 제약 조건명만 차례로 입력하면 된다. 앞서 만든 테이블 '테스트'에서 PRIMARY KEY 제약조건을 삭제해보자.

```
ALTER TABLE 테스트
   DROP CONSTRAINT pk번호
```

'테스트' 테이블에 부여된 PRIMARY KEY 제약조건명은 'pk번호' 였기 때문에 이 제약명으로 삭제하면 된다.

▽ 알아보기

▶ 제약명이 부여되지 않았을 경우 제약 삭제

참조될 테이블을 정의할 때 제약조건명을 부여하지 않는 경우 제약조건명을 모르는데 어떻게 제약을 삭제할까?

이 경우 앞서 살펴봤던 제약 조건 정보를 확인하는 구문을 사용하여 제약명을 알아낸 후 삭제해야 한다. 예를 들어, 사원 테이블의 제약 조건 정보를 확인하자.

```
EXEC sp_helpconstraint 사원
```

	constraint_type	constraint_name	delete_action	update_action	status_enabled	status_for_replication	constraint_keys
1	FOREIGN KEY	fk_부서	No Action	No Action	Enabled	Is_For_Replication	부서코드
2							REFERENCES SampleDB.dbo.부서 (부서코드)
3	PRIMARY KEY (clustered)	PK__사원__13ECB52DBB41A990	(n/a)	(n/a)	(n/a)	(n/a)	사번

제약 조건 정보에서 제약명(constraint name)을 파악하면 된다.

예를 들어, 제약키(constraint_keys) 사번에 해당되는 제약명 'PK__사원__13ECB52DBB41A990'을 다음과 같이 제약을 삭제하면 된다.

```
ALTER TABLE 부서
    DROP CONSTRAINT PK__사원__13ECB52DBB41A990
```

❸ 널 허용 열에 제약조건 추가하기

테이블을 생성할 때 열이름과 자료형만 부여하면 기본값으로 널허용이 정의된다. 이렇게 생성된 테이블의 열에 제약조건을 부여할 경우 오류가 발생한다. 다음 테이블을 만들어보자.

```
CREAET TABLE #사원
( 사번 INT,
  이름 CHAR(10) NOT NULL)
```

#사원 테이블의 사번 열은 열이름과 자료형만 부여하였기 때문에 널 허용열로 정의되었다. 사번 열에 PRIMARY KEY 제약을 추가하여 보자.

```
ALTER TABLE #사원
   ADD PRIMARY KEY(사번)
```

실행결과

```
메시지 8111, 수준 16, 상태 1, 줄 1
테이블 '#사원'의 Null 허용 열에 PRIMARY KEY 제약 조건을 정의할 수 없습니다.
메시지 1750, 수준 16, 상태 0, 줄 1
제약 조건을 만들 수 없습니다. 이전 오류를 참조하십시오.
```

그런데 위와 같은 오류가 발생했다. 왜일까?

PRIMARY KEY 제약을 만들려는 번호 열은 NULL을 허용하는 것으로 만들어 졌는데 PRIMARY KEY 제약은 널을 허용하지 않기 때문에 이에 위배가 되는 것이다. 그렇다면 널을 허용하지 않도록 테이블 변경을 하고 PRIMARY KEY 제약을 추가하여야 한다. ALTER 구문을 이용하여 번호 열의 정의를 변경해보자.

```
-- NULL을 허용하지 않도록 번호 열을 변경
ALTER TABLE #사원
   ALTER COLUMN 사번 INT NOT NULL
```

다시 PRIMARY KEY 제약조건을 추가시켜보자.

```
-- PRIMARY KEY 제약조건 추가
ALTER TABLE #사원
   ADD CONSTRAINT pk사번 PRIMARY KEY(사번)
```

작업이 정상적으로 진행된다.

▣ 실습해보기

[SampleDB 데이터베이스]

10-1 다음과 같은 '의류상품' 테이블을 생성하자.

열이름 종류는 '코트', '점퍼', '자켓', '스커트', '셔츠' 만 입력되도록 제약을 부여하자.

의류상품 테이블

	상품코드	상품명	종류	색상	가격	입고일자
1	M1	롱코트	코트	블랙	150000	2019-01-10 00:00:00.000
2	M2	하프코트	코트	카멜	130000	2019-02-07 00:00:00.000
3	M3	짚업점퍼	점퍼	브라운	55000	2019-02-11 00:00:00.000
4	M4	후드점퍼	점퍼	카키	63000	2019-02-26 00:00:00.000
5	M5	가죽자켓	자켓	블랙	82000	2019-02-27 00:00:00.000
6	M6	주름스커트	스커트	흰색	65000	2019-03-11 00:00:00.000
7	M7	옥스포드셔츠	셔츠	흰색	15000	2019-03-22 00:00:00.000

의류상품테이블을 생성하자. 종류 열에는 '코트', '점퍼', '자켓', '스커트', '셔츠' 값만 입력되도록 CHECK 제약을 부여한다.

```
-- 의류상품 테이블 생성 (CHECK제약부여)
CREATE TABLE 의류상품
(상품코드 CHAR(3),
 상품명 CHAR(20),
 종류 CHAR(20) CHECK (종류 IN ('코트','점퍼','자켓','스커트','셔츠')),
 색상 CHAR(10),
 가격 INT,
 입고일자 DATETIME )
INSERT 의류상품 VALUES('M1','롱코트','코트','블랙',150000,'2019/01/10')
INSERT 의류상품 VALUES('M2','하프코트','코트','카멜',130000,'2019/02/7')
INSERT 의류상품 VALUES('M3','짚업점퍼','점퍼','브라운',55000,'2019/02/11')
INSERT 의류상품 VALUES('M4','후드점퍼','점퍼','카키',63000,'2019/02/26')
INSERT 의류상품 VALUES('M5','가죽자켓','자켓','블랙',82000,'2019/02/27')
INSERT 의류상품 VALUES('M6','주름스커트','스커트','흰색',65000,'2019/03/11')
INSERT 의류상품 VALUES('M7','옥스포드셔츠','셔츠','흰색',15000,'2019/03/22')
```

10-2 앞서 생성한 '의류상품'테이블의 상품코드를 PRIMARY KEY로 설정하시오.
PRIMARY KEY 설정에 앞서 선행작업이 필요하면 필요한 SQL문까지 수행하도록 하시오.

앞서 '의류상품'테이블을 생성할 때 상품코드의 데이터형식은 CHAR(3)으로 하면서 널허용으로 되어있다. PRIMARY KEY는 널이 허용되면 안되기 때문에 PRIMARY KEY 설정에 앞서 '상품코드' 열에 대해 널을 허용하지 않도록 열의 형식을 변경 해야 한다.

```
ALTER TABLE 의류상품
   ALTER COLUMN 상품코드 CHAR(3) NOT NULL
GO
ALTER TABLE 의류상품
   ADD CONSTRAINT pk_상품코드 PRIMARY KEY(상품코드)
```

10-3 테이블 '주문'을 생성하고 데이터를 입력하자. 이때, 상품코드는 앞서 생성된 '의류상품'테이블의 상품코드를 참조하도록 설정하되 의류상품테이블의 상품코드가 수정되거나 삭제되면 '주문'테이블의 상품코드도 반영되도록 해보자.

열이름	데이터형식	제약	설명
주문코드	INT IDENTITY	PRIMARY KEY	
아이디	CHAR(10)		
상품코드	CHAR(3)	외래키	의류상품테이블의 상품코드 참조
수량	INT		

```
-- 주문 테이블 생성
CREATE TABLE 주문
( 주문코드 INT IDENTITY PRIMARY KEY,
아이디 CHAR(10),
상품코드 CHAR(3) FOREIGN KEY REFERENCES 의류상품(상품코드)
           ON UPDATE CASCADE ON DELETE CASCADE ,
수량 INT )
-- 주문 테이블에 데이터 입력
INSERT 주문 VALUES('fly56','m2',1)
INSERT 주문 VALUES('jung_min','m3',3)
INSERT 주문 VALUES('soo123','m1',1)
INSERT 주문 VALUES('beauty7','m7',1)
INSERT 주문 VALUES('king33','m1',5)
INSERT 주문 VALUES('bear77','m4',4)
INSERT 주문 VALUES('a1004','m3',1)
-- 주문 테이블 조회
SELECT * FROM 주문
```

실행결과

	주문코드	아이디	상품코드	수량
1	1	fly56	m2	1
2	2	jung_min	m3	3
3	3	soo123	m1	1
4	4	beauty7	m7	1
5	5	king33	m1	5
6	6	bear77	m4	4
7	7	a1004	m3	1

> **10-4** '의류상품'테이블의 상품코드 'M1'을 'M0'로 수정해보자. 이때, 주문테이블의 상품코드 'M1'도 'M0'로 수정되는 것을 확인해보자.

의류상품테이블의 상품코드가 변경되면 주문테이블의 상품코드도 변경되는지 확인해보기 위해 다음 UPDATE구문을 실행해보자.

```
-- 의류상품테이블의 상품코드를 변경
UPDATE 의류상품 SET 상품코드 = 'M0' WHERE 상품코드 = 'M1'
-- 의류상품테이블과 주문테이블을 조회
SELECT * FROM 의류상품
SELECT * FROM 주문
```

[실행결과]

	상품코드	상품명	종류	색상	가격	입고일자
1	M0	롱코트	코트	블랙	150000	2019-01-10 00:00:00.000
2	M2	하프코트	코트	카멜	130000	2019-02-07 00:00:00.000
3	M3	집업점퍼	점퍼	브라운	55000	2019-02-11 00:00:00.000
4	M4	후드점퍼	점퍼	카키	63000	2019-02-26 00:00:00.000
5	M5	가죽자켓	자켓	블랙	82000	2019-02-27 00:00:00.000
6	M6	주름스커트	스커트	흰색	65000	2019-03-11 00:00:00.000
7	M7	옥스포드셔츠	셔츠	흰색	15000	2019-03-22 00:00:00.000

	주문코드	아이디	상품코드	수량
1	1	fly56	m2	1
2	2	jung_min	m3	3
3	3	soo123	M0	1
4	4	beauty7	m7	1
5	5	king33	M0	5
6	6	bear77	m4	4
7	7	a1004	m3	1

의류상품테이블과 주문테이블을 살펴보면 상품코드가 'M1'에서 모두 'M0'로 바뀐 것을 알 수 있다.

> **10-5** '의류상품'테이블의 상품코드 'M7'을 삭제 해보자.

의류상품'테이블의 상품코드 'M7'을 삭제하면 ON DELETE CASCADE 옵션에 따라 주문 테이블의 상품코드 레코드도 삭제되어야 한다.

```
DELETE FROM 의류상품 WHERE 상품코드 = 'M7'
-- M7 자료 삭제후 주문테이블과 의류상품테이블 조회
SELECT * FROM 주문
SELECT * FROM 의류상품
```

실행결과

	상품코드	상품명	종류	색상	가격	입고일자
1	M1	롱코트	코트	블랙	150000	2019-01-10 00:00:00.000
2	M2	하프코트	코트	카멜	130000	2019-02-07 00:00:00.000
3	M3	집업점퍼	점퍼	브라운	55000	2019-02-11 00:00:00.000
4	M4	후드점퍼	점퍼	카키	63000	2019-02-26 00:00:00.000
5	M5	가죽자켓	자켓	블랙	82000	2019-02-27 00:00:00.000
6	M6	주름스커트	스커트	흰색	65000	2019-03-11 00:00:00.000

	주문코드	아이디	상품코드	수량
1	1	fly56	m2	1
2	2	jung_min	m3	3
3	3	soo123	M1	1
4	5	king33	M1	5
5	6	bear77	m4	4
6	7	a1004	m3	1

의류상품테이블의 상품코드 'M7'을 삭제한 후 주문테이블의 'M7' 관련 주문 레코드도 삭제된 것을 알 수 있다. ON DELETE CASCADE가 반영된 것을 알 수 있다.

10장 연습문제

[SampleDB 데이터베이스]

【10-1】 다음 무결성 제약과 설명이 맞는 것을 연결하시오.

속성이 정의되어 있는 영역을
벗어나지 않도록 규정하는 것   •   • 개체 무결성

하나의 테이블에 중복된 레코드가
존재하지 않도록 규정하는 것   •   • 도메인 무결성

행을 입력, 수정, 삭제할 때 연관된
다른 테이블과의 데이터가   •   • 참조 무결성
정확하게 유지되도록 규정하는 것

【10-2】 다음을 참고하여 업체 테이블을 생성하고 레코드를 입력하시오.

무결성 종류	자료형	제약조건
업체코드	CHAR(4)	PRIMARY KEY
업체명	VARCHAR(30)	NOT NULL
연락처	CHAR(13)	NOT NULL

업체코드	업체명	연락처
111	A완구	02-78-1234
222	B완구	02-32-5678
333	C완구	031-11-9875

【10-3】 다음을 참고하여 장난감 테이블을 생성하고 레코드를 입력하시오. 업체코드는 업체테이블의 업체코드를 참조하도록 하시오.

열 이름	자료형	제약조건
코드	CHAR(4)	NOT NULL
장난감명	VARCHAR(30)	NOT NULL
가격	CHAR(13)	NOT NULL
업체코드	CHAR(4)	FOREIGN KEY
창고위치	CHAR(2)	NOT NULL

코드	장난감명	가격	업체코드	창고위치
T001	소꿉놀이	25000	111	B1
T002	변신로봇	30000	222	B1
T003	장난감트럭	18000	333	B2

【10-4】 상품테이블의 열 '코드'에 PRIMARY KEY제약을 추가하시오.

【10-5】 상품테이블의 열 '창고위치'는 'B1', 'B2', 'B3' 만 입력되도록 CHECK 제약을 추가하시오.

【10-6】 업체 테이블의 업체코드가 수정되면 상품 테이블의 업체코드가 연관되어 수정되도록 하고 업체 테이블의 레코드가 삭제되면 연관된 상품 테이블의 레코드가 삭제되도록 하는 옵션은 (   ) 이다.

【10-7】 상업체 테이블과 상품테이블을 삭제할 때 테이블의 삭제 순서는?
(   ) 테이블을 삭제 후 (   ) 테이블을 삭제한다.

【10-8】 제약 조건 정보를 확인하는 명령어는? (   )

CHAPTER 11

계층(Hierarchy) 데이터 생성하기

11-1. HIERARCHYID 데이터 형식
11-2. 계층 데이터 생성하기

계층(Hierarchy) 데이터 생성하기

계층 데이터란 트리와 같이 부모 노드와 자식 노드의 구조를 갖는 데이터를 말한다. SQL 2008에서 새롭게 등장한 개념이다. 계층 데이터를 표현 할 수 있게 됨으로써 사원테이블에서 직장상사와의 관계, 부품 조립단계의 상하 관계 등 다양한 활용이 가능하게 되었다. 계층 데이터를 표현하기 위해서는 HIERARCHYID 데이터 형식을 사용해야 한다. 자동으로 트리 데이터를 나타내는 것이 아니고 HIERARCHYID로 표현된 데이터와 메소드를 사용하여 계층 데이터를 표현해야 한다.

11.1 HIERARCHYID 데이터 형식

HIERARCHYID 는 계층구조를 표현하기 위한 데이터 형식이다. 가변 길이의 시스템 데이터 형식으로 계층에서의 위치를 나타낸다. HIERARCHYID 데이터 형식을 사용하여 계층 데이터를 포함하는 테이블을 만들거나 다른 위치에 있는 데이터의 계층 구조를 참조할 수 있다.

HIERARCHYID 데이터 형식의 메소드는 다음과 같다.

❶ GetRoot ( )

계층 트리의 루트를 반환한다.

❷ GetAncestor(n)

현재 항목의 n번째 상위 항목을 나타내는 HIERARCHYID를 반환한다.

❸ GetDescendant(child1, child2)

GetDescendant는 두 개의 인수를 사용한다. 부모의 자식 노드를 반환한다.

다음은 GetDescendant메소드의 각 인수값에 대한 반환 결과이다.

부모노드	자식1	자식2	반환결과
NULL			무조건 NULL반환
NOT NULL	NULL	NULL	부모의 첫 번째 자식반환
NOT NULL	NOT NULL	NULL	자식1다음 자식을 반환
NOT NULL	NULLs	NOT NULL	자식2 앞의 자식을 반환
NOT NULL	NOT NULL	NOT NULL	자식1과 자식2사이의 자식 반환
	NOT NULL & 부모자식아님		예외발생
		NOT NULL & 부모자식아님	예외발생
	자식2보다 크거나 같음		예외발생

❹ GetLevel ( )

현재 노드의 레벨을 정수값으로 반환한다.

❺ IsDescendantOf (p)

현재 노드가 p의 하위 항목인 경우 true를 반환한다.

❻ ToString()

노드의 계층 구조를 문자열로 반환한다

❼ Parse()

ToString()의 반대로 문자열을 HIERARCHYID 데이터 형식으로 반환한다.

❽ GetReparentedValue (old, new)

루트가 new인 트리에서 현재 항목부터 old 노드까지의 경로를 반환한다. 노드를 old에서 new로 이동하도록 트리를 수정하는 데 사용할 수 있다

▽ **알아보기**

> ▶ HIERARCHYID 메소드 대소문자 주의
> HIERARCHYID 메소드를 사용할 때 대소문자를 구분하므로 주의해서 사용해야 한다.

11.2 계층 데이터 생성하기

예제를 통해 계층 데이터를 학습해보자. 다음은 계층구조를 갖는 예제 그림이다. 회사 직원들의 직급에 따른 계층구조를 표현하고 있다.

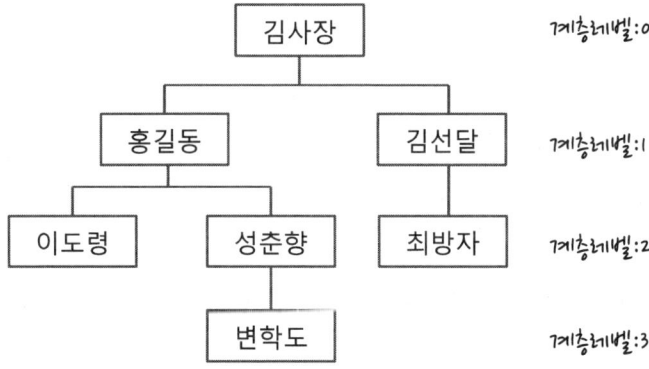

그림의 계층 구조를 반영하는 직원 테이블의 구조는 다음과 같다. 계층관계 열은 계층구조를 표현하기 위해 HIERARCHYID 데이터 형식으로 표현한다.

직원 테이블 구조

열이름	계층관계	계층레벨	사번	이름	직책
타입	HIERARCHYID	계층관계.GetLevel()	INT	VARCHAR(20)	VARCHAR(20)

직원 테이블을 생성해보자.

```
-- 계층구조가 있는 직원 테이블 생성
CREATE TABLE 직원
( 계층관계 HIERARCHYID PRIMARY KEY,
  계층레벨 AS 계층관계.GetLevel( ),
  사번 INT UNIQUE NOT NULL,
  이름 VARCHAR(20) NOT NULL,
  직책 VARCHAR(20) NULL ) ;
```

직원 테이블에 직원 데이터를 입력해보자. 편의상 데이터는 [김사장]→[홍길동]→[김선달]→[이도령]→[성춘향]→[최방자]→[변학도] 순으로 입력한다.

❶ 루트 삽입

가장 상위 루트노드의 계층값을 입력하는 구문은 다음과 같다.

```
HIERARCHYID::GetRoot( )
```

먼저, 첫 번째 레코드 '김사장'을 입력해보자. 김사장이 가장 상위 루트노드이므로 열 이름 '계층관계' 값은 메서드 HIERARCHYID::GetRoot() 를 통해 계층의 루트로 입력한다. '계층레벨' 열은 GerLevel 메서드를 사용하여 계층의 수준을 포함하는 계산 열을 만드는 열로 INSERT 문으로 입력할 열에서 제외된다.

김사장 ←── HIERARCHYID::GetRoot()

```
--계층 테이블 채우기(사장)
INSERT 직원(계층관계, 사번, 이름, 직책)
VALUES (HIERARCHYID::GetRoot( ), 1, '김사장', 'CEO') ;
```

다음 SQL문을 실행하여 테이블의 초기 루트값을 확인하자.

```
-- 사장데이터 확인
SELECT 계층관계, 계층레벨, 사번, 이름, 직책
FROM 직원 ;
```

[실행결과]

	계층관계	계층레벨	사번	이름	직책
1	0x	0	1	김사장	CEO

계층관계는 HIERARCHYID 데이터형식으로 그대로 조회해보면 16진수 형식으로 나타나는 것을 알 수 있다. 계층 값을 이해하기가 쉽지 않으므로 ToString()함수를 사용하여 문자형으로 나타내보자.

```
-- 사장데이터 확인
SELECT 계층관계.ToString( ) AS 계층관계, 계층레벨, 사번, 이름, 직책
FROM 직원 ;
```

[실행결과]

	계층관계	계층레벨	사번	이름	직책
1	/	0	1	김사장	CEO

실행결과를 보면 "김사장"의 계층관계값이 슬래시(/)로 표현되었다. 슬래시 (/) 는 단계를 의미한다. 가장 상위 계층이 "/" 로 표시되고 한 단계씩 내려갈 때마다 "/"가 추가되어 보인다.

❷ 부하직원 삽입

두 번째 레코드인 "홍길동"을 "김사장" 하위 레벨로 입력하는 과정을 살펴보자. '김사장' 의 하위레벨로 입력하기 위해 '김사장'의 계층 값을 먼저 찾고 계층 값의 자식으로 입력한다.

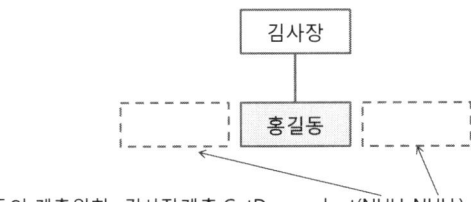

홍길동의 계층위치: 김사장계층.GetDescendant(NULL,NULL)

테이블에 루트를 제외한 어떠한 노드도 없기 때문에 '홍길동'이 '김사장'의 첫 번째 자식노드로 입력되는데 '김사장'의 자식노드로 연결하기 위한 메소드 GetDescendant의 인수는 '김사장'의 좌,우 값이 모두 없어서 (NULL,NULL)로 입력된다.

```
-- 김사장의 계층값 구하기(루트노드)
DECLARE @Manager HIERARCHYID
SELECT @Manager=HIERARCHYID::GetRoot()
FROM 직원
-- 홍길동의 계층 위치 정하기
-- 루트만 존재하므로 루트부모의 GetDescendant는 (NULL, NULL)
INSERT 직원(계층관계, 사번, 이름, 직책)
VALUES (@Manager.GetDescendant(NULL,NULL), 2, '홍길동', '기획실장');
```

현재까지의 레코드를 확인하자.

```
-- 계층 데이터 확인
SELECT 계층관계.ToString() AS 계층관계, 계층레벨, 사번, 이름, 직책
FROM 직원;
```

실행결과

계층관계	계층레벨	사번	이름	직책
1	/	0	1	김사장	CEO
2	/1/	1	2	홍길동	기획실장

다음 데이터는 '김선달'로 '김사장'의 자식노드이면서 '홍길동' 다음 노드로 순서가 정해져야 한다. 자식노드로 연결하기 위한 메소드 GetDescendant의 인수는 왼쪽 값이 홍길동의 계층값이고 오른쪽은 NULL 이 된다.

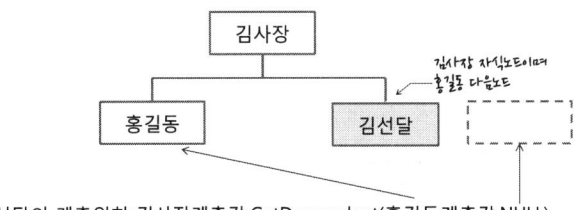

김선달의 계층위치: 김사장계층값.GetDescendant(홍길동계층값,NULL)

```
-- 김선달을 입력하기 위해 김사장, 홍길동의 계층값 구하기
DECLARE @Manager HIERARCHYID, @EMP HIERARCHYID
SELECT @Manager=HIERARCHYID::GetRoot( ) FROM 직원
SELECT @EMP=(SELECT 계층관계 FROM 직원 WHERE 사번 = 2)
-- 김선달 입력 : GetDescendant는 (홍길동계층, NULL)
INSERT 직원(계층관계, 사번, 이름, 직책)
VALUES (@Manager.GetDescendant(@EMP,NULL), 3, '김선달', '영업실장') ;
```

다시 한 번 현재까지의 레코드를 확인하자.

```
-- 계층 데이터 확인
SELECT 계층관계.ToString( ) AS 계층관계, 계층레벨, 사번, 이름, 직책
FROM 직원 ;
```

[실행결과]

	계층관계	계층레벨	사번	이름	직책
1	/	0	1	김사장	CEO
2	/1/	1	2	홍길동	기획실장
3	/2/	1	3	김선달	영업실장

남아있는 직원 데이터를 차례로 입력해보자. '홍길동'의 부하직원으로 좌우에 '이도령'과 '성춘향'을 입력해보자.

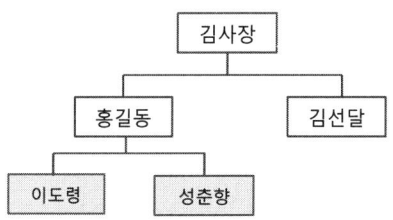

DECLARE 문은 일괄 처리문이기 때문에 앞서 실행했던 선언문이 뒤에서 반영되지 않는다. 따라서, @Manager와 @EMP을 다시 선언하여 사용한다. @Manager는 부모노드의 계층 변수이고 @EMP는 현재 자식노드로 입력할 계층값을 저장하기 위해 사용되는 변수이다.

```
DECLARE @Manager HIERARCHYID, @EMP HIERARCHYID
-- 홍길동 부하직원 입력을 위해 홍길동 계층값 구하기
SELECT @Manager = (SELECT 계층관계 FROM 직원 WHERE 사번 = 2)
-- 홍길동 부하 직원 입력(이도령)
INSERT 직원(계층관계, 사번, 이름, 직책)
VALUES (@Manager.GetDescendant(NULL,NULL), 4, '이도령', '대리') ;
--이도령의 계층값을 저장
SELECT @EMP=@Manager.GetDescendant(NULL, NULL)
--성춘향 데이터 저장 : 홍길동 부하직원이며 이도령의 오른쪽 위치
INSERT 직원(계층관계, 사번, 이름, 직책)
VALUES (@Manager.GetDescendant(@EMP,NULL), 5, '성춘향', '대리') ;
```

다음으로 '김선달'의 부하직원으로 '최방자'를 입력해보자.

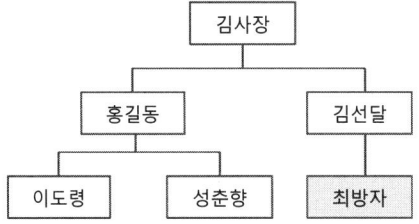

김선달'의 계층 위치를 알아내어 자식노드로 부하직원으로 '최방자'를 입력해보자. '김선달'의 자식노드로 연결하기 위한 메소드 GetDescendant의 인수는 '김선달' 자식노드의 좌,우 값이 모두 없어서 (NULL,NULL)로 입력된다.

```
DECLARE @Manager HIERARCHYID, @EMP HIERARCHYID
-- 김선달 부하직원 입력을 위해 김선달 계층값 구하기
SELECT @Manager = (SELECT 계층관계 FROM 직원 WHERE 사번 = 3)
-- 김선달 부하 직원 입력(최방자)
-- 김선달 자식노드가 없으므로 김선달의 GetDescendant는 (NULL, NULL)
INSERT 직원(계층관계, 사번, 이름, 직책)
VALUES (@Manager.GetDescendant(NULL, NULL), 6, '최방자', '대리') ;
```

현재까지의 레코드를 확인하자.

```
-- 계층 데이터 확인
SELECT 계층관계.ToString( ) AS 계층관계, 계층레벨, 사번, 이름, 직책
FROM 직원 ;
```

(실행결과)

	계층관계	계층레벨	사번	이름	직책
1	/	0	1	김사장	CEO
2	/1/	1	2	홍길동	기획실장
3	/1/1/	2	4	이도령	대리
4	/1/2/	2	5	성춘향	대리
5	/2/	1	3	김선달	영업실장
6	/2/1/	2	6	최방자	대리

다음으로 '변학도' 사원을 '성춘향' 부하직원으로 입력하자.

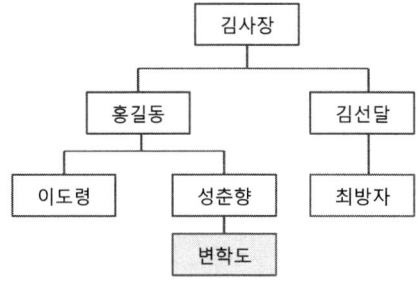

```
-DECLARE @Manager HIERARCHYID, @EMP HIERARCHYID
-- 성춘향 부하 직원 입력을 위해 성춘향 계층값 구하기
SELECT @Manager = (SELECT 계층관계 FROM 직원 WHERE 사번 = 5)
-- 성춘향 부하직원으로 입력(변학도)
INSERT 직원(계층관계, 사번, 이름, 직책)
VALUES (@Manager.GetDescendant(NULL,NULL), 7, '변학도', '사원') ;
-- 전체직원 조회
SELECT 계층관계.ToString( ) AS 계층관계, 계층레벨, 사번, 이름, 직책
FROM 직원 ; ;
```

실행결과

	계층관계	계층레벨	사번	이름	직책
1	/	0	1	김사장	CEO
2	/1/	1	2	홍길동	기획실장
3	/1/1/	2	4	이도령	대리
4	/1/2/	2	5	성춘향	대리
5	/1/2/1/	3	7	변학도	사원
6	/2/	1	3	김선달	영업실장
7	/2/1/	2	6	최방자	대리

'김사장'의 계층관계는 '/'로 상위 루트임을 앞서 설명하였다. '홍길동'과 '김선달'의 계층관계를 보면 각각 '/1/'와 '/2/'이다. '/'가 2개 있어서 가장 상위에서 한 단계 아래 계층임을 알 수 있다. 그리고 계층순서는 '/1/'인 '홍길동' 다음으로 '/2/'의 값을 갖는 '김선달' 순이다. 계층 레벨을 보면 '김사장'은 0 레벨이고 '홍길동'과 '김선달'은 1 레벨이다. 루트가 0레벨이고 아래 레벨로 내려갈수록 숫자가 하나씩 증가한다. 다음으로 '이도령'과 '성춘향'의 계층 데이터를 보면 각각 '/1/1/' 와 '/1/2/' 이다. '홍길동'과 '김선달' 하위 단계이면서 같은 레벨에서 순서는 '이도령'이 먼저오고 '성춘향'이 그 다음임을 알 수 있다.

이번에는 메소드 GetAncestor(n)을 사용하여 새로운 직원을 추가해보자. GetAncestor(n)는 현재 항목의 n번째 상위 항목을 나타내는 계층값을 반환한다. '박향단'을 '김선달' 부하직원으로 추가해보자.

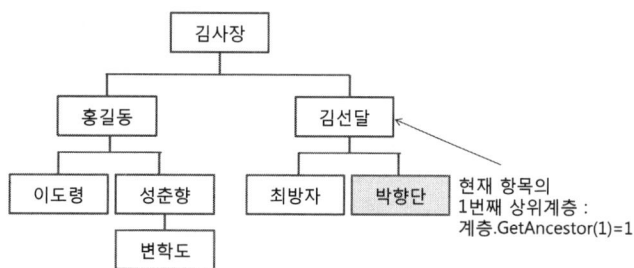

작업 순서는 '김선달'의 계층 값을 구하고 '김선달'의 현재 자식노드값 중 가장 큰 값을 갖는 계층값(최방자) 다음으로 추가한다. 따라서 '박향단'을 추가할 계층위치는 '계층관계.GetAncestor(1)'의 값으로 '김선달'을 찾고 '김선달'을 상관으로 하는 부하 직원 중 가장 나중에 입력한 노드 다음 위치에 추가하면 된다.

```
DECLARE @Manager HIERARCHYID, @EMP HIERARCHYID
-- 김선달의 계층값 구하기
SET @Manager = (SELECT 계층관계 FROM 직원 WHERE 사번=3)
-- 김선달이 상관인 부하 직원 중 가장 나중에 입력한 노드 구하기
SELECT @EMP=MAX(계층관계) FROM 직원
WHERE 계층관계.GetAncestor(1)=@Manager
-- 김선달 부하직원으로 입력(박향단)
INSERT 직원(계층관계, 사번, 이름, 식책)
VALUES (@Manager.GetDescendant(@EMP, NULL), 8, '박향단', '대리');
-- 전체직원 조회
SELECT 계층관계.ToString( ) AS 계층관계, 계층레벨, 사번, 이름, 직책
FROM 직원 ;
```

실행결과

	계층관계	계층레벨	사번	이름	직책
1	/	0	1	김사장	CEO
2	/1/	1	2	홍길동	기획실장
3	/1/1/	2	4	이도령	대리
4	/1/2/	2	5	성춘향	대리
5	/1/2/1/	3	7	변학도	사원
6	/2/	1	3	김선달	영업실장
7	/2/1/	2	6	최방자	대리
8	/2/2/	2	8	박향단	대리

지금까지 입력한 직원들을 계층 레벨별로 전체 데이터를 조회해보자. GetLevel() 메소드를 이용하여 레벨별로 정렬을 하였다.

```
SELECT 사번, 이름, 직책, 계층관계.ToString() AS 계층관계,
       계층관계.GetLevel() AS 레벨
FROM 직원
ORDER BY 계층관계.GetLevel()
```

실행결과

	사번	이름	직책	계층관계	레벨
1	1	김사장	CEO	/	0
2	2	홍길동	기획실장	/1/	1
3	3	김선달	영업실장	/2/	1
4	6	최방자	대리	/2/1/	2
5	8	박향단	대리	/2/2/	2
6	4	이도령	대리	/1/1/	2
7	5	성춘향	대리	/1/2/	2
8	7	변학도	사원	/1/2/1/	3

▽ **알아보기**

> ▶ **저장프로시저를 만들어 계층데이터 입력하기**
>
> 계층 데이터 입력을 간소화하기 위해 저장 프로시저를 만들어 사용하면 편리하다. 참고로 다음은 각 레벨별 사원의 레코드를 입력하기 위하여 프로시저를 정의한 내용이다. 프로시저를 작성하여 사용하면 편리하므로 15장의 저장프로시저를 학습하고 다시 한 번 확인해 보기 바란다. 프로시저는 추가하는 직원에 대한 입력으로 새 직원의 상관에게 지정된 상사사번, 입력할 직원의 사번 및 이름과 직책이 포함된다. 이 프로시저는 GetAncestor() 및 GetDescendant()메서드를 사용한다.
>
> ```
> CREATE PROC INSERT_사원
> (@상사사번 INT, @사번 INT, @이름 VARCHAR(20), @직책 VARCHAR20))
> AS
> BEGIN
>   DECLARE @Manager HIERARCHYID, @EMP HIERARCHYID
>   -- 직속상사의 계층위치 찾기
>   SET @Manager = (SELECT 계층관계 FROM 사원 WHERE 사번=@상사사번)
>   -- 직속상사의 자식노드로 있는 사원 중 가장 마지막 사원 찾기
>   SELECT @EMP=MAX(계층관계)
>   FROM 사원
>   WHERE 계층관계.GetAncestor(1)=@Manager
>   INSERT 직원(계층관계, 사번, 이름, 직책)
>   VALUES(@Manager.GetDescendant(@EMP, NULL), @사번, @이름, @직책)
> END
> ```
>
> 프로시저 'INSERT_사원'을 사용하여 직원 데이터를 입력하는 예제는 다음과 같다.
>
> EXEC INSERT_사원 1, 2, '홍길동', '기획실장' -- 상사사번, 직원사번, 이름, 직책
> EXEC INSERT_사원 1, 3, '김선달', '영업실장'

■ **실습해보기**

11-1 다음의 계층 데이터를 테이블로 만들고 데이터를 저장해보자.

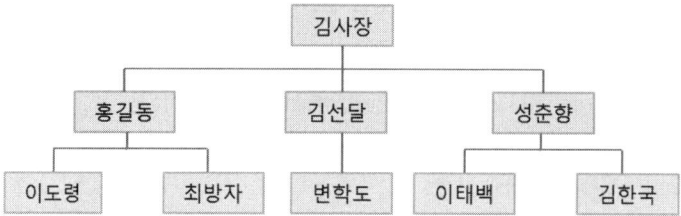

```
USE tempdb
-- 계층구조가 있는 사원 테이블 생성
CREATE TABLE 사원
( 계층관계 HIERARCHYID PRIMARY KEY,
  계층레벨 AS 계층관계.GetLevel( ),
  사번 INT UNIQUE NOT NULL,
  이름 VARCHAR(20) NOT NULL ) ;
```

직원 테이블에 첫 번째 레코드 "김사장"을 입력해보자. 김사장이 가장 상위 루트노드이므로 계층관계 값은 HIERARCHYID::GetRoot() 로 입력한다. 다음 코드는 전체 사원을 입력하는 모든 SQL문를 한 번에 실행하여 결과를 얻도록 하자. 나누어 실행하면 오류가 발생할 수 있다.

```
--계층 테이블 채우기(사장)
INSERT 사원(계층관계, 사번, 이름)
VALUES (HIERARCHYID::GetRoot( ), 1, '김사장') ;
DECLARE @Manage r HIERARCHYID, @EMP HIERARCHYID
-- 김사장의 계층값 구하기
SELECT @Manager = HIERARCHYID::GetRoot()
FROM 사원
```

```
-- 홍길동의 계층값 위치 정하고 입력
SELECT @EMP = @Manager.GetDescendant(NULL, NULL)
INSERT 사원(계층관계, 사번, 이름) VALUES (@EMP, 2, '홍길동');
-- 김선달의 계층값 위치 정하고 입력
  SELECT @EMP = @Manager.GetDescendant(@EMP, NULL)
INSERT 사원(계층관계, 사번, 이름) VALUES (@EMP, 3, '김선달');
-- 성춘향의 계층값 위치 정하고 입력
  SELECT @EMP = @Manager.GetDescendant(@EMP, NULL)
INSERT 사원(계층관계, 사번, 이름) VALUES (@EMP, 4, '성춘향');
-- 홍길동의 계층 구하기
SELECT @Manager = (SELECT 계층관계 FROM 사원 WHERE 이름='홍길동')
-- 홍길동의 부하직원 입력(이도령, 최방자)
SELECT @EMP = @Manager.GetDescendant(NULL, NULL)
INSERT 사원(계층관계, 사번, 이름) VALUES (@EMP, 5, '이도령');
SELECT @EMP = @Manager.GetDescendant(@EMP, NULL)
INSERT 사원(계층관계, 사번, 이름) VALUES (@EMP, 6, '최방자');
-- 김선달의 계층 구하기
SELECT @Manager = (SELECT 계층관계 FROM 사원 WHERE 이름='김선달')
 -- 김선달의 부하직원 입력(변학도)
SELECT @EMP = @Manager.GetDescendant(NULL, NULL)
INSERT 사원(계층관계, 사번, 이름) VALUES (@EMP, 7, '변학도');
-- 성춘향의 계층 구하기
SELECT @Manager = (SELECT 계층관계 FROM 사원 WHERE 이름='성춘향')
-- 성춘향의 부하직원 입력(이태백, 김한국)
  SELECT @EMP = @Manager.GetDescendant(NULL, NULL)
INSERT 사원(계층관계, 사번, 이름) VALUES (@EMP, 8, '이태백');
SELECT @EMP = @Manager.GetDescendant(@EMP, NULL)
INSERT 사원(계층관계, 사번, 이름) VALUES (@EMP, 9, '김한국');
-- 전체 데이터 조회
SELECT 계층관계.ToString() AS 계층관계, 계층레벨, 사번, 이름
FROM 사원;
```

실행결과

	계층관계	계층레벨	사번	이름
1	/	0	1	김사장
2	/1/	1	2	홍길동
3	/1/1/	2	5	이도령
4	/1/2/	2	6	최방자
5	/2/	1	3	김선달
6	/2/1/	2	7	변학도
7	/3/	1	4	성춘향
8	/3/1/	2	8	이태백
9	/3/2/	2	9	김한국

11-2 각 계층 데이터를 레벨별로 조회해보자.

계층 레벨별로 전체 사원을 조회하기 위하여 GetLevel() 메소드를 사용하였다.

```
SELECT 사번, 이름, 계층관계.ToString( ) AS 계층관계, 계층레벨
FROM 사원
ORDER BY 계층레벨
```

실행결과

	사번	이름	계층관계	계층레벨
1	1	김사장	/	0
2	2	홍길동	/1/	1
3	3	김선달	/2/	1
4	4	성춘향	/3/	1
5	8	이태백	/3/1/	2
6	9	김한국	/3/2/	2
7	7	변학도	/2/1/	2
8	5	이도령	/1/1/	2
9	6	최방자	/1/2/	2

11장 연습문제

[SampleDB 데이터베이스]

【11-1】 계층구조를 표현하기 위한 데이터 형식은 (   )이다.

【11-2】 계층구조에서 왼쪽 또는 오른쪽의 자식 노드로 삽입하는 메소드는?(   )

    (1) GetRoot()　　　　　　　　　　(2) GetAncestor(n)
    (3) GetDescendant(child1,child2)　(4) GetLevel( )

【11-3】 계층구조를 갖는 부서 테이블을 조회하는 다음 SQL구문에서 HIERARCHYID 데이터형식을 갖는 열 '계층' 의 조회결과는 16진수 형이다. 계층을 이해하기 쉽게 문자열로 변환하여 출력하도록 다음 SQL문을 수정하시오.

```
SELECT 계층, 계층레벨, 부서명, 위치
FROM  부서
```

【11-4】 다음 그림과 같이 계층 데이터를 '부서' 테이블에 저장하시오.

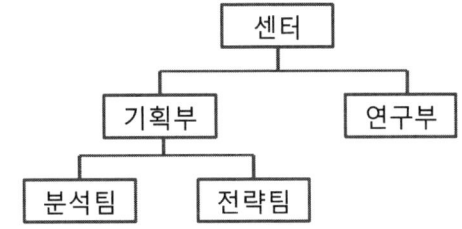

부서 테이블

열이름	계층관계	계층레벨	부서명	위치
타입	HIERARCHYID	계층관계.GetLevel()	VARCHAR(20)	VARCHAR(20)

CHAPTER 12

피벗(PIVOT)과 순위함수

12-1. PIVOT을 이용한 테이블 변환
12-2. UNPIVOT을 이용한 테이블 변환
12-3. 순위 함수 사용하기
12-4. PARTITION BY 사용하기

CHAPTER 12
피벗(PIVOT)과 순위함수

PIVOT은 행단위의 결과 집합을 열 단위로 또는 열 단위의 결과 집합을 행단위로 변환하는 작업이다. 다른 말로 크로스 탭(CrossTab)이라고도 한다. 엑셀에서 PIVOT은 행과 열이 회전하지만 SQL에서 PIVOT은 행의 데이터 값을 열에서 집계 값으로 나타낸다. PIVOT은 한 열에 포함된 값들을 열의 이름으로 변환하고 집계를 수행한다. UNPIVOT은 테이블에서 열의 이름을 값으로 회전하여 PIVOT과 반대되는 연산을 수행한다.

12.1 PIVOT을 이용한 테이블 변환

행과 열의 변환이라고 설명하는 PIVOT을 이해하기 위하여 다음 그림을 예로 살펴보자.

모의고사 테이블

이름	과목	점수
홍길동	국어	80
홍길동	영어	90
홍길동	수학	85
김선달	국어	100
김선달	영어	95
김선달	수학	80
홍길동	국어	80
홍길동	영어	100
김선달	국어	97
김선달	영어	90
김선달	수학	85

PIVOT →

피벗결과

이름	국어	영어	수학
김선달	100	92	82
홍길동	80	95	91

모의고사 테이블은 한 사람 당 세 과목 성적을 입력한 테이블이다. 한 행은 한 과목의 데이터이다. 피벗 결과는 이름별로 각 과목 점수의 평균을 구한 결과를 가로 열로 표시한 것이다. PIVOT을 만드는 구문은 다음과 같다.

```
PIVOT ((집계함수(집계될 열)
        FOR PIVOT할 열 IN ( PIVOT열값,...))
        AS PIVOT테이블 별칭
```

모의고사 테이블을 사용하여 PIVOT 결과 값을 만들기 위한 구문은 다음과 같다.

```
SELECT 이름, 국어, 영어, 수학 FROM 모의고사
PIVOT (AVG(점수) FOR 과목 IN (국어, 영어, 수학)) AS PV_TBL
```

실행결과

	이름	국어	영어	수학
1	김선달	100	92	82
2	홍길동	80	95	91

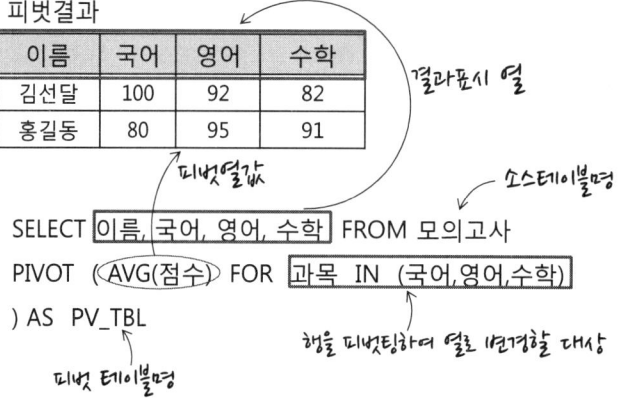

피벗 구문의 첫 번째 SELECT문은 피벗 결과의 열을 나타내고 FROM 다음의 테이블은 피벗할 테이블이다.

```
SELECT 이름, 국어, 영어, 수학 FROM 모의고사
```

이후 표현되는 PIVOT 구문은 우리가 원하는 PIVOT 데이터를 만드는 구문이다. FOR 다음에는 피벗팅 대상의 열이고 IN의 목록 값은 그 값들을 나타낸다. 즉, 피벗 결과의 열이 될 칼럼들이다. AVG(점수)는 피벗열의 값으로 채우게 된다.

```
PIVOT (AVG(점수) FOR 과목 IN (국어, 영어, 수학)) AS PV_TBL
```

12.2 UNPIVOT을 이용한 테이블 변환

이번에는 UNPIVOT을 통해 원래 테이블의 구조로 변환해 보자. 원래 테이블 구조로 변환한다는 의미가 PIVOT작업과 UNPIVOT 작업이 정반대라는 의미가 아니다. 테이블구조를 행과 열이 변환된 원래 테이블의 구조를 갖는다는 의미이다. 항상 원래 소스 테이블 결과로 변환되는 것이 아니다. UNPIVOT은 테이블의 열을 행의 값으로 회선하여 PIVOT과 반대되는 연산을 수행한다.

이름	국어	영어	수학
김선달	100	92	82
홍길동	80	95	91

UNPIVOT →

언피벗결과

이름	과목	점수
김선달	국어	100
김선달	영어	92
김선달	수학	82
홍길동	국어	80
홍길동	영어	95
홍길동	수학	91

PIVOT 결과에서 국어, 영어, 수학 등 열 이름이 UNPIVOT구조에서 과목열의 값들로 변환된다. 또한, PIVOT된 결과 집합의 점수 값들은 UNPIVOT된 구조에서 점수라는 열의 값들로 변환된다. UNPIVOT 구문은 다음과 같다.

```
UNPIVOT (값이 들어갈 열
    FOR PIVOT 열 IN ( PIVOT열값, …)
) AS UNPIVOT테이블 별칭
```

PIVOT결과를 사용하여 UNPIVOT 작업을 해보자. UNPIVOT 작업을 위해 SELECT ~ INTO 구문을 사용하여 PIVOT 결과를 테이블로 생성해 보자.

```
-- PIVOT 결과를 테이블로 생성
SELECT * INTO 모의고사_PIVOT FROM 모의고사
    PIVOT (AVG(점수) FOR 과목 IN (국어, 영어, 수학)) AS PV_TBL
```

테이블 '모의고사_PIVOT'을 사용하여 UNPIVOT을 해보자.

```
SELECT 이름, 과목, 점수 FROM 모의고사_PIVOT
UNPIVOT (점수 FOR 과목 IN (국어, 영어, 수학)) AS UNPV_TBL
```

실행결과

	이름	과목	점수
1	김선달	국어	100
2	김선달	영어	92
3	김선달	수학	82
4	홍길동	국어	80
5	홍길동	영어	95
6	홍길동	수학	91

이름	과목	점수	언피벗결과
김선달	국어	100	
김선달	영어	92	
김선달	수학	82	
홍길동	국어	80	
홍길동	영어	95	
홍길동	수학	91	

결과표시

SELECT 이름,과목,점수 FROM 성적_PIVOT
UNPIVOT (점수 FOR 과목 IN (국어,영어,수학)) AS UNPV_TBL

집계값들의 열이름

열을 언피벗팅하여 행으로 변경할 대상

테이블 '영업실적'은 1월부터 3월까지 제품 판매에 관한 영업 실적 데이터이다. 영업실적 데이터를 사용하여 PIVOT 작업을 해보자.

```
SELECT * FROM 영업실적
```

실행결과

	상품명	월	판매량
1	청바지	1	15
2	옥스포드셔츠	1	10
3	가죽자켓	1	6
4	청바지	2	22
5	후드점퍼	2	11
6	옥스포드셔츠	2	8
7	청바지	3	28
8	가죽자켓	3	7
9	옥스포드셔츠	3	17

```sql
SELECT 상품명, [1] AS [1월], [2] AS [2월], [3] AS [3월] FROM 영업실적
PIVOT(SUM(판매량) FOR 월 IN ([1], [2], [3])) AS PVT_TBL
```

실행결과

	상품명	1월	2월	3월
1	가죽자켓	6	NULL	7
2	옥스포드셔츠	10	8	17
3	청바지	15	22	28
4	후드점퍼	NULL	11	NULL

PIVOT 결과에서 SUM(판매량) 중 판매값이 없는 달은 NULL로 나타난다. ISNULL함수를 사용하여 NULL값을 0으로 대체해보자.

```sql
--영업실적을 피벗테이블로 변환(월별 판매량)
SELECT 상품명, ISNULL([1],0) AS [1월], ISNULL([2],0) AS [2월],
       ISNULL([3],0) AS [3월] FROM 영업실적
PIVOT(SUM(판매량) FOR 월 IN ([1], [2], [3])) AS PVT_TBL
```

실행결과

	상품명	1월	2월	3월
1	가죽자켓	6	0	7
2	옥스포드셔츠	10	8	17
3	청바지	15	22	28
4	후드점퍼	0	11	0

이번에는 UNPIVOT을 하기 위하여 PIVOT결과를 테이블로 생성하자.

```sql
--피벗테이블 생성하여 저장
SELECT 상품명, ISNULL([1],0) AS [1월], ISNULL([2],0) AS [2월],
       ISNULL([3],0) AS [3월] INTO 영업실적PVT FROM 영업실적
PIVOT(SUM(판매량) FOR 월 IN ([1], [2], [3])) AS PVT_TBL
```

저장한 PIVOT테이블 '영업실적PVT'를 사용하여 UNPIVOT을 해보자.

```
--언피벗
SELECT 상품명, 월, 판매량  FROM 영업실적PVT
UNPIVOT(판매량 FOR 월 IN ( [1월], [2월], [3월] )) AS UNPVT_TBL
```

실행결과

	상품명	월	판매량
1	가죽자켓	1월	6
2	가죽자켓	3월	7
3	옥스포드셔츠	1월	10
4	옥스포드셔츠	2월	8
5	옥스포드셔츠	3월	17
6	청바지	1월	15
7	청바지	2월	22
8	청바지	3월	28
9	후드점퍼	2월	11

▽ 알아보기

▶ 숫자 또는 특수문자로 시작하는 열이름

PIVOT 또는 UNPIVOT테이블로 변환할 때 숫자 또는 특수문자로 시작하는 열이름은 대괄호([ ]) 안에 작성하여야 한다.

예. PIVOT(SUM(판매량) FOR 월 IN ([1], [2], [3])) AS PVT_TBL

12.3 순위 함수 사용하기

결과 집합에 순위를 매겨야 하는 경우가 있다. ORDER BY절을 사용하여 순위를 매길 수는 있지만 결과 집합에 순위가 표시되지 않는다. 유용하게 사용할 수 있는 순위함수들을 살펴보자.

❶ RANK()

RANK() 는 데이터 값에 따라 순위가 정해지고 같은 순위를 갖는 데이터가 여러 개 있다면 그 순위의 데이터 수만큼 간격을 띄우고 다음 순위를 정하는 함수이다. RANK()를 사용하는 기본 구문은 다음과 같다.

```
RANK( ) OVER (ORDER BY 순위를 정할 열 [ASC|DESC])
```

성적 테이블을 이용하여 학생들의 점수 순으로 순번을 정해 보자.

```
SELECT 이름, 점수, RANK( ) OVER (ORDER BY 점수) AS RANK
FROM 성적
```

[실행결과]

	이름	점수	RANK
1	박민영	71	1
2	김유정	75	2
3	송혜교	75	2
4	손예진	77	4
5	이승기	78	5
6	김태희	78	5
7	박신혜	80	7
8	여진구	80	7
9	송중기	83	9
10	유승호	84	10
11	윤균상	85	11
12	정해인	87	12
13	김수현	88	13
14	강소라	90	14
15	박보검	90	14
16	한효주	90	14
17	서강준	94	17
18	한지민	94	17
19	박보영	95	19
20	이종석	95	19

결과를 보면 점수 순으로 순위가 정해졌다. ORDER BY 점수 구문 이후 추가 옵션(ASC 또는 DESC)을 생략하면 기본값은 오름차순인 ASC가 된다. 그런데 순위가 1, 2, 2, 4, 5, 5, ...순이다. 중간에 순위 3이 비어 있고 중복 순위가 있다. RANK 함수는 같은 순위를 가진 데이터가 있으면 그 숫자만큼 간격을 띄워 순위를 나타낸다. 순위 2가 두 개이므로 순위 3을 건너 띄고 다음 순위 4가 나타난다. 역시 같은 동순위인 5가 두 개이므로 순위 6을 건너 띄고 다음 순위인 7값을 보여주고 있다.

점수를 거꾸로 가장 높은 점수에서 낮은 점수로 순위를 매겨보자. RANK 구문에서 RANK 값이 적용되는 순서는 내림차순(DESC)으로 지정하였다.

```
SELECT 이름, 점수, RANK( ) OVER (ORDER BY 점수 DESC) AS RANK
FROM 성적
```

실행결과

	이름	점수	RANK
1	이종석	95	1
2	박보영	95	1
3	한지민	94	3
4	서강준	94	3
5	강소라	90	5
6	한효주	90	5
7	박보검	90	5
8	김수현	88	8
9	정해인	87	9
10	윤균상	85	10
11	유승호	84	11
12	송중기	83	12
13	여진구	80	13
14	박신혜	80	13
15	이승기	78	15
16	김태희	78	15
17	손예진	77	17
18	송혜교	75	18
19	김유정	75	18
20	박민영	71	20

예제의 RANK함수 결과를 보면 95점의 학생이 가장 높은 점수이며 동점자가 2명이 있기 때문에 1등부터 순위가 시작되고 동순위 1등 값이 두 번 나타나기 때문에 순위 2는 건너 띄고 3등이 나타난다. 역시 94, 90, 80, 78, 75점 역시 같은 순위의 데이터 수만큼 간격을 띄운 것을 알 수 있다.

❷ DENSE_RANK()

DENSE_RANK()는 RANK()함수와 마찬가지로 순위를 매기지만 차이점은 중간 순위를 건너 뛰지 않고 연속적인 순위를 정한다는 것이다. 다음 예제를 실행해보자.

```
SELECT 이름, 점수, DENSE_RANK() OVER (ORDER BY 점수) AS DENSE_RANK
FROM 성적
```

실행결과

	이름	점수	DENSE_RANK
1	박민영	71	1
2	김유정	75	2
3	송혜교	75	2
4	손예진	77	3
5	이승기	78	4
6	김태희	78	4
7	박신혜	80	5
8	여진구	80	5
9	송중기	83	6
10	유승호	84	7
11	윤균상	85	8
12	정해인	87	9
13	김수현	88	10
14	강소라	90	11
15	박보검	90	11
16	한효주	90	11
17	서강준	94	12
18	한지민	94	12
19	박보영	95	13
20	이종석	95	13

결과를 보면 순위 2등이 두 개 이지만 연속적으로 순위 3이 나타나기 때문에 RANK()와 달리 중간 순위를 건너 뛰지 않고 연속적으로 나타나는 것을 알 수 있다.

❸ ROW_NUMBER()

ROW_NUMBER() 는 데이터의 순위를 연속적으로 정해준다. 같은 값이 있더라도 순서적으로 순위를 부여한다. 앞서 실행했던 예제를 이번에는 ROW_NUMBER() 로 바꾸어 실행해보자.

```
SELECT 이름, 점수, ROW_NUMBER( ) OVER (ORDER BY 점수) AS ROW_NUM
FROM 성적
```

실행결과

	이름	점수	ROW_NUM
1	박민영	71	1
2	김유정	75	2
3	송혜교	75	3
4	손예진	77	4
5	이승기	78	5
6	김태희	78	6
7	박신혜	80	7
8	여진구	80	8
9	송중기	83	9
10	유승호	84	10
11	윤균상	85	11
12	정해인	87	12
13	김수현	88	13
14	김소라	90	14
15	박보검	90	15
16	한효주	90	16
17	서강준	94	17
18	한지민	94	18
19	박보영	95	19
20	이종석	95	20

❹ NTILE(n)

NTILE(n) 함수는 양의 정수 n의 값에 따라 그룹을 정하고 그룹별로 같은 순위를 부여하는 함수이다. 예를 들어 전체 데이터가 50개이고 NTILE 함수의 n =5 라면 그룹은 5개로 정해져서 각 그룹당 10개의 데이터가 나타나고 그룹당 같은 순위가 부여된다. 다음의 예제를 살펴보자.

```
SELECT 이름, 점수, NTILE(4) OVER (ORDER BY 점수) AS NTILE
FROM 성적
```

실행결과

	이름	점수	NTILE
1	박민영	71	1
2	김유정	75	1
3	송혜교	75	1
4	손예진	77	1
5	이승기	78	1
6	김태희	78	2
7	박신혜	80	2
8	여진구	80	2
9	송중기	83	2
10	유승호	84	2
11	윤균상	85	3
12	정해인	87	3
13	김수현	88	3
14	강소라	90	3
15	박보검	90	3
16	한효주	90	4
17	서강준	94	4
18	한지민	94	4
19	박보영	95	4
20	이종석	95	4

점수를 기준으로 전체 결과 집합의 개수가 20개이고 NTILE(4)으로 정했기 때문에 그룹을 4개로 정한다. 따라서, 한 그룹당 5개씩의 레코드가 그룹 순위로 부여되었다.

12.4 PARTITION BY 사용하기

PARTITION BY는 결과 집합의 구역을 나눌때 사용한다. 지금까지는 전체 결과 집합을 대상으로 순위를 정했는데 PARTITION BY 는 특정열 값이 중복되는 것끼리 구역으로 묶어 구역안에서 순위를 정하는 것이다. PARTITION BY는 순위 함수와 결합되어 사용되는 옵션이다. 앞서 공부했던 모든 순위 함수와 같이 사용할 수 있다. 다음은 PARTITION BY를 사용한 순위함수의 예제이다. PARTITION BY를 사용하는 위치는 순위 함수 이후 OVER 키워드 다음의 괄호 안에서 제일 먼저 기술한다.

```
SELECT 이름, 반, 점수, ROW_NUMBER( ) OVER
        (PARTITION BY 반 ORDER BY 점수) AS ROW_NUM
FROM 성적
```

실행결과

	이름	반	점수	ROW_NUM
1	송혜교	A	75	1
2	손예진	A	77	2
3	여진구	A	80	3
4	송중기	A	83	4
5	윤균상	A	85	5
6	김수현	A	88	6
7	박보검	A	90	7
8	한효주	A	90	8
9	박보영	A	95	9
10	이종석	A	95	10
11	박민영	B	71	1
12	김유정	B	75	2
13	이승기	B	78	3
14	김태희	B	78	4
15	박신혜	B	80	5
16	유승호	B	84	6
17	정해인	B	87	7
18	강소라	B	90	8
19	서강준	B	94	9
20	한지민	B	94	10

'PARTITION BY 반'으로 정의하였기 때문에 결과를 보면 A, B반으로 나뉘었고 각 반 안에서는 점수 순으로 오름차순 정렬된 것으로 알 수 있다.

▣ 실습해보기

[AdventureWorks2014 데이터베이스]

12-1 Purchasing.PurchaseOrderHeader 테이블을 기반으로 피벗을 만들기 위해 기반이 될 테이블을 생성하자. 공급업체 VendorID별 주문에 대한 4가지 유형의 상태를 총 집계하여 보여주는 피벗 테이블을 만들어보자.

VendorID	Status
1	3
1	3
1	4
1	1
2	1
2	3
2	2
...	...

Status 주문 상태
1: 보류
2: 승인
3: 거부
4: 완료

PIVOT 테이블

VendorID	1	2	3	4
1	1	0	2	1
2	1	1	1	0
3	...	...	...	...
...	...	...	...	...

각 Status값의 count수

❶ Purchasing.PurchaseOrderHeader 테이블에서 VendorID와 Status 열을 가져와 테이블 #temp를 만들자.

```
-- 피벗의 기반 테이블을 생성
SELECT VendorID, Status INTO #temp
   FROM Purchasing.PurchaseOrderHeader
-- #temp 테이블 조회
SELECT * FROM #temp
```

실행결과

	VendorID	Status
1	1580	4
2	1496	1
3	1494	4
4	1650	3
5	1654	4
6	1664	4
7	1678	4
8	1616	4
9	1492	
중간생략		
4008	1676	2
4009	1546	2
4010	1574	2
4011	1546	2
4012	1636	2

❷ 공급업체 VendorID별 주문에 대한 4가지 유형값(1, 2, 3, 4)를 제목으로 하고 각 제목별로 상태의 개수를 보여주는 PIVOT 테이블을 만들어보자.

```
-- PIVOT테이블 생성
SELECT * INTO 주문_PIVOT FROM #temp
   PIVOT (COUNT(Status) FOR Status IN ([1],[2],[3],[4])
) AS PV_TDL
-- PIVOT테이블 조회
SELECT * FROM 주문_PIVOT
ORDER BY VendorID
```

실행결과

	VendorID	1	2	3	4
1	1492	3	0	1	47
2	1494	2	0	0	49
3	1496	3	0	1	47
4	1498	2	0	0	48
5	1500	3	0	1	46
6	1504	3	0	1	47
7	1506	3	0	2	46
8	1508	3	0	1	47
9	1510	3	0	3	45
10	1514	2	0	0	48

(이후생략)

12-2 앞서 만든 PIVOT테이블을 UNPIVOT으로 변환해보자.

PIVOT테이블에서 행을 UNPIVOT테이블에서 열로 변환했다. PIVOT 테이블에서 1,2,3,4 열의 제목이 UNPIVOT의 값으로 변환되면서 각 1,2,3,4의 개수를 보여주는 COUNT열을 추가시켰다.

```
SELECT VendorID, Status, count FROM 주문_PIVOT
UNPIVOT ( count FOR Status IN ([1],[2],[3],[4])) AS UNPV_TBL
```

실행결과

	VendorID	Status	count
1	1566	1	3
2	1566	2	0
3	1566	3	1
4	1566	4	47
5	1520	1	0
6	1520	2	1
7	1520	3	0
8	1520	4	0
9	1658	1	3
10	1658	2	0
11	1658	3	2

12-3 Sales.SalesOrderHeader 테이블에서 TotalDue값에 따라 순위함수를 사용하여 순위 간 함수의 차이를 비교해 보자. 데이터는 SubTotal 값을 250 과 300 사이 값으로 제한하자.

SalesOrderID, SubTotal, TotalDue의 값을 출력하고 RANK, DENSE_RANK, ROW_NUMBER, NTILE 함수를 사용한 결과와 PARTITION BY를 결합하여 사용한 결과를 만들어보자.

```sql
SELECT RANK( ) over (ORDER BY TotalDue) AS RANK,
    DENSE_RANK( ) over (ORDER BY TotalDue) AS DENSE_RANK,
    ROW_NUMBER( ) over (ORDER BY TotalDue) AS ROW_NUM,
    NTILE (9) over (ORDER BY TotalDue) AS NTILE,
    ROW_NUMBER( ) OVER (PARTITION BY TotalDue
      ORDER BY TotalDue) AS RANK_PATITION,
    SalesOrderID, SubTotal, TotalDue
FROM Sales.SalesOrderHeader
WHERE SubTotal BETWEEN 250 AND 300
```

실행결과

	RANK	DENSE_RANK	ROW_NUM	NTILE	RANK_PATITION	SalesOrderID	SubTotal	TotalDue
1	1	1	1	1	1	55273	251.964	280.6249
2	1	1	2	1	2	67300	251.964	280.6249
3	3	2	3	1	1	48315	250.83	283.3125
4	4	3	4	2	1	49050	251.4772	284.0435
5	5	4	5	2	1	55560	259.09	286.2945
6	6	5	6	2	1	72082	260.86	288.2503
7	7	6	7	3	1	68109	261.38	288.8249
8	8	7	8	3	1	49059	263.25	296.4905
9	9	8	9	3	1	47682	264.711	297.9141
10	10	9	10	4	1	47707	269.964	300.6724
11	11	10	11	4	1	47968	273.0916	307.5668
12	12	11	12	4	1	48362	275.388	311.0507
13	13	12	13	5	1	49847	281.9162	315.0005
14	14	13	14	5	1	50285	283.23	319.9083
15	15	14	15	5	1	47431	288.117	323.7274
16	16	15	16	6	1	69423	293.958	327.3958
17	16	15	17	6	2	67337	293.958	327.3958

(이후생략)

12장 연습문제

[SampleDB 데이터베이스]

【12-1】 다음과 같이 '분기실적' 테이블을 이용하여 PIVOT한 결과를 만들어 연도별 4분기 실적결과가 행으로 나타나게 하시오.

분기실적 테이블

연도	분기	금액
2017	1	80
2017	2	90
2017	3	85
2017	4	100
2018	1	95
2018	2	80
2018	3	80
2018	4	100

PIVOT

피벗결과

연도	1분기	2분기	3분기	4분기
2017	100	150	200	300
2018	150	250	200	400

【12-2】 앞의 문제의 피벗 결과 테이블을 사용하여 각 분기별 실적을 UNPIVOT한 결과로 변환하시오.

피벗결과 테이블

연도	1분기	2분기	3분기	4분기
2017	100	150	200	300
2018	150	250	200	400

UNPIVOT

언피벗 결과

연도	분기	금액
2017	1	80
2017	2	90
2017	3	85
2017	4	100
2018	1	95
2018	2	80
2018	3	80
2018	4	100

[pubs 데이터베이스]

【12-3】 다음 결과와 일치하는 순위함수를 연결하시오.

　(1) ROW_NUMBER( )　　　(2) RANK( )　　　(3) DENSE_RANK( )

　　　(a)　　　　　　　　　(b)　　　　　　　　　(c)

	제품명	가격	순위
1	장갑	NULL	1
2	목도리	NULL	1
3	옥스포드셔츠	15000	2
4	블라우스	35000	3
5	반바지	35000	3
6	짚업점퍼	55000	4
7	후드점퍼	63000	5
8	주름스커트	65000	6
9	가죽자켓	82000	7
10	원피스	95000	8
11	하프코트	130000	9
12	롱코트	150000	10

	제품명	가격	순위
1	장갑	NULL	1
2	목도리	NULL	1
3	옥스포드셔츠	15000	3
4	블라우스	35000	4
5	반바지	35000	4
6	짚업점퍼	55000	6
7	후드점퍼	63000	7
8	주름스커트	65000	8
9	가죽자켓	82000	9
10	원피스	95000	10
11	하프코트	130000	11
12	롱코트	150000	12

	제품명	가격	순위
1	장갑	NULL	1
2	목도리	NULL	2
3	옥스포드셔츠	15000	3
4	블라우스	35000	4
5	반바지	35000	5
6	짚업점퍼	55000	6
7	후드점퍼	63000	7
8	주름스커트	65000	8
9	가죽자켓	82000	9
10	원피스	95000	10
11	하프코트	130000	11
12	롱코트	150000	12

【12-4】 titles 테이블에서 titles_id, pubdate 와 오름차순의 pubdate 순위를 다음 실행결과와 같이 출력하는 SQL 구문을 작성하시오.

실행결과

	title_id	pubdate	RANK
1	BU1111	1991-06-09 00:00:00.000	1
2	MC2222	1991-06-09 00:00:00.000	1
3	BU1032	1991-06-12 00:00:00.000	3
4	PS3333	1991-06-12 00:00:00.000	3
5	PS7777	1991-06-12 00:00:00.000	3
6	TC4203	1991-06-12 00:00:00.000	3
7	TC7777	1991-06-12 00:00:00.000	3
8	PS2091	1991-06-15 00:00:00.000	8
9	MC3021	1991-06-18 00:00:00.000	9
10	BU7832	1991-06-22 00:00:00.000	10
11	BU2075	1991-06-30 00:00:00.000	11
12	PC1035	1991-06-30 00:00:00.000	11
13	PS2106	1991-10-05 00:00:00.000	13
14	TC3218	1991-10-21 00:00:00.000	14
15	PS1372	1991-10-21 00:00:00.000	14
16	PC8888	1994-06-12 00:00:00.000	16
17	MC3026	2010-02-25 22:50:06.847	17
18	PC9999	2010-02-25 22:50:06.850	18

【12-5】 sales테이블에서 title_id, qty 값과 오름차순의 qty 순위를 출력하시오. 순위는 중간 순위를 건너뛰지 않고 연속적인 순위가 나타나도록 하시오.

【12-6】 sales테이블을 이용하여 같은 stor_id별로 그룹지어 같은 stor_id내에서 오름차순의 qty순위로 row_number()함수에 의한 순위가 나타나도록 출력하시오.

CHAPTER 13

SQL 프로그래밍

13-1. 기초구문
13-2. 제어문
13-3. 반복문
13-4. EXECUTE
13-5. 조건 함수
13-6. 예외 처리문

CHAPTER 13
SQL 프로그래밍

지금까지 SELECT, INSERT, UPDATE, DELETE 와 제약조건 및 함수들을 살펴보았다. 그러나, 이런 SQL문은 비절차적인 언어이기 때문에 SQL 만으로는 다양한 활용을 하기에 부족하다. 이제는 프로그래밍의 요소를 추가하여 다양하게 데이터를 처리 해보자.

13.1 기초구문

❶ USE

SQL서버에 접속하면 기본적으로 정해놓은 데이터베이스로 연결된다. 기본 데이터베이스를 지정하지 않았다면 master 데이터베이스로 연결된다. USE는 사용할 데이터베이스를 지정하는 문장이다. 앞서 예제에서 많이 다루었다.

```
USE 데이터베이스명
```

USE로 지정한 데이터베이스에 사용권한이 없다면 오류가 발생한다.

❷ PRINT

PRINT문은 문자를 출력한다. PRINT문은 SELECT문과 달리 문자만 출력할 수 있는 제한이 있다.

```
PRINT '문자를 출력'
```

실행결과

메시지
문자를 출력

❸ GOTO

실행 순서를 강제적으로 변경할 때 GOTO를 사용한다. GOTO 에서 지정한 위치로 실행을 옮긴다.

```
GOTO 레이블
  . . .
레이블 :
   SQL 문
```

다음은 GOTO문의 간단한 예이다. 변수 @제품명의 값이 널인 경우 오류처리 부분으로 실행을 옮기도록 하였다. 예제에서 사용한 RETURN문은 실행을 중지하게 하는 문장이다. RETURN문을 만나면 실행이 종료되고 이후 처리는 하지 않는다. 저장 프로시저에서는 호출한 곳으로 되돌아가게 하기 위해 사용한다.

```
DECLARE @제품명 VARCHAR(20)
IF @제품명 IS NULL GOTO ERR
SELECT * FROM 제품 WHERE 제품명=@제품명
RETURN
ERR:
    PRINT '제품명이 잘못 지정되었습니다.'
```

실행결과

```
메시지
제품명이 잘못 지정되었습니다.
```

13.2 제어문

❶ IF문

IF문은 조건식의 참, 거짓에 따라 다음에 실행되는 명령문이 달라진다. IF의 조건식의 결과는 Boolean값(참,거짓)으로 반환된다.

```
IF (조건식)
    조건식의 평가결과가 참인 경우 실행문
ELSE
    조건식의 평가결과가 거짓인 경우 실행문
```

ELSE문은 생략이 가능하다. 조건식의 결과가 거짓인 경우 실행해야 되는 부분이 없다면 사용하지 않는다. IF문과 ELSE문 다음의 실행문은 한 개 이상의 문장이라면 반드시 BEGIN~END문 안에 작성하여야 한다. IF문은 중첩이 가능하다. IF문안에 또 하나의 IF문이 가능하다. 그러나, 여러 번에 걸친 IF의 중첩은 논리파악이 어렵기 때문에 사용하지 않기를 권장한다.

다음은 코트의 평균가격이 10만원 이상인 경우 또는 이하인 경우에 따라서 메시지를 다르게 출력하는 IF문의 예제이다.

```
IF (SELECT AVG(가격) FROM 제품 WHERE 종류='코트' ) >= 100000
    PRINT '코트류의 평균 가격은 10만원 이상입니다.'
ELSE
    PRINT '코트류의 평균 가격은 10만원 미만입니다.'
```

[실행결과]

```
📧 메시지
    코트류의 평균가격은 10만원 이상입니다.
```

❷ CASE

CASE문은 조건식을 평가하고 그에 따라 하나의 결과를 가져온다. IF문은 조건에 따라 참, 거짓 두 가지 경우의 처리만 다룰 수 있지만 CASE문은 여러 조건에 따라 다양한 처리가 가능하다. 다음은 단순 CASE문의 기본형식이다. 입력 표현식과 조건 값들이 단일 값으로 비교가 되는 경우의 CASE문이다.

```
CASE 입력값
    WHEN 조건값1 THEN 결과값1
    WHEN 조건값2 THEN 결과값2
        . . .
    ELSE 결과값n
END
```

다음은 단순 CASE문의 사용예제이다. 제품 테이블에서 제품의 색상을 한글명으로 나타나게 하는 예제이다.

```
SELECT 제품명,
    CASE 색상
        WHEN 'BLACK' THEN '검정'
        WHEN 'YELLOW' THEN '노랑'
        WHEN 'BROWN' THEN '갈색'
        WHEN 'BLUE' THEN '파랑'
        ELSE '기타'
    END AS 색상, 가격
FROM 제품
```

실행결과

	제품명	색상	가격
1	롱코트	검정	150000
2	하프코트	기타	130000
3	집업점퍼	갈색	55000
4	후드점퍼	노랑	63000
5	가죽자켓	검정	82000
6	주름스커트	기타	65000
7	옥스포드셔츠	기타	15000
8	블라우스	기타	35000
9	원피스	파랑	95000
10	반바지	기타	35000
11	장갑	기타	NULL
12	목도리	기타	NULL

이번에는 CASE문에서 비교하는 입력 표현식의 조건값이 범위가 있는 경우를 살펴보자.

```
CASE
  WHEN 조건식1 THEN 결과값1
  WHEN 조건식2 THEN 결과값2
     . . .
  ELSE 결과값n
END
```

검색된 CASE의 예제를 살펴보자. 제품의 가격에 따라 인상가격의 비율을 다르게 적용하는 예제이다.

```
SELECT 제품명,
CASE
  WHEN 가격 > 150000 THEN 가격 * 1.05
  WHEN 가격 > 100000 THEN 가격 * 1.1
  WHEN 가격 > 50000  THEN 가격 * 1.15
  ELSE 가격 * 1.2
END AS 인상가격
FROM 제품
```

실행결과

	제품명	인상가격
1	롱코트	165000.00
2	하프코트	143000.00
3	짚업점퍼	63250.00
4	후드점퍼	72450.00
5	가죽자켓	94300.00
6	주름스커트	74750.00
7	옥스포드셔츠	18000.00
8	블라우스	42000.00
9	원피스	109250.00
10	반바지	42000.00
11	장갑	NULL
12	목도리	NULL

❸ WAITFOR

WAITFOR문은 특정시간까지 대기한 후 다음 문장을 실행하도록 하는 제어문이다.

```
WAITFOR TIME '대기시각'
WAITFOR DELAY '지연시간'
```

WAITFOR TIME은 특정시각이 될 때까지 기다리는 구문이다. 다음 예제에서 WAITFOR TIME 은 이 구문을 실행할 당시의 현재 시각을 구해서 2초를 더한 후 그 특정 시각이 될 때까지 기다렸다가 첫 번째 SELECT문을 실행하도록 하였다. WAITFOR DELAY는 현재부터 3초 동안 대기한 후 두 번째 SELECT문을 실행하는 예제이다.

```
DECLARE @NEXTTIME DATETIME
SET @NEXTTIME=GETDATE()+'00:00:02'
WAITFOR TIME @NEXTTIME        -- 현재 시각부터 2초 후 시작
SELECT GETDATE( ) AS 시작시간
WAITFOR DELAY '00:00:03'      -- 현재 시각 3초동안 대기
SELECT GETDATE( ) AS 지연시간
```

실행결과

	시작시간
1	2019-02-01 20:15:13.013

	지연시간
1	2019-02-01 20:15:16.020

13.3 반복문

❶ WHILE

WHILE문은 조건이 참인 동안 BEGIN~END문 사이의 실행문을 반복적으로 실행하는 구문이다. CONTINUE문을 만나면 CONTINUE 이후의 문장을 실행하지 않고 WHILE문의 조건을 체크하고 다음 실행을 반복한다. BREAK문을 만나면 WHILE문을 빠져나온다.

```
WHILE (조건식)
BEGIN
    SQL문
    IF (조건식)
        BREAK
    ELSE
        CONTINUE
END
```

다음은 WHILE문의 예제이다. 변수 @i 의 값이 1부터 100까지 증가될 때 변수 @total 값이 @i 의 값을 누적하고 @total 값이 100을 넘으면 중단되는 예제이다.

```
DECLARE  @i  INT = 1 , @total INT = 50
WHILE ( @i <= 100 )
BEGIN
   SET  @total = @total + @i
   SET  @i = @i + 1
   IF  (@total >= 100)
      BREAK
   ELSE
      CONTINUE
END
SELECT  @i  AS  [@i],  @total  AS  [@total]
```

실행결과

	@i	@total
1	11	105

13.4 EXECUTE

EXCUTE문은 저장 프로시저, 스칼라함수, 확장 프로시저를 실행할 때 사용한다. 변수에 SQL 문자열을 저장하여 일괄 처리할 때 사용하기도 한다. EXEC로 줄여서 보통 사용한다.

```
EXEC  저장 프로시저명
EXEC(SQL문)
```

다음은 시스템 프로시저를 실행하는 EXECUTE문의 사용예제이다.

```
-- 시스템 프로시저 실행 : 서버의 프로세스정보
EXEC sp_who
```

실행결과

	spid	ecid	status	loginame	hostname	blk	dbname	cmd	request_id
1	1	0	background	sa		0	NULL	UNKNOWN TOKEN	0
2	2	0	background	sa		0	NULL	UNKNOWN TOKEN	0
3	3	0	background	sa		0	NULL	UNKNOWN TOKEN	0
4	4	0	background	sa		0	NULL	LOG WRITER	0
5	5	0	background	sa		0	NULL	LAZY WRITER	0
6	6	0	background	sa		0	NULL	RECOVERY WRITER	0
7	7	0	background	sa		0	NULL	XE DISPATCHER	0
8	8	0	background	sa		0	NULL	RESOURCE MONITOR	0
9	9	0	background	sa		0	NULL	XE TIMER	0

(이후생략)

일괄처리를 위해 EXEC를 사용하는 경우에는 변수를 이용해 동적으로 실행시킬 수 있다. 다음 예제에서 변수 @T 의 경우 실행 시에 매개 변수의 값을 지정해줄 수 있다.

```
-- 일괄처리
DECLARE @SQL VARCHAR(50), @T VARCHAR(20)
SET @T = '제품'
SET @SQL = 'SELECT * FROM '    -- FROM 다음에 공백에 주의
SET @SQL = @SQL + @T
EXEC(@SQL)
```

실행결과

	제품번호	제품명	종류	색상	가격
1	1	롱코트	코트	BLACK	150000
2	2	하프코트	코트	RED	130000
3	3	집업점퍼	점퍼	BROWN	55000
4	4	후드점퍼	점퍼	YELLOW	63000
5	5	가죽자켓	자켓	BLACK	82000
6	6	주름스커트	스커트	WHITE	65000
7	7	옥스포드셔츠	셔츠	WHITE	15000
8	8	블라우스	셔츠	PINK	35000
9	9	원피스	원피스	BLUE	95000
10	10	반바지	바지	WHITE	35000
11	11	장갑	패션잡화	RED	NULL
12	12	목도리	패션잡화	BEIGE	NULL

정해지지 않은 값을 계속 변화시켜가며 동적인 실행이 가능하여 활용도가 높다.

13.5 조건 함수

조건함수 NULLIF함수와 COALECE함수를 알아보자.

❶ NULLIF

NULLIF는 두 개 값이 같은지 판별하는 함수이다. 두 개의 표현식이 같으면 널 값을, 같지 않으면 첫 번째 값을 반환한다.

```
NULLIF (표현식1, 표현식2)
```

다음 문장을 실행해보자.

```
SELECT NULLIF(1, 1), NULLIF(1, 2)
```

실행결과

(열 이름 없음)	(열 이름 없음)
NULL	1

다음은 학생들의 희망진로를 조사한 자료이다. 테이블을 생성하고 입력해보자.

```
--NULLIF 함수 사용 예제
CREATE TABLE 학생진로
(이름 CHAR(20) NOT NULL,
 희망진로1 CHAR(20) NULL,
 희망진로2 CHAR(20) NULL)
INSERT INTO 학생진로 VALUES('홍길동', '프로그래머', '웹디자이너')
INSERT INTO 학생진로 VALUES('김선달', NULL, NULL)
INSERT INTO 학생진로 VALUES('이도령', '보안전문가', NULL)
INSERT INTO 학생진로 VALUES('성춘향', NULL, NULL)
```

NULLIF함수를 사용하여 희망진로1 또는 희망진로2를 출력하고 둘 다 답변하지 않은 학생은 NULL 을 출력한다.

```
--NULLIF 함수 사용 예제
SELECT 이름, NULLIF(희망지망1, 희망지망2) 희망진로 FROM 학생진로
```

실행결과

	이름	희망진로
1	홍길동	프로그래머
2	김선달	NULL
3	이도령	보안전문가
4	성춘향	NULL

❷ COALESCE

여러 개의 표현식 중에서 널이 아닌 첫 번째 값을 반환한다.

```
COALESCE(표현식1, 표현식2, 표현식3, …)
```

다음의 예제를 살펴보자. 널이 아닌 첫 번째 값을 반환한다.

```
SELECT COALESCE(NULL, 'SQL', 'DB')
SELECT COALESCE('SQL', NULL, 'DB')
SELECT COALESCE(NULL ,NULL ,'DB')
```

실행결과

다음 예제를 살펴보자. 회원 테이블에는 자택주소, 회사주소, 이메일의 데이터가 들어있다.

```
--COALESCE 함수 사용 예제
CREATE TABLE #회원
(이름 CHAR(20) NOT NULL,
 자택주소 CHAR(100),
 회사주소 CHAR(100),
 이메일 CHAR(30) )
INSERT INTO #회원
    VALUES('홍길동', '서울시 종로구', NULL, 'hong_gd@company.com')
INSERT INTO #회원 VALUES('김선달', '대전시 유성구', '대전시 대덕구', NULL)
INSERT INTO #회원 VALUES('이도령', NULL, '서울시 강서구', NULL)
INSERT INTO #회원 VALUES('성춘향', NULL, NULL, 'CHSUNG97@abc.com')
```

COALESCE 함수를 사용하여 이 세 가지 중 하나의 연락처를 출력하고 세 가지 모두 널인 경우 널로 출력하는 예제이다.

```
--COALESCE 함수 사용 예제
SELECT 이름, COALESCE(자택주소, 회사주소, 이메일) AS 연락처
FROM #회원
```

[실행결과]

	이름	연락처
1	홍길동	서울시 종로구
2	김선달	대전시 유성구
3	이도령	서울시 강서구
4	성춘향	CHSUNG97@abc.com

13.6 예외 처리문

❶ TRY CATCH

TRY CATCH는 예외를 처리할 때 사용하는 구문이다. TRY 블록에서는 처리하려는 구문을 작성한다. 이 블록에서 예외가 발생하게 되면 CATCH 블록에 제어를 넘기는 구조이기 때문에 CATCH 블록에서는 예외가 발생했을 때 이를 처리하는 코드를 작성한다. TRY블록에서 오류가 없으면 CATCH 블록 다음으로 제어가 넘어간다.

```
BEGIN TRY
  SQL 문
END TRY
BEGIN CATCH
   오류를 처리하는 SQL문
END CATCH
```

다음 TRY CATCH 예제에서 TRY구문에 보이는 세 개의 SELECT문 중 두 번째 구문은 고의로 오류를 발생시키기 위해 0으로 나누기를 시도하였다. 예외처리가 발생되는 구문에서 이를 처리하기 위한 CATCH구문으로 제어가 넘어가기 때문에 세 번째 SELECT문은 실행되지 않는다.

```
-- TRY CATCH 예제
BEGIN TRY
   SELECT 125/5   AS 나누기1
   SELECT 1/0    AS 나누기2
   SELECT 1278/4 AS 나누기3
END TRY
BEGIN CATCH
   SELECT '오류: 0 으로 나누기를 시도하였습니다.'
END CATCH
```

실행결과

	나누기1
1	25

나누기2

(열 이름 없음)
1	오류: 0으로 나누기를 시도하였습니다.

TRY CATCH구문을 사용할 때 주의할 점이 있다.

- TRY 블록 다음에 바로 CATCH 블록이 와야 한다.
- TRY CATCH 구문은 하나의 일괄처리, 저장 프로시저 또는 트리거 내에 있어야 한다.
- TRY와 CATCH 구문 사이에 어떠한 SQL구문이 올 수 없다.
- TRY CATCH 구문은 중첩할 수 있다.

TRY 블록에서 오류가 발생하면 CATCH 블록에서 다음과 같은 오류 함수를 이용하여 오류정보를 나타낼 수 있다. 오류 함수는 CATCH 블록 안에서는 정상적인 값을 호출하지만 CATCH 블록 밖에서 호출하면 NULL값이 반환된다.

오류함수	설명
ERROR_NUMBER()	오류번호를 반환한다.
ERROR_MESSAGE()	오류메시지의 내용을 반환한다.
ERROR_SEVERITY()	오류의 심각도를 반환한다.
ERROR_STATE()	오류의 상태 번호를 반환한다.
ERROR_LINE()	오류가 발생한 줄번호를 반환한다.
ERROR_PROCEDURE()	오류가 발생한 저장프로시저 또는 트리거명을 반환한다.

앞서 살펴보았던 예제에 오류함수를 적용해보자.

```
BEGIN TRY
   SELECT 125/5   AS 나누기1
   SELECT 1/0    AS 나누기2
   SELECT 1278/4 AS 나누기3
END TRY
BEGIN CATCH
   SELECT ERROR_NUMBER( ) 오류번호,
          ERROR_LINE( ) [오류발생 줄번호],
          ERROR_MESSAGE( ) 오류메시지,
          ERROR_STATE( ) 오류상태,
          ERROR_SEVERITY( ) 오류심각도
END CATCH
```

실행결과

	나누기1
1	25

	나누기2

	오류번호	오류발생 줄번호	오류메시지	오류상태	오류심각도
1	8134	3	Divide by zero error encountered.	1	16

❷ SP_ADDMESSAGE

오류메시지를 미리 정의하여 두고 필요할 때마다 메시지번호로 오류메시지를 사용할 수 있다. 사용자가 오류 메시지를 정의하는 것이 SP_ADDMESSAGE이다. 정의된 오류 메시지들은 sys.message 뷰에 추가된다.

```
SP_ADDMESSAGE  메시지번호, 오류심각도, 오류메시지, 언어, WITH LOG,
'REPLACE'
```

- 메시지번호 : 메시지번호 5000미만은 시스템이 사용하기 때문에 개발자가 정의할 메시지번호는 5000이상을 사용해야 한다.

- 오류 심각도 : 1~25까지의 숫자로 정의한다. 오류심각도 19~25는 시스템 관리자만 추가가 가능하고 반드시 WITH LOG옵션을 사용해서 이벤트 로그에 기록해야 한다. WITH LOG옵션 값은 TRUE 또는 FALSE로 지정한다.

- 오류 메시지 : 실제 보여줄 메시지를 작성한다. 메시지의 최대 크기는 NVARCHAR(255)이며 기본값은 NULL이다.

- 언어 : 여러 언어의 메시지 정의가 가능하기 때문에 설정할 언어를 정한다. 정의하지 않으면 기본언어로 설정된다. 기본언어는 SELECT @@LANGUAGE로 확인할 수 있다.

- WITH LOG : 이벤트 로그에 기록 여부를 지정한다. TRUE 또는 FALSE로 지정한다.

- REPLACE옵션 : 이미 정의된 오류 메시지가 있을 때 덮어 쓸지를 지정한다. REPLACE옵션이 설정되면 이미 정의된 오류를 덮어 쓰게 된다.

사용자 정의 오류 메시지를 정의할 때 주의할 점은 영어 메시지가 먼저 등록된 후 한국어 메시지가 등록되어야 한다. SQL서버가 영어 메시지를 먼저 찾고 그 다음 세션 설정에 따라 한글 메시지를 찾기 때문이다. 두 버전의 메시지에 대한 심각도는 일치해야 한다. 로컬메시지인 한국어 메시지를 추가할 때는 원래 메시지의 매개 변수와 일치하는 매개 변수 번호를 사용해야 한다. 각 매개 변수 번호 뒤에는 느낌표(!)를 삽입한다.

원래 메시지 매개변수	지역화된 메시지 매개변수
매개변수1: %s 매개변수2: %d	매개변수1 : %1! 매개변수2 : %2!

다음의 예제를 살펴보자. %s 또는 %1!는 메시지 내용 속에 매개변수로 받는 메시지를 붙일 수 있도록 하였다. 제대로 표시되지 않는 한글 출력의 경우 정상적인 한글 출력을 위해 출력 내용 앞에 'N'을 붙인다.

```
USE master
EXEC SP_ADDMESSAGE 50001, 16, N'%s user error message', us_english;
EXEC SP_ADDMESSAGE 50001, 16, N'%1! 사용자 오류메시지', 한국어;
-- 오류 메시지가 있는 시스템 뷰에서 오류 메시지 확인
SELECT * FROM sys.messages WHERE message_id=50001
```

실행결과

	message_id	language_id	severity	is_event_logged	text
1	50001	1033	16	0	%s user error message
2	50001	1042	16	0	%1! 사용자 오류메시지

❸ FORMATMESSAGE

FORMATMESSAGE는 기존에 SP_ADDMESSAGE로 정의한 메시지를 편집해서 원하는 메시지를 보여 주도록 한다.

```
FORMATMESSAGE (메시지번호, [매개변수[, ...n]])
```

메시지번호는 sys.messages에 저장된 메시지 번호이다. 매개변수는 최대 20개까지 사용할 수 있다. 앞서 살펴보았던 SP_ADDMESSAGE를 이용해 메시지를 추가할 때 %s 가 있었다. 이 부분을 매개변수로 원하는 문자를 삽입할 수 있다. FORMATMESSAGE는 함수이기 때문에 EXEC로 실행하지 않고 SELECT구문을 사용한다.

```
-- 언어별로 메시지를 편집해서 출력
SET LANGUAGE 한국어
SELECT FORMATMESSAGE(50001, '테스트용=>')
SET LANGUAGE us_english
SELECT FORMATMESSAGE(50001, 'test=>')
```

실행결과

	메시지
1	테스트용=> 사용자 오류메시지

	MESSAGE
1	test => user error message

❹ SP_DROPMESSAGE

정의한 메시지를 삭제하기 위해서는 SP_DROPMESSAGE를 사용한다. 삭제는 등록한 순서의 반대로 실행한다.

```
EXEC SP_DROPMESSAGE 50001, 한국어;
EXEC SP_DROPMESSAGE 50001, us_english;
```

❺ RAISERROR

오류메시지를 사용자가 원하는 형태로 나타내고자 할 때 RAISERROR함수를 사용한다. PRINT나 SELECT문을 사용해서 오류 메시지를 출력할 수 있지만 RAISERROR을 사용하는 것을 권장한다. 메시지번호, 심각도, 상태 등을 지정해서 출력할 수 있다.

```
RAISERROR (메시지번호 | 메시지문장, 심각도, 상태 [, 매개변수1, ...])
WITH 옵션
```

오류의 심각도와 그에 따른 처리는 다음과 같다.

심각도	처리 상황
11이하	오류가 아닌 정보(informational)로 처리한다.
11~16	사용자가 사용하도록 권장하는 오류 레벨이다.
17이상	서버가 사용한다.
19이상	반드시 WITH LOG옵션을 사용해서 이벤트 로그에 기록해야 한다.
20이상	반드시 WITH LOG옵션을 사용해서 이벤트 로그에 기록해야 한다.

다음의 예를 보자. 앞서 등록한 메시지 50001을 출력해보자.

```
RAISERROR(50001, 1, 1, '테스트==>')    --메시지번호, 심각도, 상태, 매개변수1
```

실행결과

```
메시지
테스트==> 사용자 오류메시지
메시지 50001, 수준 1, 상태 1
```

오류 메시지를 출력하기 위해 TRY CATCH구문을 주로 사용하는데 TRY CATCH구문에서 RAISERROR함수의 오류를 출력하기 위해서는 오류의 심각도가 11~19사이에 있어야 한다. 이 범위 밖의 오류인 경우에는 CATCH블록으로 제어가 이동하지 않는다. 20이상인 경우에는 데이터베이스의 연결이 끊어지게 된다. 다음의 예는 TRY블록에서 강제로 오류를 일으켜 CATCH블록으로 제어를 옮기는 예제이다.

```
BEGIN TRY
   RAISERROR ('에러 메시지입니다. .',16,1);
END TRY
BEGIN CATCH
   SELECT  ERROR_MESSAGE( ) AS 메시지,
           ERROR_SEVERITY( ) AS [오류 심각도],
           ERROR_STATE( ) AS 상태;
END CATCH;
```

실행결과

	메시지	오류 심각도	상태
1	에러 메시지입니다..	16	1

▣ 실습해보기

[pubs 데이터베이스]

13-1 publishers테이블에서 country 열 값이 영어로 되어 있는 나라명을 한글명으로 나타나게 단순 CASE문을 사용해보자.

pub_name과 country 열을 출력해보자. country의 값은 다음과 같이 출력하자.

테이블 'publishers'의 country열 값

country	출력값
USA	미국
Germany	독일
France	프랑스
그외	기타

```
USE pubs
 SELECT pub_name 출판사명,
    CASE country
       WHEN 'USA' THEN '미국'
       WHEN 'Germany' THEN '독일'
       WHEN 'France' THEN '프랑스'
       ELSE '기타'
    END AS 지역 FROM publishers
```

실행결과

	출판사명	지역
1	New Moon Books	미국
2	Binnet & Hardley	미국
3	Algodata Infosystems	미국
4	Five Lakes Publishing	미국
5	Ramona Publishers	미국
6	GGG&G	독일
7	Scootney Books	미국
8	Lucerne Publishing	프랑스

> **13-2** WHILE문을 사용하여 테이블 T1~T30 까지 30개의 테이블을 생성해보자. tempdb 에 만들어 보자.

테이블 T1~T30 까지를 만들기 위해 숫자 1부터 30까지 증가하는 값을 갖도록 @i 변수를 정수형변수로 정의하고 WHILE문을 사용하여 증가시킨다. 테이블 생성구문을 저장할 변수 @sql을 정의하고 구문이 완성되면 EXEC을 사용하여 테이블을 생성한다. 변수 @i는 숫자 1부터 30까지 증가시키기 위해 INT형으로 정의하였지만 테이블 생성구문 속에서는 문자형으로 만들어져야 하기 때문에 CONVERT함수를 사용하였다.

```
USE  tempdb
DECLARE  @i  INT=1, @sql  VARCHAR(100)
WHILE(@i <= 30)
BEGIN
   SET  @sql = 'CREATE TABLE T'+CONVERT(VARCHAR,@i)+
      '(번호  INT, 이름  VARCHAR(20))'
   EXEC(@sql)
   SET  @i=@i+1
END
```

테이블이 만들어 졌는지 확인하기 위하여 개체 탐색기에서 [시스템 데이터베이스]-[tempdb]-[테이블]을 차례로 클릭하면 T1~T30 까지의 테이블이 생성된 것을 알 수 있다.

실행결과

- 시스템 데이터베이스
  - master
  - model
  - msdb
  - tempdb
    - 테이블
      - 시스템 테이블
      - 외부 테이블
      - 그래프 테이블
      - dbo.T1
      - dbo.T10
      - dbo.T11
      - dbo.T12
      - dbo.T13
      - dbo.T14
      - dbo.T15
      - dbo.T16
      - dbo.T17
      - dbo.T18
      - dbo.T19
      - dbo.T2
      - dbo.T20
      - dbo.T21
      - dbo.T22
      - dbo.T23
      - dbo.T24
      - dbo.T25
      - dbo.T26
      - dbo.T27
      - dbo.T28
      - dbo.T29
      - dbo.T3
      - dbo.T30
      - dbo.T4
      - dbo.T5
      - dbo.T6
      - dbo.T7
      - dbo.T8
      - dbo.T9

13장 연습문제

[pubs 데이터베이스]

【13-1】 제품테이블에서 제품의 종류중 '코트'가 있는지 확인하여

- 코트가 있으면 '재고가 있습니다.'
- 코트가 없으면 '재고가 없습니다.' 를 출력하시오.

【13-2】 변수 '@avg' 를 정의하고 titles테이블의 모든 책의 평균 책가격(price)을 구해서 평균값을 변수 '@avg'로 넣어 출력하시오.

【13-3】 테이블 '제품'에서 제품명, 색상, 가격을 출력하시오. 색상의 값은 영어로 되어 있는데 다음과 같이 한글로 출력되도록 하시오.

테이블 '제품'의 색상 열 값

색상	출력값
BLACK	검정색
YELLOW	노란색
BROWN	갈색
BLUE	파랑색
그 외	기타

【13-4】 테이블 '제품'에서 제품명, 가격을 출력하시오. 가격은 15만원 이상이면 '고가', 10만원 이상이면 '중가', 5만원 미만이면 '저가'로 나타나도록 CASE 문을 작성하여 출력 결과를 만드시오.

【13-5】 다음 SQL문이 실행되도록 WHILE문을 사용하여 프로그래밍 하시오. 실행결과는 테이블 '제품'에서 제품번호가 처음엔 1이 출력되고, 두 번째로 2가 출력되고 계속해서 다음 순서로 10의 제품번호 값이 출력되도록 하시오.

예) 실행되는 SQL구문 순서
① select 제품명, 종류, 가격 from 제품 where 제품번호=1 (처음 실행)
② select 제품명, 종류, 가격 from 제품 where 제품번호=2 (두 번째 실행)
         :
⑩ select 제품명, 종류, 가격 from 제품 where 제품번호=10 (마지막 실행)

【13-6】 '사원업무' 테이블의 각 사원은 연봉을 받는 방법이 다르다. 아래 연봉 계산 방식을 기반으로 COALESCE함수를 사용하여 각 사원의 연봉을 계산하시오.

- 시급으로 받는 사람 : 연봉 = 시급 * 40 * 52
    (의미: 시급 * 40 (주당 시간) * 52(주/년간))
- 연봉으로 받는 사람 : 연봉값 그대로 출력
- 수당으로 받는 사람 : 판매수량 * 11000

CHAPTER 14

뷰(View) 활용하기

14-1. 뷰의 개념
14-2. 뷰의 사용목적
14-3. 뷰의 생성
14-4. 뷰의 수정
14-5. 뷰의 삭제
14-6. 뷰를 통한 데이터 수정
14-7. WITH ENCRYPTION
14-8. 뷰 생성시 제약 사항

CHAPTER 14

뷰(View) 활용하기

뷰는 물리적인 실제 테이블을 근거로 한 논리적인 가상테이블이다. 뷰는 실제 테이블을 제한적으로 사용하게 하기 위한 방법으로 필요한 열만 모아서 가상테이블을 만드는 것이다. 가상테이블이라고 하는 이유는 실제 데이터를 갖고 있지 않기 때문이다. 따라서, 뷰는 실제 테이블의 데이터를 기반으로 보여주고 싶은 부분만 볼 수 있도록 만든 일종의 창문으로 생각할 수 있다.

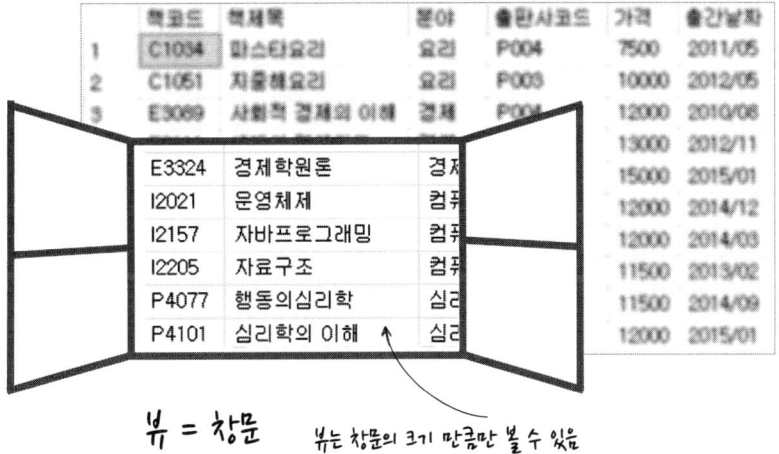

14.1 뷰의 개념

뷰는 실제 테이블을 근거로 SELECT문에 의해서 원하는 결과 집합만을 추려 가상 테이블을 만드는 것이다. 따라서, 실제 테이블에 대한 접근을 제한한다. 다음 그림을 보면 실제 테이블에는 아이디, 비밀번호, 이름, 주소, 생년월일, 이메일, 포인트, 가입일자 등 8개 열로 구성되어 있다. 아이디, 이름, 주소만을 추려 뷰를 생성하였다. 생성된 뷰는 테이블처럼 사용하면 된다.

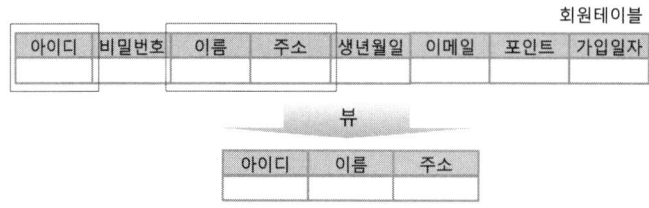

14.2 뷰의 사용목적

복잡하고 긴 쿼리문을 매번 실행하지 않고 뷰를 정의하여 사용하면 단순하게 사용할 수 있다.

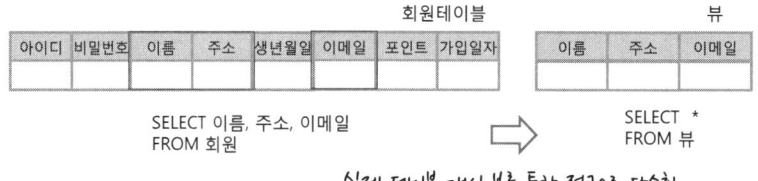

실제 테이블 대신 뷰를 통한 접근으로 단순화

또한, 권한에 따라 접근할 수 있는 자료를 제한함으로써 보안에 유리하게 사용할 수 있다.

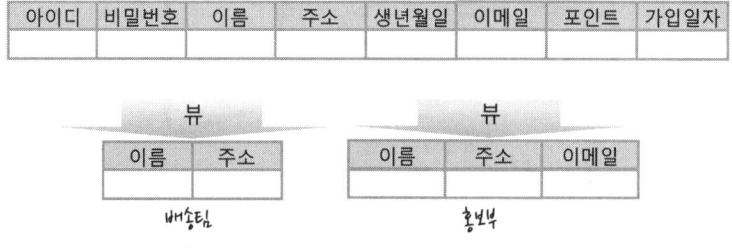

업무에 따라 정보 접근을 제한한 여러 뷰 생성

14.3 뷰의 생성

뷰를 생성하기 위한 기본적인 문법은 다음과 같다.

```
CREATE VIEW 뷰명
AS
SELECT 구문
```

❶ 기본열을 조회하여 생성하는 뷰

테이블 '책'을 기반으로 책제목, 분야, 가격 열을 조회하여 뷰를 생성하자.

```
--뷰 생성
CREATE VIEW 책view
AS
SELECT 책제목, 분야, 가격 FROM 책
```

생성된 뷰를 조회하는 방법은 테이블을 조회하는 SELECT구문에서 FROM절에 뷰이름을 삭성하여 조회하면 된다.

```
--뷰 조회
SELECT * FROM 책view
```

실행결과

	책제목	분야	가격
1	파스타요리	요리	7500
2	지중해요리	요리	10000
3	사회적 경제의 이해	경제	12000
4	세계의 경제지표	경제	13000
5	경제학원론	경제	15000
6	운영체제	컴퓨터	12000
7	자바프로그래밍	컴퓨터	12000
8	자료구조	컴퓨터	11500
9	행동의심리학	심리	11500
10	심리학의 이해	심리	12000

뷰를 생성할 때 열의 이름을 다른 별칭으로 명시하지 않으면 기본테이블의 열 이름을 그대로 가져오게 된다.

❷ 집계 결과에 의한 뷰

이번에는 분야별 책들의 평균 가격을 구하는 뷰를 생성해보자.

```
--집계 함수 결과에 의한 뷰 생성
CREATE VIEW 평균view
AS
SELECT 분야, AVG(가격) AS 평균가격 FROM 책
GROUP BY 분야
```

생성된 뷰를 조회해보면 분야별 책들의 평균 가격이 보여지는 것을 알 수 있다.

```
SELECT * FROM 평균view
```

실행결과

	분야	평균가격
1	경제	13333
2	심리	11750
3	요리	8750
4	컴퓨터	11833

▽ **알아보기**

▶ **열이름의 별칭 지정하기**

뷰를 생성할 때 집계 함수 등을 사용한 열의 별칭을 지정하여야 한다. 열이름이 지정되지 않을 경우 오류가 발생하고 뷰가 생성되지 않는다.

```
CREATE VIEW 평균view
 AS
 SELECT 분야, AVG(가격) FROM 책    --AVG(가격) 열의 별칭이 없음
 GROUP BY 분야
```

실행결과

메시지 4511, 수준 16, 상태 1, 프로시저 평균view, 줄 3
열 2에 대해 열 이름이 지정되지 않았으므로 뷰 또는 함수를 만들지 못했습니다.

❸ **조인 결과에 의한 뷰**

이번에는 두 개 이상의 테이블을 조인해서 뷰를 만드는 예제를 살펴보자. 두 개 이상의 테이블을 자주 조인해서 사용할 경우 뷰로 정의해 사용하면 간단한 질의문으로 단순하게 사용할 수 있다. 제품테이블과 판매테이블을 조인하여 뷰 '판매실적view'를 생성해보자.

```
--조인에 의한 뷰
CREATE VIEW 판매실적view
AS
SELECT 제품명, 판매수량
FROM 제품 JOIN 판매
ON 제품.제품번호 = 판매.제품번호
```

복잡한 조인문을 뷰로 생성해놓으면 간략하게 뷰로 조회할 수 있다.

```
SELECT * FROM 판매실적view
```

실행결과

	제품명	판매수량
1	롱코트	10
2	하프코트	12
3	하프코트	15
4	후드점퍼	21
5	옥스포드셔츠	17
6	후드점퍼	11
7	반바지	3

14.4 뷰의 수정

뷰의 정의를 수정할 때에는 ALTER구문을 사용한다. 다음은 뷰를 수정하는 구문이다.

```
ALTER VIEW 뷰명
AS
SELECT 구문
```

앞서 만들었던 뷰 제품view에 '제품번호' 열을 추가하도록 수정하려면 ALTER구문으로 수정할 수 있다.

```
--뷰의 수정
ALTER VIEW 제품view
AS
SELECT 제품번호, 제품명, 종류, 가격 FROM 제품
```

14.5 뷰의 삭제

뷰의 삭제는 테이블의 삭제와 마찬가지로 DROP문을 사용한다.

```
DROP VIEW [IF EXISTS] 뷰명
```

SQL SERVER 2016부터 뷰가 존재하는지 체크하여 존재한다면 삭제하도록 하기 위해서는 DROP VIEW IF EXISTS 구문을 사용할 수 있다. 앞서 만들었던 뷰 '제품view'를 삭제해보자.

```
DROP VIEW 제품view
```

14.6 뷰를 통한 데이터 수정

뷰는 가상 테이블이기 때문에 뷰를 통해 데이터를 수정하면 실제 테이블의 데이터가 수정된다.

❶ **테이블의 기본 열을 기반으로 만든 뷰의 수정은 실제 테이블이 수정된다.**

실습을 위해 테이블 '책'의 복사본 'book'을 생성하자.

```
SELECT * INTO book FROM 책
```

테이블 'book'를 기반으로 책의 가격이 12000원 이상인 책으로만 조회하여 뷰 'book_view'를 생성하자.

```
-- 조건 구문이 있는 뷰생성
CREATE VIEW book_view
AS
SELECT 책제목, 가격 FROM book
WHERE 가격 >= 12000
GO
-- 뷰 조회
SELECT * FROM book_view
```

실행결과

	책제목	가격
1	사회적 경제의 이해	12000
2	세계의 경제지표	13000
3	경제학원론	15000
4	운영체제	12000
5	자바프로그래밍	12000
6	심리학의 이해	12000

책의 가격이 12000원 이상인 책만 뷰 'book_view' 안에 포함되어 있는데 이 중 책 한권의 가격을 10000원으로 수정하고 뷰의 데이터를 살펴보자.

	책제목	가격
1	사회적 경제의 이해	12000
2	세계의 경제지표	13000
3	경제학원론	15000
4	운영체제	12000
5	자바프로그래밍	12000
6	심리학의 이해	12000

뷰 데이터 : 가격 >= 12000원

10000원으로 수정하면?

```
-- 책 가격을 10000원으로 수정
UPDATE  book_view  SET 가격 = 10000  WHERE  책제목 = '심리학의 이해'
-- 뷰 조회
SELECT  *  FROM  book_view
```

실행결과

	책제목	가격
1	사회적 경제의 이해	12000
2	세계의 경제지표	13000
3	경제학원론	15000
4	운영체제	12000
5	자바프로그래밍	12000

뷰를 조회한 결과를 보면 '심리학의 이해'라는 책이 보이지 않는다. 뷰 'book_view'의 기반이 된 실제 테이블 'book'을 조회해보자.

```
SELECT  *  FROM  book
```

실행결과

	책코드	책제목	분야	출판사코드	가격	출간날짜
1	C1034	파스타요리	요리	P004	7500	2011/05
2	C1051	지중해요리	요리	P003	10000	2012/05
3	E3089	사회적 경제의 이해	경제	P004	12000	2010/08
4	E3111	세계의 경제지표	경제	P001	13000	2012/11
5	E3324	경제학원론	경제	P002	15000	2015/01
6	I2021	운영체제	컴퓨터	P001	12000	2014/12
7	I2157	자바프로그래밍	컴퓨터	P003	12000	2014/03
8	I2205	자료구조	컴퓨터	P005	11500	2013/02
9	P4077	행동의심리학	심리	P005	11500	2014/09
10	P4101	심리학의 이해	심리	P002	10000	2015/01

테이블 'book'에 보이는 '심리학의 이해' 자료의 가격이 10000원으로 수정된 것을 알 수 있다. 뷰는 가상 테이블이기 때문에 뷰를 통한 수정은 실제 테이블이 수정된다.

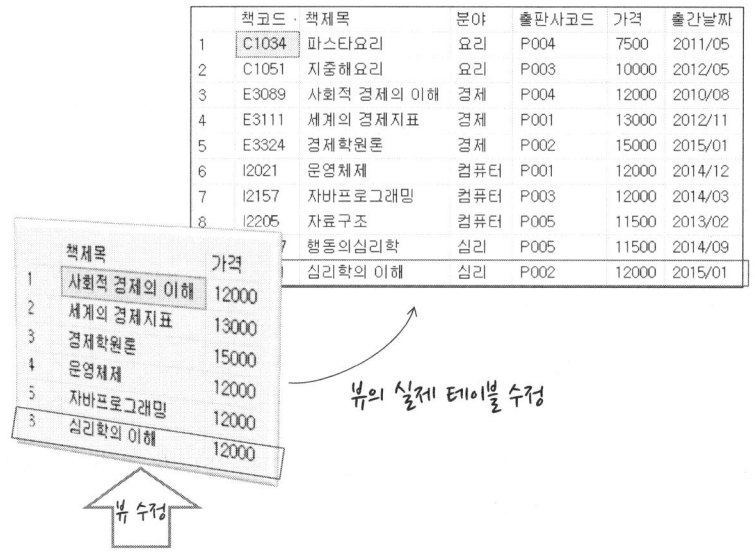

뷰의 조건이 12000원 이상의 책들만 보여지도록 생성했기 때문에 '심리학의 이해' 책은 10000원으로 수정되어 뷰의 조건에 맞지 않아 뷰에서 제외되기 때문에 맞지 않는 조건의 데이터는 보이지 않는다.

❷ WITH CHECK OPTION

앞서 살펴본 뷰는 뷰의 범위를 벗어나도록 데이터 변경이 가능했다. WITH CHECK OPTION은 뷰 조건의 범위 안에서만 데이터만 데이터 수정이 가능하게 하는 옵션이다. 즉, 뷰에서 정의한 조건에 맞지 않는 수정은 불가능하게 된다. 앞서 만들었던 'book_view'를 WITH CHECK OPTION옵션을 추가해서 수정해보자.

```
-- 조건 구문이 있는 뷰에 WITH CHECK OPTION 부여
ALTER VIEW book_view
AS
SELECT 책제목, 가격 FROM book
WHERE 가격 >= 12000 WITH CHECK OPTION
-- 뷰 조회
SELECT * FROM book_view
```

실행결과

	책제목	가격
1	사회적 경제의 이해	12000
2	세계의 경제지표	13000
3	경제학원론	15000
4	운영체제	12000
5	자바프로그래밍	12000

책 '자바프로그래밍'의 가격을 10000원으로 수정해보자.

```
-- WITH CHECK OPTION 을 부여한 뷰에 조건 이외의 값으로 수정
UPDATE book_view SET 가격 = 10000
 WHERE 책제목 = '자바프로그래밍'
-- 뷰 조회
SELECT * FROM book_view
```

실행결과

```
메시지 550, 수준 16, 상태 1, 줄 1
대상 뷰가 WITH CHECK OPTION을 지정하거나 WITH CHECK OPTION을 지정하는 뷰에
걸쳐 있고 해당 연산의 하나 이상의 결과 행이 CHECK OPTION 제약 조건을 충족하지 않았으
므로 삽입 또는 업데이트 시도가 실패했습니다.
문이 종료되었습니다.
```

오류가 발생한다.

WITH CHECK OPTION을 사용하여 책의 가격이 12000원 이상인 책들로만 뷰를 생성하였기 때문에 이 범위를 벗어나도록 하는 값의 수정은 불가능하게 된다.

❸ 뷰에 없는 열의 속성

뷰에 없는 열에 대한 입력은 DEFAULT, NULL, IDENTITY, TIMESTAMP 속성 중 하나이어야 한다. 뷰를 통한 레코드 입력은 뷰에서 정의된 값들만 입력할 수 있다.

그런데 뷰를 기반으로 하는 실제 테이블의 일부 열이 뷰로 정의되기 때문에 실제 뷰에서 입력되는 열들을 제외한 나머지 열들은 뷰를 통해서는 입력할 수 없다.

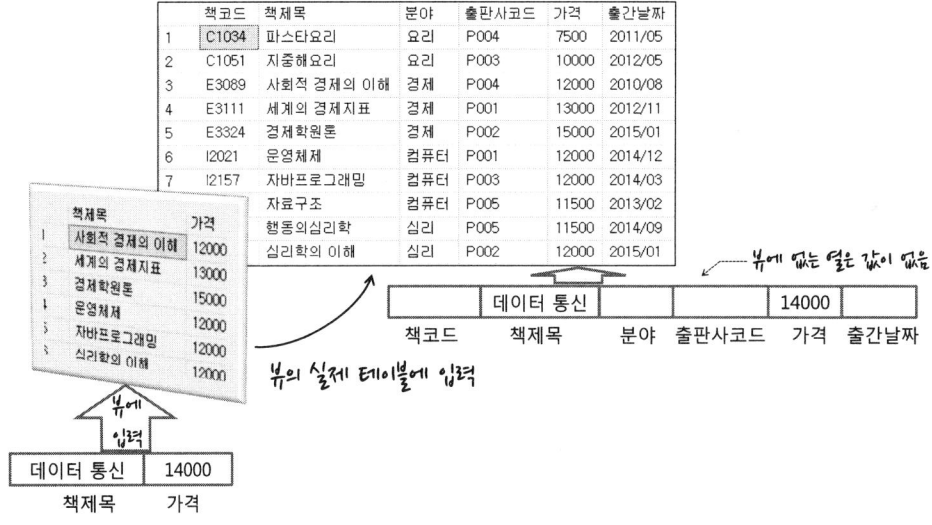

따라서 뷰에 없는 열의 값 들은 지정해서 입력하지 못하기 때문에 이들의 속성은 입력값을 지정하지 않아도 되는 속성들 즉, DEFAULT, NULL, IDENTITY, TIMESTAMP 등으로 되어 있지 않으면 뷰를 통한 입력은 실제 테이블에 입력이 되기 때문에 오류가 발생한다.

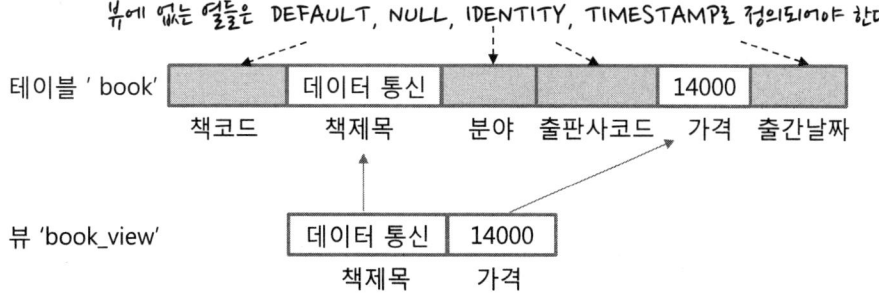

실습한 예제 뷰 'book_view'에서 제외된 열 중에 다음 두개 열의 속성은 다음과 같다.

- 책코드 : NOT NULL, PRIMARY KEY 지정
- 출간날짜 : NOT NULL

즉 '책코드'와 '출간날짜'는 반드시 입력값이 존재해야 하는 열이기 때문에 'book_view'를 통한 레코드 입력은 불가능하다.

❹ 뷰를 통한 데이터 변경은 한 번에 하나의 테이블 만 가능

만약, 두 개 이상의 테이블을 조인하여 뷰를 만들었다면 뷰를 통한 데이터 수정은 한 번에 하나의 테이블 만 가능하나. 즉, 테이블1의 열 A, B와 테이블2의 열 C, D를 조인하여 뷰를 만들었다면 데이터 수정은 한 번에 테이블1의 A와 B 만 하던지, 테이블2의 열 C와 D를 한 번에 해야 한다. 동시에 두 개 테이블의 변경은 안 된다.

```
--- 두개 테이블 조인한 뷰 : 하나의 테이블씩 UPDATE 가능
UPDATE  테이블1  SET A=...,B=... WHERE ...
        또는
UPDATE  테이블2  SET C=...,D=... WHERE ...
```

예제 테이블 TESTS1과 TEST2를 만들자.

```
-- 예제 테이블 TEST1생성
CREATE TABLE TEST1 (A INT, B INT)
-- 예제 테이블 TEST2생성
CREATE TABLE TEST2 (C INT, D INT)
-- 예제 테이블 TEST1과 TEST2에 각각 레코드 한 개 씩을 입력
INSERT TEST1 VALUES(1,1)
INSERT TEST2 VALUES(2,1)
```

테이블 TEST1과 TEST2를 조인하여 뷰를 생성하자.

```
-- 뷰생성
CREATE VIEW VIEW_TEST
AS
SELECT A,B,C FROM TEST1 JOIN TEST2 ON TEST1.B=TEST2.D
```

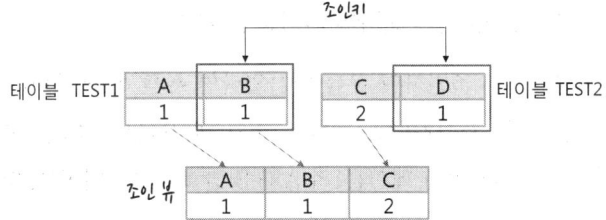

VIEW_TEST의 열 A와 C를 수정해보자. 열A는 TEST1의 열이고 열C는 TEST2의 열이다. 실행결과는 오류가 발생한다.

```
UPDATE VIEW_TEST SET A=9, C=10 WHERE B = 1
```

실행결과

```
메시지 4405, 수준 16, 상태 1, 줄 1
뷰 또는 함수 'VIEW_TEST'은(는) 수정 시 여러 기본 테이블에 영향을 주므로 업데이트할 수 없습니다.
```

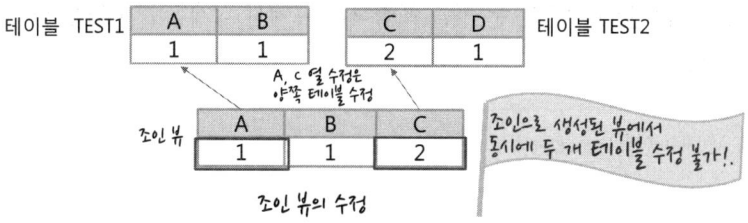

두 개 테이블이 조인되어 생성된 뷰에서는 두 개 테이블을 동시에 수정할 수 없다. 한 번에 하나의 테이블을 수정해야 하므로 열 A 와 열 C를 순서적으로 따로 수정 작업을 진행해야 한다.

```
-- 조인 기반의 뷰는 양쪽 테이블의 열 수정은 한 테이블씩 진행
UPDATE  VIEW_TEST  SET A=9   WHERE B = 1
UPDATE  VIEW_TEST  SET C=10  WHERE B = 1
```

❺ **집계함수를 사용해 만들어진 열은 직접 수정할 수 없다.**

뷰를 만들 때 집계함수(SUM, AVG, COUNT, MIN, MAX)를 이용해 만들어진 열은 실제 테이블의 데이터를 기반으로 만들긴 했지만 실제 테이블에 존재하는 열은 아니다. 따라서, 뷰를 통한 데이터 수정은 실제 테이블을 수정하기 때문에 집계함수를 이용해 만들어진 열은 직접 수정할 수 없다.

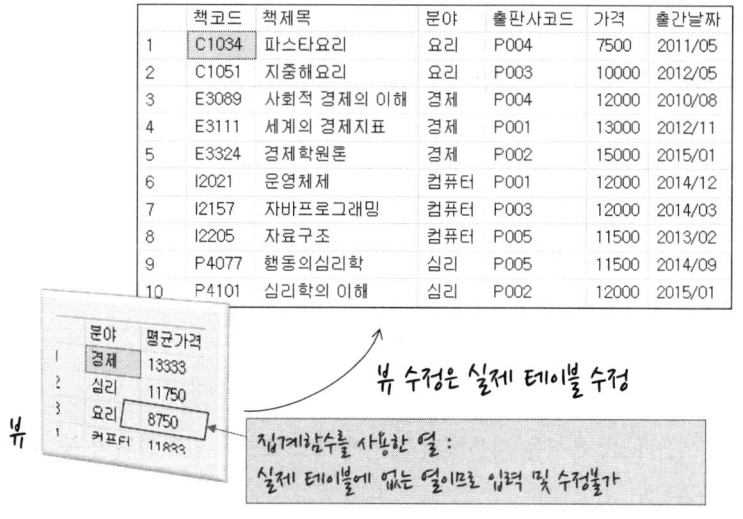

따라서, 다음 집계함수에 기반을 둔 열을 포함하는 뷰에서 집계함수에 의한 열을 수정하면 오류가 발생한다.

```
CREATE VIEW 제품평균view
AS
SELECT 종류, AVG(가격) 평균가격 FROM 제품 GROUP BY 종류
UPDATE 제품평균view SET 평균가격 = 55000 -- 수정불가
```

14.7 WITH ENCRYPTION

뷰 또는 개체를 생성할 때 WITH ENCRYPTION 옵션을 사용하면 생성된 개체의 소스코드를 볼 수 없다. 주의할 점은 볼 수 없도록 암호화시킨 소스코드는 다시 해제할 방법이 없기 때문에 암호화시키면서 소스코드를 별도로 보관해야 한다.

다음은 WITH ENCRYPTION 옵션을 사용한 예제이다.

```
ALTER VIEW 임시제품view WITH ENCRYPTION
AS
SELECT 제품번호, 제품명, 가격
FROM 임시제품
WHERE 가격 >= 50000 WITH CHECK OPTION
```

sp_helptext를 사용하여 뷰에 대한 소스코드를 확인해보자.

```
sp_helptext 임시제품view
```

실행결과

> 메시지
> 개체 '임시제품view'의 텍스트가 암호화되었습니다.

WITH ENCRYPTION 옵션을 사용했기 때문에 소스코드가 암호화되어 볼 수 없다.

▽ 알아보기

▶ 뷰에 대한 정보 보기
- sp_helptext 뷰이름

  시스템 스토어드 프로시저 sp_helptext를 사용하면 뷰의 정의 내용을 볼 수 있다.

  ```
  sp_helptext  판매실적view
  ```

  실행결과

	Text
1	CREATE VIEW 판매실적view
2	AS
3	SELECT 제품명, 판매수량
4	FROM 제품 JOIN 판매
5	ON 제품.제품번호=판매.제품번호

- sp_help 뷰이름

  시스템 스토어드 프로시저 sp_help를 사용하면 뷰의 객체정보를 볼 수 있다.

  ```
  sp_help  판매실적view
  ```

  실행결과

	Name	Owner	Type	Created_datetime
1	판매실적view	dbo	view	2014-12-02 23:54:39.493

	Column_name	Ty...	Computed	Length	Prec	Scale	Nullable	TrimTrailingBlanks	FixedLenNullInSource	Collation
1	제품명	char	no	20			yes	no	yes	Korean_Wansung_CI_AS
2	판매수량	int	no	4	10	0	yes	(n/a)	(n/a)	NULL

	Identity	Seed	Increment	Not For Replication
1	No identity column defined.	NULL	NULL	NULL

	RowGuidCol
1	No rowguidcol column defined.

14.8 뷰 생성시 제약 사항

뷰를 만들 때 다음과 같은 제약사항을 고려해서 뷰를 생성하도록 하자.

❶ 뷰를 생성할 때 SELECT INTO, ORDER BY 를 사용할 수 없다.
❷ 임시테이블을 기반으로 한 뷰를 생성할 수 없다.
❸ 열 이름이 반드시 정해져야 한다. 집계 함수 등을 사용하여 만들어지는 열에는 이름을 지정하지 않으면 오류가 발생한다.

■ 실습해보기

[pubs 데이터베이스]

14-1 두 개의 테이블을 조인하여 뷰를 생성해보자. titles 테이블과 publishers 테이블을 조인하여 책이름(title)과 책을 출판한 출판사명(pub_name)을 뷰로 생성한다.

두 개 테이블, titles 테이블과 publishers 테이블을 조인하기 위하여 pub_id를 조인키로 사용하여 뷰를 생성한다.

```
CREATE VIEW 책_출판사view
AS
SELECT title,pub_name
FROM titles t join publishers p
    ON t.pub_id=p.pub_id
```

생성된 뷰를 확인해보자.

```
SELECT * FROM 책_출판사view
```

실행결과

	title	pub_name
1	The Busy Executive's Database Guide	Algodata Infosystems
2	Cooking with Computers: Surreptitious Balance Sheets	Algodata Infosystems
3	You Can Combat Computer Stress!	New Moon Books
4	Straight Talk About Computers	Algodata Infosystems
5	Silicon Valley Gastronomic Treats	Binnet & Hardley
6	The Gourmet Microwave	Binnet & Hardley
7	The Psychology of Computer Cooking	Binnet & Hardley
8	But Is It User Friendly?	Algodata Infosystems
9	Secrets of Silicon Valley	Algodata Infosystems
10	Net Etiquette	Algodata Infosystems
11	Computer Phobic AND Non-Phobic Individuals: Beh...	Binnet & Hardley
12	Is Anger the Enemy?	New Moon Books
13	Life Without Fear	New Moon Books
14	Prolonged Data Deprivation: Four Case Studies	New Moon Books
15	Emotional Security: A New Algorithm	New Moon Books
16	Onions, Leeks, and Garlic: Cooking Secrets of the ...	Binnet & Hardley
17	Fifty Years in Buckingham Palace Kitchens	Binnet & Hardley
18	Sushi, Anyone?	Binnet & Hardley

뷰에 대한 소스코드를 확인해보자.

```
EXEC sp_helptext 책_출판사view
```

실행결과

	Text
1	CREATE VIEW 책_출판사view
2	AS
3	SELECT title,pub_name
4	FROM titles t join publishers p
5	ON t.pub_id=p.pub_id

14-2 책 분야(type)별 평균 책가격을 구하는 뷰를 생성해보자.

GROUP BY 구문과 집계함수 AVG를 이용하여 분야별로 평균 책가격을 구해보자.

```
CREATE VIEW 책평균
AS
SELECT type, AVG(price) 평균가격 FROM titles GROUP BY type
```

생성된 뷰를 확인해보자.

```
SELECT * FROM 책평균
```

실행결과

	type	평균가격
1	business	13.73
2	mod_cook	11.49
3	popular_comp	21.475
4	psychology	13.504
5	trad_cook	15.9633
6	UNDECIDED	NULL

14-3 WITH CHECK OPTION이 있는 뷰를 생성해보자.

뷰를 생성하기 위하여 기반이 될 테이블을 생성하고 Sales.SalesOrderDetail에서 데이터를 가져다 채우자.

```
-- 테이블생성
CREATE TABLE 책2
( 책코드 VARCHAR(6),
  책이름 VARCHAR(80),
  분야 CHAR(12),
  가격 MONEY )
--테이블 책2에 데이터를 입력
INSERT 책2(책코드, 책이름, 분야, 가격)
SELECT title_id, title, type, price FROM titles
```

책2 테이블을 기반으로 뷰를 생성하자. 가격이 15이상인 레코드만 뷰로 생성한다. 이때 WITH CHECK OPTION 을 적용한다.

```
-- 뷰생성
CREATE VIEW 책가격제한_view
AS
SELECT 책코드, 분야, 가격 FROM 책2
WHERE 가격 >= 15
WITH CHECK OPTION
```

보자.

```
-- 뷰 조회
SELECT * FROM 책가격제한_view
```

실행결과

	책코드	분야	가격
1	BU1032	business	19.99
2	BU7832	business	19.99
3	MC2222	mod_cook	19.99
4	PC1035	popular_comp	22.95
5	PC8888	popular_comp	20.00
6	PS1372	psychology	21.59
7	PS3333	psychology	19.99
8	TC3218	trad_cook	20.95

뷰를 통해 데이터를 입력해보자.

```
INSERT INTO 책가격제한_view VALUES('K12345', '컴퓨터', 15)
```

뷰를 통해 입력한 데이터는 뷰를 기반으로 한 테이블에 입력된다. 책가격제한 view 의 기반이 된 테이블이 책2이므로 책2 테이블을 조회해보자. 입력한 데이터가 정상적으로 삽입된 것을 확인할 수 있다.

```
SELECT * FROM 책2
```

실행결과

	책코드	책이름	분야	가격
1	BU1032	The Busy Executive's Database Guide	business	19.99
2	BU1111	Cooking with Computers: Surreptitious Balance Sheets	business	11.95
3	BU2075	You Can Combat Computer Stress!	business	2.99
4	BU7832	Straight Talk About Computers	business	19.99
5	MC2222	Silicon Valley Gastronomic Treats	mod_cook	19.99
6	MC3021	The Gourmet Microwave	mod_cook	2.99
7	MC3026	The Psychology of Computer Cooking	UNDECIDED	NULL
8	PC1035	But Is It User Friendly?	popular_comp	22.95
9	PC8888	Secrets of Silicon Valley	popular_comp	20.00
10	PC9999	Net Etiquette	popular_comp	NULL
11	PS1372	Computer Phobic AND Non-Phobic Individuals: Beh...	psychology	21.59
12	PS2091	Is Anger the Enemy?	psychology	10.95
13	PS2106	Life Without Fear	psychology	7.00
14	PS3333	Prolonged Data Deprivation: Four Case Studies	psychology	19.99
15	PS7777	Emotional Security: A New Algorithm	psychology	7.99
16	TC3218	Onions, Leeks, and Garlic: Cooking Secrets of the ...	trad_cook	20.95
17	TC4203	Fifty Years in Buckingham Palace Kitchens	trad_cook	11.95
18	TC7777	Sushi, Anyone?	trad_cook	14.99
19	K12345	NULL	컴퓨터	15.00

마지막 레코드값으로 입력된 결과를 알 수 있다. 뷰를 통한 입력이었으므로 책이름은 입력값이 없어 NULL로 채워졌다. 이번에는 뷰를 통해 방금 입력한 데이터의 가격을 20으로 수정해보자.

```
UPDATE 책가격제한_view SET 가격=10 WHERE 책코드='K12345'
```

실행결과

```
메시지 550, 수준 16, 상태 1, 줄 2
대상 뷰가 WITH CHECK OPTION을 지정하거나 WITH CHECK OPTION을 지정하는 뷰에 걸쳐 있고 해당 연산의 하나 이상의 결과 행이 CHECK OPTION 제약 조건을 충족하지 않았으므로 삽입 또는 업데이트 시도가 실패했습니다.
문이 종료되었습니다.
```

WITH CHECK OPTION 옵션에 적용되어 가격이 15미만으로는 수정을 할 수가 없다.

14-4 앞서 생성했던 뷰에 WITH ENCRYPTION을 추가해서 수정해보자.

ALTER VIEW 구문을 사용해서 뷰를 수정하자.

```
-- 뷰 수정
ALTER VIEW 책가격제한view WITH ENCRYPTION
AS
SELECT 책코드, 책이름, 분야, 가격 FROM 책2
WHERE 가격 >= 15
WITH CHECK OPTION
```

뷰의 소스코드를 확인해보자. 결과는 WITH ENCRYPTION 때문에 소스코드를 확인할 수가 없다.

```
EXEC sp_helptext 책가격제한_view
```

실행결과

```
메시지
개체 '책가격제한view'의 텍스트가 암호화되었습니다.
```

14장 연습문제

【14-1】 뷰에 대한 설명 중 잘못된 것을 고르시오. (   )

(1) 뷰는 가상테이블이기 때문에 물리적으로 실제 테이블이 구현되는 것이 아니다.
(2) 집계함수로 만들어지는 열을 갖는 뷰는 레코드 입력이 불가능하다.
(3) 권한에 따라 접근할 수 있는 자료를 제한함으로써 보안에 유리하게 사용할 수 있다.
(4) 뷰는 기본테이블로 부터 유도된 테이블이기 때문에 한 개의 뷰만 생성이 가능하다.

【14-2】 뷰의 소스코드를 보는 명령문은? (   )

【14-3】 뷰의 소스코드를 보지 못하게 감추는 명령문은? (   )

○ 다음 SQL문을 실행하여 'emp' 테이블을 만들고 레코드를 입력하자.

```
USE pubs
CREATE TABLE emp
(사번 CHAR(9) PRIMARY KEY,
 이름 CHAR(30) NOT NULL,
 작업번호 INT NOT NULL,
 작업숙련도 INT NULL)

INSERT INTO emp
   SELECT emp_id, CONVERT(CHAR(30), fname+' '+lname), job_id, job_lvl
   FROM employee
```

【14-4】 emp 테이블을 기반으로 사번, 이름, 작업숙련도 로 이루어진 뷰 'emp_list1'을 생성하시오.

【14-5】 뷰 'emp_list1'에 다음 레코드를 입력하고 테이블 'emp'와 뷰 'emp_list1'의 데이터를 비교해보자.

입력할 레코드

사번	이름	작업숙련도
A123456	홍길동	40

【14-6】 emp 테이블을 기반으로 사번, 이름, 작업번호 로 이루어진 뷰 'emp_list2'를 생성하시오.

【14-7】 뷰 'emp_list2'에 다음 레코드를 입력하고 emp테이블과 뷰를 비교해보자.

입력할 레코드

사번	이름	작업번호
A123457	김선달	12

【14-8】 emp 테이블을 기반으로 작업번호 별 인원수를 구해서 뷰 'emp_list3' 을 생성하시오.

실행결과

	작업번호	인원수
1	2	1
2	3	1
3	4	1
4	5	7
5	6	4
6	7	4
7	8	4
8	9	4
9	10	4
10	11	4

(이후 생략)

CHAPTER 15

저장 프로시저
(Stored Procedure)

15-1. 저장 프로시저 특징
15-2. 저장 프로시저 종류
15-3. 저장 프로시저 생성
15-4. 저장 프로시저 수정
15-5. 저장 프로시저의 매개변수
15-6. 저장 프로시저의 반환값(RETURN)
15-7. 저장 프로시저 삭제
15-8. 자동 실행 저장 프로시저

저장 프로시저(Stored Procedure)

저장 프로시저는 한 개 이상의 복잡한 SQL문들을 데이터베이스에 저장하고 필요한 경우 호출해서 사용하는 개체이다. 성능 향상 면에서도 좋고 보안유지에도 좋기 때문에 활용도가 높다.

15.1 저장 프로시저 특징

❶ 모듈프로그래밍과 효율적인 재사용

반복 사용되는 SQL문을 데이터베이스에 저장하고 필요할 때마다 호출해서 사용하기 때문에 매번 SQL문을 다시 작성할 필요가 없어 편리하다.

❷ 빠른실행

저장 프로시저에 사용된 모든 구문이 처음 실행될 때 미리 분석되어 최적화된 후 메모리에 올려져 저장된다. 이후에 사용 될 때는 메모리에 올려진 내용이 수행되므로 속도가 월등히 빠르다.

❸ 네트워크 트래픽 감소

네트워크를 통하여 복잡한 쿼리문 전체를 서버로 보낼 필요가 없이, 단지 저장 프로시저를 호출하는 프로시저명과 매개변수 값만 서버로 전달되므로 네트워크 트래픽이 감소된다.

④ 보안 관리

특정 테이블에 대한 권한이 없는 사용자의 경우 해당 테이블에 직접 접근할 수 없지만 저장 프로시저를 이용하여 테이블에 접근 할 수 있다. 따라서 프로시저에 대한 접근 권한을 통해 특정테이블에 대한 제한적인 접근을 가능하도록 하여 보안성을 높일 수 있다.

15.2 저장 프로시저 종류

❶ 시스템 저장 프로시저

SQL서버에서 지원되는 내장 저장 프로시저로 sp_로 시작한다. 시스템 저장 프로시저는 아주 많기 때문에 필요한 경우 온라인 설명서를 보면서 사용하면 된다. 다음은 시스템 프로시저 예이다.

시스템 프로시저 명	설명
sp_who	서버에 연결된 사용자정보를 보여준다.
sp_help 개체	개체에 대한 정보를 보여준다.
sp_helptext 개체	개체에 대한 소스코드를 보여준다
sp_depends 개체	개체와 연관되거나 종속된 개체 정보를 보여준다.
sp_lock	lock정보를 보여준다.
sp_configure	서버의 설정을 변경한다.

❷ 사용자 저장 프로시저

사용자가 필요한 기능을 SQL문으로 개발해서 저장 프로시저로 구현한 것이다.

❸ 확장 저장 프로시저

SQL문만으로 개발하기 어려운 기능들을 C언어 등으로 개발한 저장 프로시저로 master 데이터베이스에만 추가할 수 있다.

❹ 임시 저장 프로시저

사용자 정의 프로시저와 동일하게 작성하지만 저장 프로시저명 앞에 '#'을 붙인 임시로 사용하는 저장 프로시저이다.

❺ CLR 저장 프로시저

SQL문에서 프로그래밍 부분을 CLR코드로 개발하여 강력한 구조적 프로그래밍을 가능하도록 한 저장 프로시저이다.

15.3 저장 프로시저 생성

다음은 저장프로시저를 생성하는 구문이다.

```
CREATE PROC[EDURE] 저장프로시저명
  [@매개변수1 데이터형식,@매개변수2 데이터형식, ··· ,@매개변수n 데이터형식]
AS
SQL문
```

프로시저를 생성할 때 CREATE PROCEDURE라고 시작하거나 PROCEDURE 대신 줄여서 PROC이라고 사용해도 된다. 매개변수는 저장 프로시저내의 SQL문에 원하는 값을 보내는 용도로 사용한다. 저장 프로시저의 값 반환 방식은 3가지가 있다. SELECT문의 결과 집합 반환, OUTPUT 매개변수를 사용한 반환, RETURN문을 사용한 반환이다. 우선, 매개변수가 없는 간단한 프로시저의 생성 예제부터 살펴보자.

```
CREATE PROC Score_Proc
AS
SELECT 이름, 점수 FROM 성적 WHERE 점수 >= 80
ORDER BY 점수
```

저장된 프로시저는 EXEC명령어로 실행시킨다.

```
EXEC Score_Proc
```

실행결과

▽ 알아보기

▶ 저장 프로시저의 소스코드 감추기(WITH ENCRYPTION)

저장 프로시저를 생성하면서 WITH ENCRYPTION옵션을 사용하면 소스코드를 암호화하기 때문에 코드를 볼 수 없다. 뷰에서와 마찬가지로 WITH ENCRYPTION을 사용하면 소스코드를 별도로 보관해야 한다.

```
-- 소스코드 감추기
ALTER PROC Score_Proc WITH ENCRYPTION
AS
SELECT 이름, 점수 FROM 성적 WHERE 점수 >= 80
ORDER BY 점수
-- 소스코드 보기
sp_helptext Score_Proc
```

실행결과

메시지
개체 '성적PROC'의 텍스트가 암호화되었습니다.

15.4 저장 프로시저 수정

저장 프로시저를 수정할 때에는 CREATE대신 ALTER구문을 사용한다. 다음은 프로시저를 수정하는 구문이다.

```
ALTER PROC[EDURE] 저장프로시저명
  [@매개변수1 데이터형식, @매개변수2 데이터형식, ···, @매개변수n 데이터형식]
AS
SQL문
```

앞서 생성했던 프로시저 Score_Proc을 수정하는 구문은 다음과 같다. 학생들의 학번을 추가하여 학번, 이름, 점수를 출력하도록 수정해보자.

```
ALTER PROC Score_Proc
AS
SELECT 학번, 이름, 점수 FROM 성적 WHERE 점수 >= 90
ORDER BY 점수
```

15.5 저장 프로시저의 매개변수

앞서 만든 프로시저 Score_Proc은 항상 90점 이상 학생들의 학번, 이름, 점수를 출력한다. 실행할 때마다 70점 이상, 90점 이상 등 값을 지정하기 위해서는 매개변수가 필요하다. 저장 프로시저를 실행할 때 매개변수에 값을 입력받아 결과 값을 얻어 낼 수 있다.

❶ 기본값이 있는 매개변수

다음은 점수를 입력받아 입력받은 점수이상을 받은 학생들의 내역을 출력하는 저장 프로시저이다. @로 시작하는 매개변수는 최대 2100개까지 사용할 수 있으며 각각의 매개변수는 변수명을 작성하고 데이터형식을 정의한다. 다음 프로시저 Above_Score 는 매개변수 '@점수'를 정의하였다.

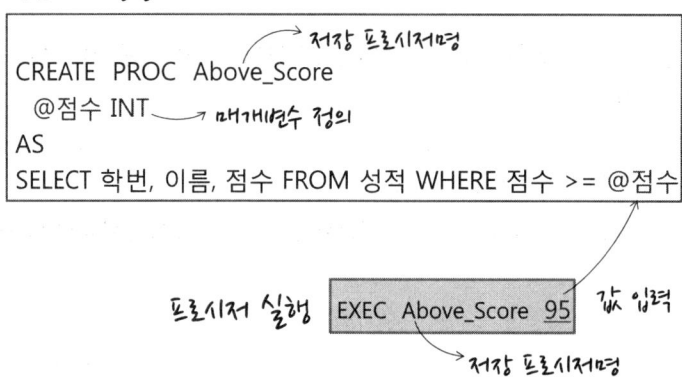

프로시저를 실행할 때 매개변수 '@점수'의 값을 지정하면 그 값을 입력받아 실행한다. 프로시저명 다음에 공백을 띄우고 값 95를 주면 그 값이 매개변수 '@점수'의 값으로 입력된다. 프로시저를 생성하고 실행시켜 보자.

```
-- 프로시저 생성 (매개변수 : @점수)
CREATE PROC Above_Score
    @점수 INT
AS
SELECT 학번, 이름, 점수 FROM 성적 WHERE 점수 >= @점수

-- 매개변수 값(95)을 입력받아 프로시저 실행
EXEC Above_Score 95
```

실행결과

	학번	이름	점수
1	201901005	이종석	95
2	201901007	박보영	95

매개변수에 기본 값을 설정해서 저장 프로시저를 생성할 수 있다. 방금 만들었던 프로시저를 기본 값이 있는 프로시저로 수정해보자.

```
-- 매개변수의 기본 값이 있는 프로시저
ALTER PROC Above_Score
    @점수 INT = 85      -- 기본값 85
AS
SELECT 학번, 이름, 점수 FROM 성적
WHERE 점수 >= @점수
```

저장 프로시저를 실행할 때 매개변수 값을 설정하지 않으면 기본 값이 설정되어 실행된다. 매개변수 값을 부여하지 않고 프로시저를 실행해보자.

```
EXEC Above_Score
```

실행결과

	학번	이름	점수
1	201901001	박보검	90
2	201901004	윤균상	85
3	201901005	이종석	95
4	201901007	박보영	95
5	201901008	한효주	90
6	201901010	김수현	88
7	201901014	한지민	94
8	201901017	정해인	87
9	201901018	강소라	90
10	201901019	서강준	94

실행결과는 기본값이 85가 적용되어 85점 이상인 학생들이 출력된다. 이번에는 매개변수 값을 90으로 부여하고 실행해보자. 90점 이상 점수를 받은 학생들이 출력된다.

```
EXEC Above_Score 90
```

실행결과

	학번	이름	점수
1	201901001	박보검	90
2	201901005	이종석	95
3	201901007	박보영	95
4	201901008	한효주	90
5	201901014	한지민	94
6	201901018	강소라	90
7	201901019	서강준	94

이번에는 레코드 값을 입력하는 저장 프로시저를 생성해보자. 먼저, 레코드 입력을 위한 테이블을 생성하자. 실습을 위한 테이블이므로 임시 테이블로 생성하자.

```
--고객 테이블 생성
CREATE TABLE #고객
(번호 INT, 이름 CHAR(20), 성별 CHAR(2), 직업 CHAR(20))
```

다음 예제는 레코드 값을 입력하는 저장 프로시저이다. 임시 저장 프로시저로 생성하기 위하여 프로시저명 앞에 #을 붙여 생성해보자. 변수 @직업은 기본값을 지정하였다.

```
--입력 저장 프로시저
CREATE PROC #ADD_REC
    @번호 INT, @이름 CHAR(20), @성별 CHAR(2), @직업 CHAR(20) = '학생'
AS
INSERT INTO #고객(번호,이름,성별, 직업) VALUES(@번호,@이름,@성별,@직업)
```

레코드 값을 입력하기 위하여 프로시저를 실행해보자. 첫번째 레코드 값은 직업열에 값을 부여하였고 나머지 레코드는 기본 값을 사용하도록 매개변수값을 지정하지 않았다.

```
EXEC #ADD_REC 1, '홍길동', '남', '회사원'
EXEC #ADD_REC 2, '김선달', '남'      -- 직업열에 기본값 지정(매개변수 값 없음)
EXEC #ADD_REC 3, '성춘향', '여'      -- 직업열에 기본값 지정(매개변수 값 없음)
SELECT * FROM #고객
```

실행결과

	번호	이름	성별	직업
1	1	홍길동	남	회사원
2	2	김선달	남	학생
3	3	성춘향	여	학생

만약 값을 넘길 때 저장 프로시저에서 선언된 변수의 순서대로 넘기지 않는다면 다음과 같이 변수명도 함께 넘겨야 한다.

```
EXEC  ADD_REC  @성별 = '남', @번호 = 4, @직업 = '경찰', @이름 = '이도령'
```

❷ OUTPUT 매개변수

OUTPUT키워드를 사용하는 매개변수는 결과 값을 되돌려 받기 위한 변수로 사용한다. 저장프로시저를 실행한 결과 값을 OUTPUT으로 지정한 변수에 전달 받아 올 수 있다. OUTPUT 매개변수로 미리 지정하지 않으면 입력 매개변수로 간주되기 때문에 저장 프로시저를 정의할 때 매개변수에 OUTPUT으로 지정하여 외부로 전달할 변수임을 명시한다.

다음은 입력받은 점수이상을 받은 학생들의 수를 결과로 가져오는 저장 프로시저이다. 매개변수 @인원수는 OUTPUT매개변수이다.

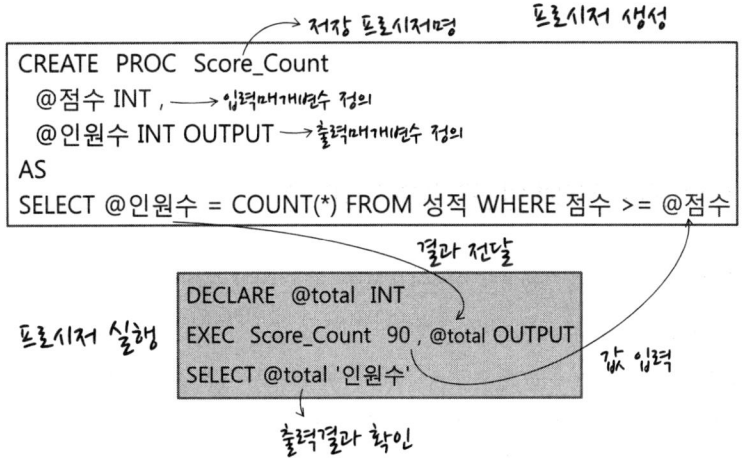

저장 프로시저를 생성해보자.

```
CREATE PROC Score_Count
    @점수 INT,
    @인원수 INT OUTPUT
AS
SELECT @인원수 = COUNT(*) FROM 성적
WHERE 점수 >= @점수
```

OUTPUT 매개변수를 정의한 저장 프로시저를 실행할 때에는 OUTPUT 매개변수의 반환 값을 저장하기 위해 지역변수(@total)를 미리 선언해야 한다. 프로시저를 실행시킬 때는 매개변수를 정의한 순서대로 값을 넘겨주고 반환 값을 받을 지역변수 다음에 OUTPUT 키워드를 사용한다. 실행 후 반환된 저장프로시저의 결과 값은 SELECT문을 사용하여 확인해본다. 위에서 정의한 저장프로시저를 실행해보자.

```
DECLARE @total INT                          -- OUTPUT 매개변수 정의
EXEC Score_Count 90, @total OUTPUT          -- OUTPUT 매개변수 명시
SELECT @total '인원수'                       -- OUTPUT 매개변수 값 출력
```

[실행결과]

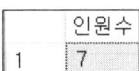

15.6 저장 프로시저의 반환값(RETURN)

RETURN은 하나의 INT값만을 반환하는데 보통 저장 프로시저의 실행상태를 확인하기 위한 값으로 사용한다. RETURN문에 사용할 지역변수는 미리 정의되어야 하는데 AS 구문 다음에 정의한다. 다음 예제를 살펴보자. 매개변수로 부여할 @제품명의 가격을 구하는데 만약 해당 제품이 없으면 RETURN문의 결과는 -1로 부여하여 반환한다.

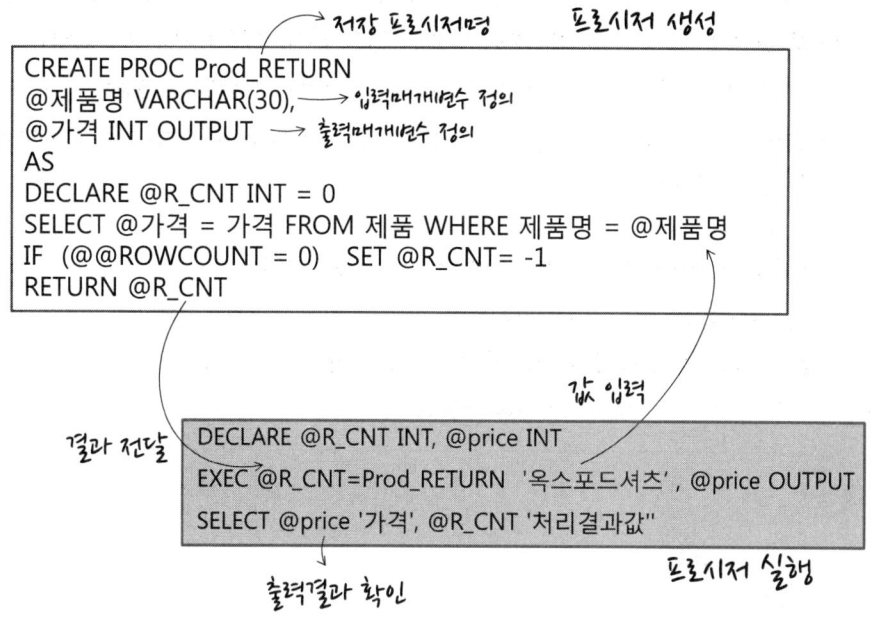

시스템변수 '@@ROWCOUNT'는 최근 실행된 SQL문의 영향을 받은 행 수를 반환하는 변수이다. SQL문 실행에 영향을 받은 행이 없다면 '@@ROWCOUNT'는 0 의 값은 갖는다. RETURN 결과를 변환하는 저장 프로시저를 생성해보자.

```
CREATE PROC Prod_RETURN
    @제품명 VARCHAR(30),
    @가격 INT OUTPUT
AS
DECLARE @R_CNT INT = 0
SELECT  @가격 = 가격 FROM 제품
WHERE 제품명 = @제품명
IF (@@ROWCOUNT = 0 ) SET @R_CNT= -1
RETURN @R_CNT
```

프로시저를 호출할 때 RETURN값을 받을 변수를 정의하고 프로시저의 RETURN되는 값을 이 변수로 받아야 한다. 입력받은 제품이 없는 경우 RETURN 반환값(@R_CNT)의 결과는 -1로 설정하여 비정상적인 실행임을 나타내도록 한다. 입력받은 제품이 있는 경우 RETURN 반환값(@R_CNT)의 결과는 0으로 출력된다. RETURN의 반환결과를 출력하는 저장 프로시저를 실행해보자.

```
-- RETURN 변수@R-CNT와 OUTPUT변수 @price를 정의
DECLARE @R_CNT INT, @price INT
EXEC @R_CNT = Prod_RETURN '옥스포드셔츠', @price OUTPUT
SELECT @price '가격', @R_CNT '처리결과값'
```

[실행결과]

	가격	처리결과
1	15000	0

15.7 저장 프로시저 삭제

프로시저를 삭제하는 구문은 다른 개체의 삭제와 마찬가지로 DROP문을 사용한다.

```
DROP PROC [ IF EXISTS ] 저장프로시저명
```

SQL SERVER 2016부터 저장 프로시저가 존재하는지 체크하여 존재한다면 삭제하도록 하기 위해서는 DROP PROC IF EXISTS 구문을 사용할 수 있다. 저장 프로시저 Prod_RETURN 을 삭제하는 예제는 다음과 같다.

```
DROP PROC Prod_RETURN
```

15.8 자동 실행 저장 프로시저

SQL서버가 시작될 때 자동으로 저장 프로시저가 실행되도록 할 수 있다. 자동 실행 저장 프로시저는 시스템 관리자 권한으로 master 데이터베이스에 생성되어 있어야 한다. SP_PROCOPTION 시스템 저장 프로시저를 사용해서 자동 실행 저장 프로시저로 저장해야 한다.

```
SP_PROCOPTION [@ProcName=] '저장프로시저명'
             ,[@OptionName=] 'startup'
             ,[@OptionValue=] 'ON 또는 OFF'  -- 자동실행여부
```

저장 프로시저를 자동으로 실행하기 위해서는 SQL서버의 설정을 변경해야 한다. SP_CONFIGURE를 사용해서 'scan for startup procs' 옵션을 활성화해야 한다.

```
EXEC SP_CONFIGURE 'show advanced options', '1'
RECONFIGURE WITH OVERRIDE
EXEC SP_CONFIGURE 'scan for startup procs', '1'
RECONFIGURE WITH OVERRIDE
```

SQL서버를 실행할 때마다 날짜를 기록하는 자동 실행 저장 프로시저를 만들어 보자. 날짜를 기록할 테이블을 생성하자.

```
USE MASTER
-- SQL 서버를 실행할 때마다 날짜가 기록될 테이블 생성
CREATE TABLE start_log
(log_date CHAR(10))
```

날짜를 기록할 자동 실행 저장 프로시저를 생성하자.

```
-- 날짜를 기록할 저장 프로시저 생성
CREATE PROC proc_start_log
AS
INSERT INTO start_log VALUES(CONVERT(VARCHAR(10), GETDATE( ), 111))
```

구성 옵션을 변경하자.

```
EXEC SP_CONFIGURE 'show advanced options', '1'
RECONFIGURE WITH OVERRIDE
EXEC SP_CONFIGURE 'scan for startup procs', '1'
RECONFIGURE WITH OVERRIDE
-- 저장 프로시저를 자동 실행하도록 등록
EXEC SP_PROCOPTION 'proc_start_log', 'startup', 'ON'
```

자동 실행 저장 프로시저의 등록을 마친 후 SQL서버를 재 시작한다. 날짜가 기록되었는지 확인한다.

```
SELECT * FROM start_log
```

[실행결과]

	log_date
1	2018/12/06

■ 실습해보기

[AdventureWorks2014 데이터베이스]

15-1 HumanResources.Employee테이블을 기반으로 직급(Title)을 입력받아 해당 직급을 가진 직원의 수를 반환하는 프로시저를 작성해보자. 기본 값이 있는 프로시저를 작성하자.

```sql
CREATE PROC proc_Employeecnt
    @Title VARCHAR(50) = 'Production Technician - WC60'
AS
SELECT COUNT(Title) AS '사원수' FROM HumanResources.Employee
WHERE Title = @Title
```

저장 프로시저를 실행시켜보자. 기본 값으로만 실행하도록 해보자.

```sql
-- 기본값으로 프로시저 실행
EXEC proc_Employeecnt
```

실행결과

	사원수
1	26

이번에는 입력 매개변수 값을 넣어 보자.

```sql
-- 매개변수 값을 입력받아 프로시저 실행
EXEC proc_Employeecnt 'Network Administrator'
```

실행결과

	사원수
1	2

15-2 앞서 만들었던 프로시저를 OUTPUT 매개변수를 이용하도록 수정해보자.

```
ALTER PROC proc_Employeecnt
    @Title VARCHAR(50)
    , @cnt INT OUTPUT
AS
SELECT @cnt = COUNT(Title)
FROM HumanResources.Employee
WHERE Title=@Title
```

저장 프로시저를 실행시켜보자.

```
DECLARE @emp_cnt INT
EXEC proc_Employeecnt 'Network Administrator', @emp_cnt OUTPUT
SELECT @emp_cnt '사원수'
```

실행결과

	사원수
1	2

15-3 앞서 만들었던 프로시저를 RETURN문을 사용해서 저장 프로시저 값을 반환하도록 수정하자.

```
ALTER PROC  proc_Employeecnt
    @Title  VARCHAR(50) = 'Production Technician - WC60'
AS
DECLARE  @ret_value  INT;
SELECT  @ret_value = COUNT(Title)
FROM  HumanResources.Employee
WHERE  Title = @Title
RETURN  @ret_value
```

저장 프로시저를 실행시켜보자.

```
DECLARE  @retvalue  INT;
EXEC  @retvalue = proc_Employeecnt  'Network Administrator'
SELECT  @retvalue  AS  '사원수'
```

실행결과

	사원수
1	2

15장 연습문제

[SampleDB 데이터베이스]

【15-1】 제품테이블에서 각 제품의 종류별로 평균 가격을 구하는 프로시저 'avg_proc'을 생성하고 실행하시오.

【15-2】 앞서 만든 프로시저 'avg_proc' 에서 평균가격이 5만원 이상인 제품만 출력되도록 프로시저를 수정하시오.

【15-3】 앞서 만든 프로시저 'avg_proc'의 소스를 확인하시오.

【15-4】 프로시저 'avg_proc'가 어떤 테이블과 관련 있는지 확인하시오.

【15-5】 프로시저 'avg_proc'를 삭제하시오.

【15-6】 테이블 '제품'에서 제품의 '종류'가 주어진 종류만 출력하도록 프로시저 'type_proc'을 생성하시오. (입력매개변수는 종류)

【15-7】 앞서 만든 프로시저 'type_proc'의 입력 값을 '점퍼'로 하여 실행하시오.

【15-8】 앞서 만든 프로시저 'type_proc'의 입력 매개변수 값의 기본 값을 '셔츠'로 설정하시오.

【15-9】 인상비율을 입력받아 테이블 '제품'에서 인상비율 만큼의 가격을 인상하는 프로시저를 생성하시오. (입력매개변수는 인상비율)

【15-10】 테이블 '제품'과 '판매'를 조인하고 '제품명'이 매개변수의 제품명에 해당하는 판매수량을 구하는 프로시저 'sum_proc'를 작성하시오. 이때, 판매수량은 output매개변수로 출력하도록 하시오.

【15-11】 프로시저 'sum_proc'의 입력값을 '롱코트'로 하여 실행하시오.

【15-12】 테이블 '제품'에서 매개변수의 '종류'에 해당하는 제품의 가격을 10%인상하는 프로시저를 생성하시오. 이때, 반환값은 몇 개의 레코드가 인상 적용 되었는지 개수를 반환하시오.
　(참고) @@rowcount 활용: sql문이 적용된 레코드 갯수

CHAPTER
16

트리거(Trigger)

16-1. 16.1 트리거 개념
16-2. 트리거에서 사용할 수 없는 문장
16-3. 트리거 생성 구문
16-4. 트리거 생성과 작동
16-5. 트리거 수정
16-6. 트리거 삭제
16-7. 트리거 종류
16-8. 트리거에서 특정열의 변경을 확인하는 함수
16-9. 트리거 순서 지정하기

CHAPTER 16
트리거(Trigger)

트리거의 사전적 의미는 방아쇠이다. 방아쇠를 당기면 총알이 나가는 것처럼 데이터베이스에서 트리거는 미리 정해놓은 상황이 발생하면 자동적으로 프로시저가 호출되어 실행된다. 프로시저에 의해 자동적으로 연관된 작업을 처리하기 때문에 업무의 복잡성을 줄이고 데이터 무결성 유지를 할 수 있다.

16.1 트리거 개념

트리거는 특정 이벤트에 의해 자동 실행되는 프로시저의 일종이다. 이벤트에 의한 자동실행을 설명하기 위하여 다음 그림을 살펴보자. 벨을 누르면 음료를 갖다 주는 자동실행 프로시저라고 가정하자. 벨을 누르는 것은 이벤트에 해당하고 이 이벤트가 발생하면 음료를 갖다 주는 것은 자동으로 실행되는 프로시저라고 생각할 수 있다.

If 벨을 누르면

Then 음료를 갖다 준다

데이터베이스에서 트리거는 테이블에 삽입, 수정, 삭제 등 변경이 이루어지면(이벤트) 이를 계기로 자동적으로 실행되는 저장 프로시저이다. 트리거는 다음과 같은 특징을 갖는다.

❶ 수동으로 실행시킬 수 없다.
❷ 매개변수가 없다.
❸ CHECK 제약을 이용한 데이터의 무결성 유지보다 진보된 제약을 구현한다.
❹ 트리거가 또 다른 트리거를 실행시킬 수 있다.
❺ 트랜잭션의 일부로 처리된다.

16.2 트리거에서 사용할 수 없는 문장

트리거는 트랜잭션을 포함하기 때문에 트랜잭션에 포함될 수 없는 구문들은 사용할 수 없다.

```
CREATE DATABASE      ALTER DATABASE      DROP DATABASE
LOAD DATABASE        LOAD LOG            RESTORE DATABASE
RESTORE LOG          RECONFIGURE
```

16.3 트리거 생성 구문

트리거를 생성하는 구문은 다음과 같다.

```
CREATE TRIGGER 트리거명
ON  테이블 또는 뷰명
[FOR|AFTER|INSTEAD OF] INSERT 또는 UPDATE 또는 DELETE
AS
SQL문
```

트리거는 데이터베이스가 미리 정해 놓은 조건을 만족하거나 어떤 동작을 수행하면 자동적으로 트리거 작업이 발생한다. 예를 들어, 신입사원 테이블에 새로 입사한 사원의 레코드가 삽입되면 '신입사원이 입사했습니다~'라는 메시지를 출력하는 트리거를 살펴보자.

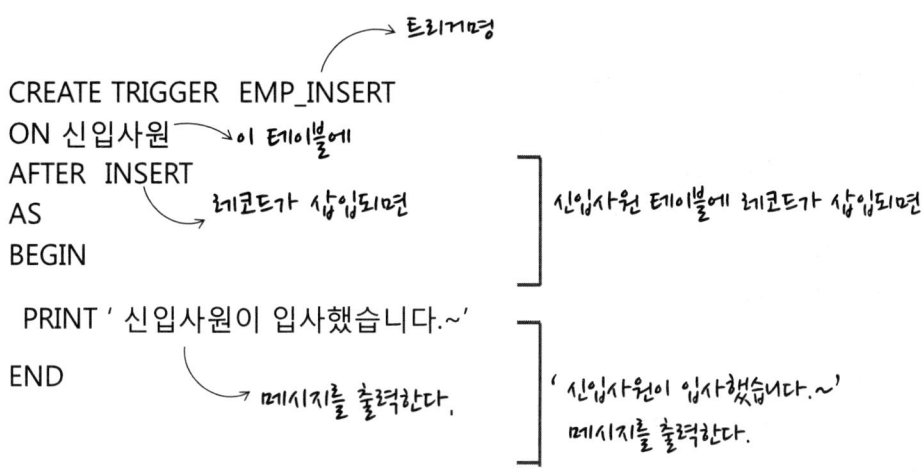

ON 다음에는 트리거 이벤트가 발생할 테이블 또는 뷰이름을 작성한다. 즉 신입사원 테이블이다. AFTER 다음에는 테이블이나 뷰에 발생할 이벤트, 즉 INSERT, UPDATE, DELETE 동작 중 하나를 명시한다. 신입사원 레코드가 삽입되는 이벤트이므로 동작은 INSERT 가 된다. AS 다음의 SQL문에서는 이벤트가 발생한 후 처리해야 할 작업을 기술하므로 '신입사원이 입사했습니다.~'라는 메시지가 처리할 작업이 된다.

트리거 작업은 AFTER 트리거와 INSTEAD OF 트리거가 있다. AFTER 트리거와 INSTEAD OF 트리거의 설명은 다음 절에서 자세히 다룬다.

16.4 트리거 생성과 작동

❶ INSERT 트리거

테이블에 INSERT동작이 수행되면 자동적으로 트리거 작업이 실행되는 트리거를 말한다. 예를 통해 살펴보자. 신입사원 테이블을 생성하자.

```
--트리거 발생 테이블 생성(신입사원 테이블)
CREATE TABLE 신입사원
( 사번 INT PRIMARY KEY,
  이름 CHAR(20) )
```

메시지를 출력하는 트리거를 작성하여 실행해보자.

```
---- 신입사원 테이블에 INSERT 트리거
CREATE TRIGGER EMP_INSERT
ON 신입사원
AFTER INSERT
AS
BEGIN
  PRINT '신입사원이 입사했습니다.~'
END
```

트리거는 사용자가 직접 수행시키는 것이 아니라 이벤트에 의해 실행되기 때문에 트리거를 실행시키는 이벤트 작업을 해야 한다. 트리거 이벤트 작업은 테이블에 INSERT, UPDATE, DELETE 작업 중 하나이다. 트리거 'EMP_INSERT'의 이벤트는 신입사원 테이블에 레코드를 삽입하는 INSERT 작업을 해야 한다.

```
---- 신입사원 테이블에 INSERT 트리거
INSERT INTO 신입사원 VALUES(1, '홍길동')
```

[실행결과]

```
메시지
신입사원이 입사했습니다.~
(1개 행이 영향을 받음)
```

신입사원 테이블에 레코드가 삽입될 때마다 메시지가 출력될 것이다.

이번에는 좀 더 유용한 트리거를 만들어 보자. 상품의 입고는 매일 매일 이루어진다. 입고 테이블에는 상품이 입고될 때마다 입고 정보를 기록하는 입고 레코드가 삽입된다. 입고된 상품은 상품 테이블의 재고수량에 입고수량이 누적되어야 한다.

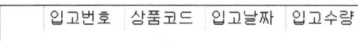

따라서 입고 테이블에 상품이 입고되는 것이 트리거를 발행시키는 이벤트가 되고 상품테이블의 재고수량을 수정하는 작업이 트리거 작업이 된다. 이때, 트리거를 발생시키는 작업은 입고테이블에 상품레코드가 추가되는 것이기 때문에 트리거 발생은 INSERT 작업이 된다. 상품테이블과 입고 테이블을 조회해보자.

```
-- 입고 테이블과 상품 테이블 확인
SELECT * FROM 입고
SELECT * FROM 상품
```

실행결과

입고번호	상품코드	입고날짜	입고수량

입고테이블

	상품코드	상품명	가격	재고수량
1	P01	노트북	980000	0
2	P02	프린터	180000	0

상품테이블

현재 상태는 상품테이블에 상품의 재고수량이 전혀 없는 상태이고 입고 테이블에는 상품이 입고되어야 한다. 트리거를 생성하기에 앞서 트리거 작업에서 중요한 개념인 INSERTED 테이블과 DELETED 테이블에 대하여 살펴보자. INSERTED 테이블과 DELETED 테이블은 데이터 변경(INSERT, UPDATE, DELETE)이 일어날 때마다 변경 값이 메모리에 저장되는 임시테이블이다. 임시테이블이기 때문에 트리거 작업이 끝나면 없어지는 테이블이다.

- INSERTED 테이블 : INSERT문에 의해 현재 삽입된 레코드 행이 메모리에 임시로 저장되는 테이블
- DELETED 테이블 : DELETE문에 의해 현재 삭제된 레코드 행이 메모리에 임시로 저장되는 테이블

INSERTED 테이블	DELETED 테이블
CREATE TRIGGER STOCK_INSERT ON 입고 AFTER INSERT AS BEGIN ... END	CREATE TRIGGER STOCK_DELETE ON 입고 AFTER DELETE AS BEGIN ... END

트리거 작업 중 UPDATE작업이 발생하면 내부적으로 DELETE문이 실행된 후 INSERT가 수행되기 때문에 DELETED테이블과 INSERTED테이블 모두에 값이 저장된다. UPDATED테이블은 존재하지 않는다.

입고테이블에 상품이 입고되면 상품테이블의 재고수량을 수정하는 트리거는 다음과 같다.

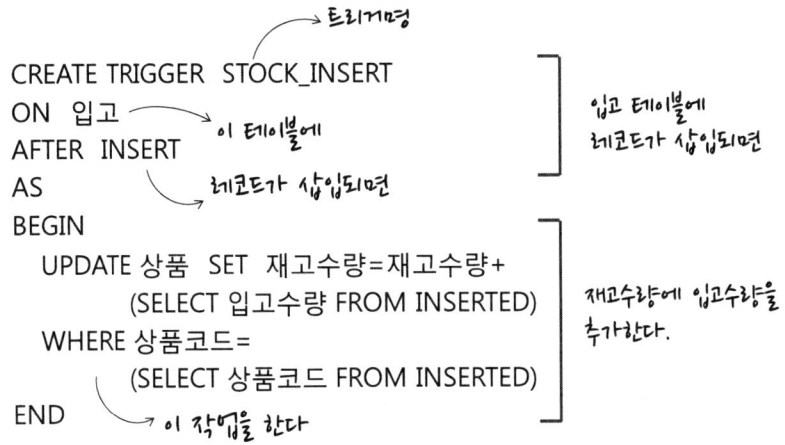

INSERTED 테이블				상품 테이블			
1	P01	2019/02/11	5	상품코드	상품명	가격	재고수량
입고번호	상품코드	입고날짜	입고수량	P01	노트북	980000	0 +5
				P02	프린터	180000	0
				...	...	...	

INSERT문에 의해 입고 테이블에 삽입된 레코드행이 INSERTED 임시 테이블에 복사본으로 존재하기 때문에 INSERTED테이블에서 현재 입고수량을 갖고 와 재고수량에 더하면 된다.

다음 표의 왼쪽 트리거를 작성하여 실행을 하고 오른쪽의 트리거 이벤트를 실행해보자.

INSERT 트리거	INSERT 트리거 동작 이벤트

CREATE TRIGGER STOCK_INSERT
ON 입고
AFTER INSERT
AS
BEGIN
UPDATE 상품 SET 재고수량 = 재고수량 +
    (SELECT 입고수량 FROM INSERTED)
WHERE 상품코드 =
    (SELECT 상품코드 FROM INSERTED)
END
	INSERT INTO 입고
	    VALUES('P01', '2019/02/11', 5)

입고와 상품테이블을 조회해보자.

```
-- 입고 테이블과 상품 테이블 확인
SELECT * FROM 입고
SELECT * FROM 상품
```

현재까지의 레코드를 확인하자.

실행결과

	입고번호	상품코드	입고날짜	입고수량
1	1	P01	2019/02/11	5

	상품코드	상품명	가격	재고수량
1	P01	노트북	980000	5
2	P02	프린터	180000	0

다시 한번 입고 레코드를 추가시켜 트리거 결과를 확인해보자.

```
-- 입고 테이블과 상품 테이블 확인
INSERT INTO 입고 VALUES('P02', '2019/02/12', 2)
SELECT * FROM 입고
SELECT * FROM 상품
```

실행결과

	입고번호	상품코드	입고날짜	입고수량
1	1	P01	2019/02/11	5
2	2	P02	2019/02/12	2

	상품코드	상품명	가격	재고수량
1	P01	노트북	980000	5
2	P02	프린터	180000	2

▽ 알아보기

▶ 입고날짜를 오늘날짜로 입력하기

입고날짜 값을 오늘 입력 날짜값으로 하기 위해 날짜함수 GETDATE()를 사용하면 된다. 하지만 GETDATE()함수의 값을 그대로 입력하면 일-월-년도로 입력된다. 이 값을 연도-월-일로 변환하기 위해 변환함수인 CONVERT함수를 사용하고 세 번째 인수 120 값을 사용하면 yy-mm-dd형태로 나타난다.

```
INSERT INTO 입고 VALUES('P01', CONVERT(VARCHAR(10),GETDATE( ),
120), 10)
INSERT INTO 입고 VALUES('P02', CONVERT(VARCHAR(10),GETDATE( ),
120), 5)
```

▽ 알아보기

▶ WITH ENCRYPTION

뷰와 프로시저 생성 시에 이 옵션을 사용하면 소스코드를 암호화 할 수 있었다. 트리거 역시 이 옵션을 사용하면 sp_helptext에 의해서 소스코드를 볼 수 없다.

❷ DELETE 트리거

입고된 상품이 반품처리 된다면 입고테이블에서 해당 상품을 삭제해야 한다. 삭제된 상품에 대한 재고수량 역시 다시 수정되어야 한다.

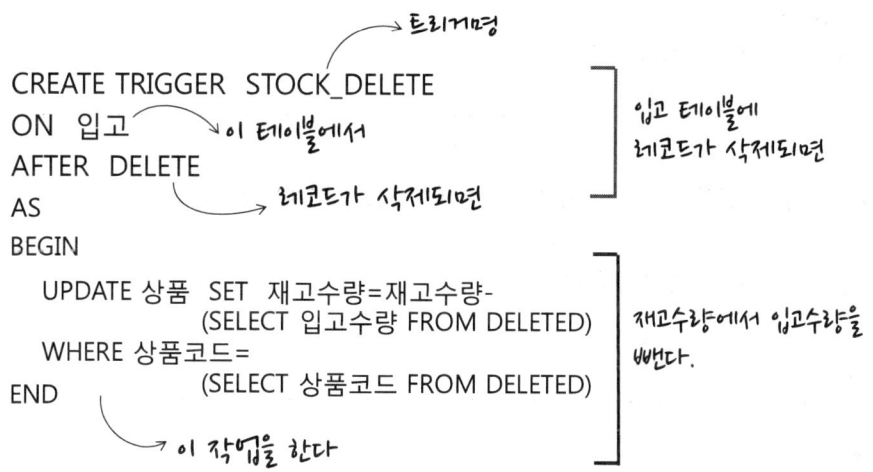

입고테이블의 상품이 반품되면 상품테이블의 재고수량을 수정하는 트리거는 다음과 같다.

```
CREATE TRIGGER  STOCK_DELETE        → 트리거명
ON  입고          → 이 테이블에서          } 입고 테이블에
AFTER  DELETE                              레코드가 삭제되면
AS               → 레코드가 삭제되면
BEGIN
    UPDATE 상품  SET  재고수량=재고수량-
          (SELECT 입고수량 FROM DELETED)    } 재고수량에서 입고수량을
    WHERE 상품코드=                            뺀다.
          (SELECT 상품코드 FROM DELETED)
END
        → 이 작업을 한다
```

DELETE문에 의해 현재 삭제된 레코드행이 DELETED 임시 테이블에 복사본으로 존재하기 때문에 DELETED 테이블에서 현재 삭제한 열의 입고수량을 갖고 와 재고수량에서 빼면 된다.

다음 표의 왼쪽 DELETE 트리거를 작성하여 실행을 하고 오른쪽의 트리거 이벤트를 실행해보자.

DELETE 트리거	DELETE 트리거 동작 이벤트
CREATE TRIGGER STOCK_DELETE ON 입고 AFTER DELETE AS BEGIN UPDATE 상품 SET 재고수량 = 재고수량 - 　　(SELECT 입고수량 FROM DELETED) WHERE 상품코드 = 　　(SELECT 상품코드 FROM DELETED) END	DELETE FROM 입고 　　WHERE 입고번호 = 2

트리거 결과를 확인하기 위하여 입고와 상품테이블을 조회해보자.

```
-- 입고 테이블과 상품 테이블 확인
SELECT * FROM 입고
SELECT * FROM 상품
```

[실행결과]

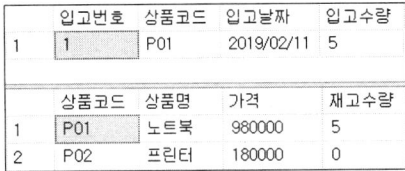

입고 번호 2번의 레코드가 삭제되어 상품코드 P02의 재고수량이 변경되었다.

❸ UPDATE 트리거

입고 테이블의 입고수량이 수정된다면 상품테이블의 재고수량이 변경되어야 한다. UPDATE는 내부적으로 DELETE문이 실행된 후 INSERT가 수행되기 때문에 수정 전의 값은 DELETED테이블에 저장되고 수정 후의 값은 INSERTED테이블에 저장된다. 변경 작업은 잘못된 값은 삭제하고 맞는 값을 추가시켜주는 작업과 동일하기 때문에 재고수량은 DELETED 테이블의 입고수량 값은 빼고 INSERTED 테이블의 입고수량 값을 더하면 된다.

입고 레코드를 하나 더 채우고 UPDATE 작업을 해보자.

```
-- 입고 레코드 추가
INSERT INTO 입고 VALUES('P01', '2019/02/12', 6)
```

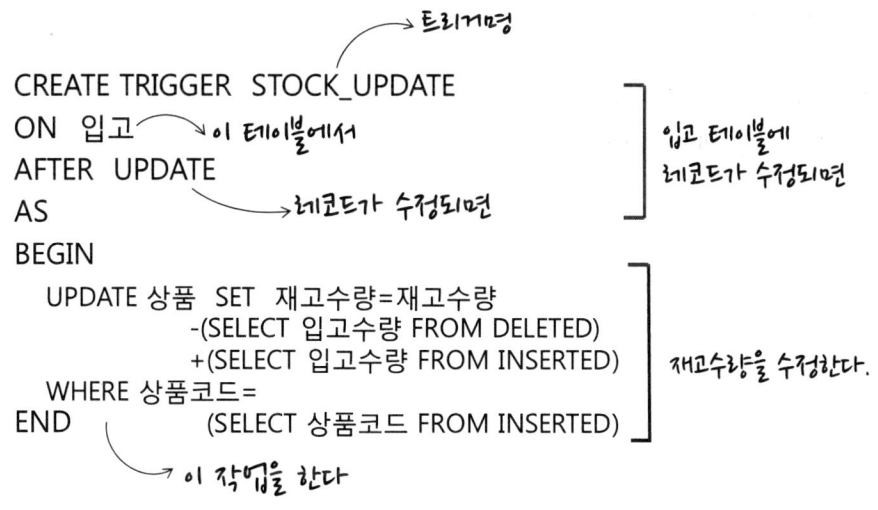

UPDATE트리거는 다음과 같다.

```
CREATE TRIGGER STOCK_UPDATE
ON 입고
AFTER UPDATE
AS
BEGIN
    UPDATE 상품 SET 재고수량=재고수량
        -(SELECT 입고수량 FROM DELETED)
        +(SELECT 입고수량 FROM INSERTED)
    WHERE 상품코드=
END         (SELECT 상품코드 FROM INSERTED)
```

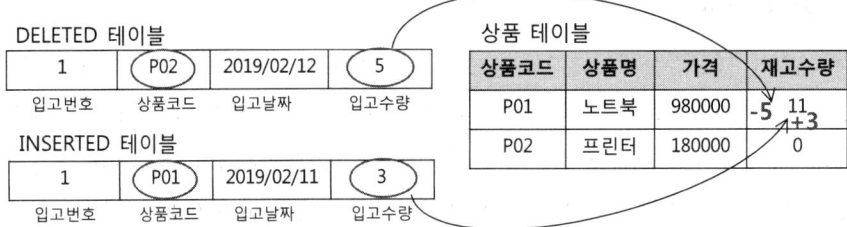

입고 레코드를 추가한 후에 트리거 수정 작업을 해보자.

```
-- 입고 레코드 추가
INSERT INTO 입고 VALUES('P01', '2019/02/12', 6)
-- 입고 테이블과 상품 테이블 확인
SELECT * FROM 입고
SELECT * FROM 상품
```

실행결과

	입고번호	상품코드	입고날짜	입고수량
1	1	P01	2019/02/11	5
2	3	P01	2019/02/12	6

	상품코드	상품명	가격	재고수량
1	P01	노트북	980000	11
2	P02	프린터	180000	0

마지막에 입고된 레코드의 입고수량을 수정해보자. 여러 번 입고 작업을 했다면 입고번호는 각자 다를 수 있기 때문에 확인하고 작업해 보자.

```
-- 입고 레코드 수정
UPDATE 입고 SET 입고수량 = 10 WHERE 입고번호 = 3
```

입고 테이블의 입고수량이 수정되었기 때문에 상품 테이블의 재고수량도 맞게 변경되었는지 트리거 결과를 확인하기 위하여 입고와 상품테이블을 조회해보자.

```
-- 입고 테이블과 상품 테이블 확인
SELECT * FROM 입고
SELECT * FROM 상품
```

실행결과

	입고번호	상품코드	입고날짜	입고수량
1	1	P01	2019/02/11	5
2	3	P01	2019/02/12	10

	상품코드	상품명	가격	재고수량
1	P01	노트북	980000	15
2	P02	프린터	180000	0

16.5 트리거 수정

이미 만들어진 트리거의 내용을 수정해야 할 경우 ALTER 구문을 사용한다.

```
ALTER TRIGGER 트리거명
ON 테이블 또는 뷰명
[FOR|AFTER|INSTEAD OF] INSERT 또는 UPDATE 또는 DELETE
AS
SQL문
```

앞서 생성하였던 신입사원 테이블에 기반을 둔 INSERT 트리거를 수정해보자. 신입사원이 입사하여 신입사원 레코드에 자료가 입력되면 신입사원 이름을 붙여 'OOO님이 입사하였습니다.~.'라는 메시지가 출력되는 트리거로 수정해보자. 이름 문자열의 오른쪽 공백을 없애기 위해 RTRIM() 함수를 사용하였다.

```
---- 신입사원 테이블기반의 INSERT 트리거 수정
ALTER TRIGGER EMP_INSERT
ON 신입사원
AFTER INSERT
AS
BEGIN
  SELECT RTRIM(이름) + '님이 입사하였습니다.~' FROM INSERTED
END
```

각자 신입사원 레코드를 삽입하여 트리거 실행 결과를 확인해보기 바란다.

16.6 트리거 삭제

트리거를 삭제할 경우 DROP 문을 사용한다. 트리거를 생성할 때 기반으로 하는 테이블을 삭제하게 되면 자동적으로 트리거도 삭제가 된다.

```
DROP TRIGGER 트리거명
```

앞서 수정한 트리거 EMP_INSERT를 삭제하여 보자.

```
--- 신입사원 테이블기반의 INSERT 트리거 삭제
DROP TRIGGER EMP_INSERT
```

16.7 트리거 종류

트리거는 AFTER 트리거와 INSTEAD OF 트리거로 구분해 볼 수 있다. FOR절만 사용되었다면 기본은 AFTER 트리거를 의미한다. 지금까지 예제로 살펴보았던 트리거는 모두 AFTER 트리거였다.

❶ AFTER 트리거

AFTER 트리거는 특정이벤트가 발생한 다음에 작업에 문제가 없으면 트리거가 발생한다. 트리거 이벤트가 레코드 삽입으로 설정되었다면 AFTER 트리거는 테이블에 레코드를 삽입한 후 정의한 트리거 SQL문들을 실행하게 된다. 만약 제약 조건에 위반되는 오류가 발생하면 트리거가 실행되지 않고 에러가 발생되고 이루어졌던 작업은 롤백을 한다. AFTER 트리거는 뷰에 대해 지정될 수 없고 테이블에 대해서만 지정될 수 있다. 트리거 이벤트에 대해 여러 AFTER 트리거를 지정할 수 있다. 트리거는 대부분 AFTER트리거 작업이다.

❷ INSTEAD OF 트리거

INSTEAD OF 트리거는 테이블 또는 뷰에 생성할 수 있지만 테이블보다 뷰에서 주로 사용된다. INSTEAD OF 는 '~대신에'라고 해석하듯이 트리거 이벤트를 실행하기에 앞서 트리거에 정의된 SQL문들을 실행한다. INSTEAD OF 트리거를 설정하면 트리거만 처리될 뿐 이를 발생시킨 이벤트에 의해 동작하지 않기 때문에 INSERT, DELETE, UPDATE 문은 수행되지 않는다. 각 트리거 작업(INSERT, UPDATE 및 DELETE)에 대해 하나의 INSTEAD OF 트리거만 지정할 수 있다. INSTEAD OF 트리거는 INSERT 및 UPDATE 문에 제공되는 데이터 값에 대해 확장된 무결성 검사를 수행하는 데 사용할 수 있다. 또한 INSTEAD OF 트리거를 사용하면 일반적으로 업데이트를 지원하지 않은 뷰를 업데이트할 수 있게 하는 작업을 지정할 수 있다.

다음은 AFTER 트리거와 INSTEAD OF 트리거를 이해하기 위한 예제이다. 학생 테이블에 입력되는 학생 레코드 중 컴퓨터과 학생들의 경우 컴퓨터과 학생들만의 카페 테이블에 자동으로 데이터가 입력되도록 트리거를 생성한다. 학년 열은 CHECK제약을 주어 1학년에서 4학년 사이 값만 입력이 가능하도록 제약을 주었다. 먼저, AFTER 트리거로 실행해보자. 학생 테이블에 입력 이벤트가 발생하면 AFTER 트리거가 실행되서 컴퓨터과 학생인지 체크해보고 해당학과 학생이면 카페_컴퓨터 테이블에 레코드를 입력한다.

```
-- 학생 테이블 생성
CREATE TABLE 학생
(학번 INT PRIMARY KEY,
 이름 CHAR(10) NOT NULL,
 학년 INT CHECK (학년 IN (1,2,3,4)),
 학과 CHAR(10) NOT NULL)
-- 카페_컴퓨터 테이블 생성
CREATE TABLE 카페_컴퓨터
(학번 INT PRIMARY KEY,
 이름 CHAR(10) NOT NULL,
 학년 INT)
```

AFTER 트리거를 생성해보자. INSERT 트리거 이벤트를 설정하였다.

```
CREATE TRIGGER INSERT_CAFE
ON 학생
AFTER INSERT
AS
DECLARE @학과 CHAR(10)
BEGIN
    SELECT @학과=학과 FROM INSERTED
    IF @학과='컴퓨터'
        INSERT INTO 카페_컴퓨터
            SELECT 학번, 이름 ,학년 FROM INSERTED
END
```

학생테이블에 레코드를 입력해보자. 첫 번째 레코드는 경영과 학생의 데이터를 입력하고 두 번째 레코드는 컴퓨터과 학생의 레코드를 입력한다.

```
--- 학생 테이블 기반 INSERT 트리거 이벤트 실행
INSERT INTO 학생 VALUES(201911001, '홍길동', 1, '경영')
INSERT INTO 학생 VALUES(201912001, '김선달', 2, '컴퓨터')
SELECT * FROM 학생
SELECT * FROM 카페_컴퓨터
```

실행결과

	학번	이름	학년	학과
1	201911001	홍길동	1	경영
2	201912001	김선달	2	컴퓨터

학생 테이블

	학번	이름	학년
1	201912001	김선달	2

카페_컴퓨터 테이블

트리거 작업의 결과로 경영과 학생인 '홍길동'은 학생테이블에만 삽입되고 카페_컴퓨터 테이블에는 삽입되지 않았다. 컴퓨터과인 '김선달' 은 학생테이블과 '카페_컴퓨터' 테이블 모두에 삽입되었다. AFTER 트리거 이기 때문에 학생 테이블에 레코드가 입력 된 후 카페_컴퓨터 테이블에 레코드가 입력된다.

이번에는 제약조건에 위배되는 레코드를 입력해보자. 학생테이블의 학년 열은 CHECK제약이 설정되어 있어1, 2, 3, 4학년의 값만 입력이 가능하도록 되어 있다. 5학년의 데이터를 입력해보면 어떻게 될까.

```
INSERT INTO 학생 VALUES(201912002, '성춘향', 5, '컴퓨터')
```

실행결과

```
메시지 547, 수준 16, 상태 0, 줄 1
INSERT 문이 CHECK 제약 조건 "CK__학생__학년__2C3393D0"과(와) 충돌했습니다. 데이터베이스 "SampleDB", 테이블 "dbo.학생", column '학년'에서 충돌이 발생했습니다. 문이 종료되었습니다.
```

학생 테이블에서 학년열의 제약조건에 위배되어 오류가 발생하였다.

AFTER 트리거는 동작하기 전에 제약조건이 체크되어 오류를 발생시키고 입력 작업을 롤백(rollback)한다. 그리고 트리거가 발생되지 않는다. 학생 테이블과 카페_컴퓨터 테이블을 확인해보자.

```
SELECT * FROM 학생
SELECT * FROM 카페_컴퓨터
```

실행결과

학생 테이블

카페_컴퓨터 테이블

학생 테이블과 카페_컴퓨터 테이블 모두 변화가 없다. 이번에는 INSTEAD OF 트리거로 수정해서 같은 작업을 수행해보자. INSTEAD OF 트리거 작업은 제약조건의 체크보다 먼저 처리된다. AFTER INSERT 대신 INSTEAD OF INSERT로 수정해보자.

```
-- INSTEAD OF 트리거로 수정
ALTER TRIGGER INSERT_CAFE
ON 학생
INSTEAD OF INSERT
AS
DECLARE @학과 CHAR(10)
BEGIN
   SELECT @학과=학과 FROM INSERTED
   IF @학과='컴퓨터'
   INSERT INTO 카페_컴퓨터
       SELECT 학번, 이름 ,학년 FROM INSERTED
END
```

앞에서 해보았던 작업을 다시 시도해보자.

```
INSERT INTO 학생 VALUES(201912002, '성춘향', 5, '컴퓨터')
```

실행결과

	학번	이름	학년	학과
1	201911001	홍길동	1	경영
2	201912001	김선달	2	컴퓨터

학생 테이블

	학번	이름	학년
1	201912001	김선달	2
2	201912002	성춘향	5

카페_컴퓨터 테이블

INSTEAD OF 트리거는 트리거를 발생시키는 이벤트를 실행하지 않기 때문에 INSTEAD OF INSERT에서 INSERT는 의미가 없다. 학생테이블에 레코드를 삽입하는 트리거링 작업은 실행하지 않고 트리거 구문의 작업을 실행한다. 따라서 학생 테이블의 CHECK제약조건을 체크하지 않고 카페_컴퓨터 테이블에 레코드가 삽입되었다.

INSTEAD OF 트리거는 테이블 보다 주로 뷰에 사용한다. 자동증가(IDENTITY) 속성이나 계산된 열, GROUP BY등 실제 테이블에서 파생된 열로 이루어진 뷰의 경우 뷰를 통한 입력, 수정, 삭제 등의 작업을 할 수 없다. 그러나, INSTEAD OF 트리거를 이용해서 뷰에 대한 작업을 할 수 있다. 간단한 예를 통해 살펴보자. 테이블 '책예제'를 이용해서 뷰 '책_VIEW'를 만들어보자.

```
-- 책예제 테이블 생성
CREATE TABLE 책예제
(번호 INT IDENTITY,
책제목 VARCHAR(20),
가격 INT)
-- 레코드 입력
INSERT INTO 책예제 VALUES('스피드요리',8000)
INSERT INTO 책예제 VALUES('홈베이킹',8500)
INSERT INTO 책예제 VALUES('컴퓨터개론',12000)
-- 뷰 생성
CREATE VIEW 책_VIEW
AS
SELECT 번호, 책제목, 가격*1.1 인상가격
FROM 책예제
```

뷰를 통해 다음과 같은 입력을 하면 오류가 발생한다.

```
INSERT INTO 책_VIEW VALUES(5, 'C프로그래밍', 20000)
```

[실행결과]

```
메시지 4406, 수준 16, 상태 1, 줄 2
뷰 또는 함수 '책_VIEW'은(는) 파생 필드나 상수 필드를 포함하므로 업데이트 또는 삽입하지 못
했습니다.
```

뷰를 이용한 입력은 실제 테이블에 입력이 되는데 실제 테이블 책의 번호 열은 IDENTITY 설정이 되어 있어서 입력값을 받을 수 없고 뷰의 열 인상가격은 계산에 의한 칼럼으로 실제 테이블에는 없는 열이기 때문에 오류가 발생한다.

그러나 트리거에 의한 뷰의 작업으로는 가능하다. 트리거를 정의해 보자.

```
CREATE TRIGGER 책_INSERT
ON 책_VIEW
INSTEAD OF INSERT
AS
BEGIN
   INSERT INTO 책예제
   SELECT 책제목, ROUND(인상가격/1.1,-1) FROM INSERTED
END
```

뷰를 통한 입력에서 오류가 발생했던 입력 작업을 다시 해보자.

```
INSERT INTO 책_VIEW VALUES(4, 'C프로그래밍', 20000)
SELET * FROM 책예제
```

실행결과

	번호	책제목	가격
1	1	스피드요리	8000
2	2	홈베이킹	8500
3	3	컴퓨터개론	12000
4	4	C프로그래밍	18180

뷰를 통한 입력

INSTEAD OF 트리거에서 IDENTITY열을 무시하고 계산에 의한 열에 대해 적절한 작업을 함으로써 실제테이블로 입력 작업이 가능하도록 한다. 즉, INSTEAD OF 트리거를 사용하면 일반적으로 업데이트를 지원하지 않은 뷰를 업데이트할 수 있다는 것을 확인할 수 있다.

16.8 트리거에서 특정열의 변경을 확인하는 함수

❶ UPDATE()함수

UPDATE트리거의 경우 IF UPDATE( )함수로 특정 열이 수정되었는지 여부를 체크할 수 있다. 앞서 살펴보았던 UPDATE 트리거는 한 레코드에서 어떤 열의 수정이 발생했는지는 확인이 되지 않기 때문에 단지 레코드의 수정이 발생했을 때 그 이벤트에 의해서만 작업이 진행된다. UPDATE( ) 함수는 체크할 열이 여러 개인 경우에는 AND, OR 등을 사용해서 각 열들을 체크하기 때문에 수정이 발생한 특정 열을 확인 할 수 있다. 다음 예제는 가격이 수정되면 총 물품가격을 수정하는 트리거의 예이다. 간단한 물품테이블을 생성하자.

```
CREATE TABLE 물품
(물품코드 CHAR(5) PRIMARY KEY,
 가격     INT NOT NULL,
 개수     INT,
 총물품가격 INT)
-- 데이터 입력
INSERT INTO 물품 VALUES('A01', 2000, 10, 20000)
INSERT INTO 물품 VALUES('A02', 3500, 5, 10500)
INSERT INTO 물품 VALUES('A03', 4000, 20, 80000)
SELECT * FROM 물품
```

실행결과

	물품코드	가격	개수	총물품가격
1	A01	2000	10	20000
2	A02	3500	5	10500
3	A03	4000	20	80000

물품테이블에 UPDATE 트리거가 발생하면 가격이 수정되었는지를 확인하고 수정된 가격을 반영해서 총 물품가격을 수정하는 트리거를 생성하자.

```
CREATE TRIGGER 물품_UPDATE
ON 물품
AFTER UPDATE
AS
BEGIN
  IF UPDATE(가격)        -- 가격 열이 수정되었는지 체크
    UPDATE 물품 SET 총물품가격=(SELECT 가격*개수 FROM INSERTED)
    WHERE 물품코드=(SELECT 물품코드 FROM INSERTED)
END
```

가격을 수정하는 SQL문을 실행하자. 물품코드='A01' 의 가격이 2000원에서 2500으로 수정되면 총물품가격도 수정되는 트리거가 실행된다.

```
-- 가격 수정
UPDATE 물품 SET 가격 = 2500 WEHRE 물품코드='A01'
-- 물품 테이블 조회
SELECT * FROM 물품
```

실행결과

	물품코드	가격	개수	총물품가격
1	A01	2500	10	25000
2	A02	3500	5	10500
3	A03	4000	20	80000

가격이 수정되었기 때문에 총 물품가격이 재계산되어 25000으로 수정된 것을 알 수 있다.

❷ COLUMNS_UPDATED()함수

UPDATE( )함수가 하나의 열값이 수정되었는지를 체크하는 함수인 반면 IF COLUMNS_UPDATED( )함수는 여러 열의 값이 수정되었는지를 체크한다.

COLUMNS_UPDATED( )함수는 테이블에 정의된 순서대로 첫 번째 열부터 비트값을 반환한다. 예를 들어, 물품코드, 가격, 개수, 총물품가격 4개의 열이 있는 테이블에서 물품코드가 수정되면 1(0001), 가격이 수정되면 2(0010), 개수가 수정되면 4(0100), 총물품가격이 수정되면 8(1000)로 비트값을 반환한다. 다음은 열의 개수가 8열 이하인 경우의 각 비트값이다. 2열과 4열이 수정되었는지 체크를 하는 비트값은 (2+8=10)10이 된다.

1열	2열	3열	4열	5열	6열	7열	8열
1	2	4	8	16	32	64	128

특정 열에 대한 수정 또는 삽입 여부를 테스트하려면 비트 연산자의 구문과 해당 열의 정수 비트 마스크를 사용한다. 2열과 4열이 업데이트되었는지 확인하려면 & 10 구문을 사용한다. 9개 이상의 열을 가진 테이블에서 처음 8개 이외의 열에 영향을 주는 수정여부를 확인하려면 SUBSTRING 함수를 사용하여 COLUMNS_UPDATED() 함수를 체크해야 한다. 9개 이상의 열에 대한 체크는 마이크로소프트사의 SQL서버 온라인 설명서를 참조하기 바란다.

다음은 처음 8개열까지의 각 열에 대해서 수정여부를 체크하는 방법의 예이다.

2열 또는 3열중 하나가 수정되었을 때	IF (COLUMNS_UPDATED() & 6) > 0
2열과 3열이 동시에 수정되었을 때	IF (COLUMNS_UPDATED() & 6) = 6
2열 또는 4열중 하나가 수정되었을 때	IF (COLUMNS_UPDATED() & 10) > 0
2열과 4열이 동시에 수정되었을 때	IF (COLUMNS_UPDATED() & 10) = 10
2열,3열,7열 중 하나가 수정되었을 때	IF (COLUMNS_UPDATED() & 70) > 0
2열,3열,7열이 동시에 수정되었을 때	IF (COLUMNS_UPDATED() & 70) = 70

IF COLUMNS_UPDATED()함수의 예제를 살펴보자. 바로 이전에 만들었던 트리거 '물품_UPDATE'를 수정해서 사용하도록 하자. 물품테이블에서 가격 또는 개수가 수정되면 트리거가 발생하도록 한다.

```
-- COLUMNS_UPDATED( )함수를 사용하는 함수
ALTER TRIGGER 물품_UPDATE
ON 물품
AFTER UPDATE
AS
BEGIN
-- 가격 또는 개수 열이 수정되었는지 체크
IF COLUMNS_UPDATED() & (6) > 0
  UPDATE 물품 SET 총물품가격=(SELECT 가격*개수 FROM INSERTED)
  WHERE 물품코드=(SELECT 물품코드 FROM INSERTED)
END
```

가격도 수정해보고 개수도 수정해 보도록 두 개의 SQL문을 실행해보자.

```
-- 가격, 개수 수정
UPDATE 물품 SET 가격 = 3000 WHERE 물품코드='A01'
UPDATE 물품 SET 개수 = 8 WHERE 물품코드='A02'
-- 물품 테이블 조회
SELECT * FROM 물품
```

[실행결과]

	물품코드	가격	개수	총물품가격
1	A01	3000	10	30000
2	A02	3500	8	28000
3	A03	4000	20	80000

가격과 개수가 동시에 수정되어야만 한다면 IF COLUMNS_UPDATED() 구문은 다음과 같이 수정되어야 한다. 이때는 가격과 개수 두 개 열이 반드시 수정되어야만 다음 작업이 진행된다.

```
-- 가격과 개수열이 동시에 수정되었는지 체크
IF (COLUMNS_UPDATED( ) & 6) = 6
```

다음은 가격과 개수열이 동시에 수정되었는지 체크하도록 수정한 트리거이다.

```
-- COLUMNS_UPDATED()함수를 사용하는 함수
ALTER TRIGGER 물품_UPDATE
ON 물품
AFTER UPDATE
AS
BEGIN
-- 가격과 개수 두 개 열이 모두 수정되었는지 체크
IF (COLUMNS_UPDATED( ) & 6) = 6
   UPDATE 물품 SET 총물품가격=(SELECT 가격*개수 FROM INSERTED)
   WHERE 물품코드=(SELECT 물품코드 FROM INSERTED)
END
```

16.9 트리거 순서 지정하기

한 테이블에 여러 개의 트리거가 생성되어 있다면 첫 번째와 마지막 트리거의 순서만 정해줄 수 있다.

```
sp_settriggerorder '트리거명', '순서', '동작유형'
```

순서는 'First', 'Last', 'None'이 올 수 있으며 동작유형은 'INSERT', 'UPDATE', 'DELETE' 중 하나이다. 순서를 지정하지 않으면 생성된 순서대로 실행된다. 트리거가 삭제되면 순서는 다시 지정해야 한다. 다음은 트리거의 순서를 지정 예이다.

```
sp_settriggerorder TRG_1, 'First', INSERT
sp_settriggerorder TRG_2, 'Last', UPDATE
```

▣ 실습해보기

[SampleDB 데이터베이스]

16-1 AFTER 트리거로 동작하는 예제를 실습해보자. 본문에서 신입사원의 INSERT 트리거 'EMP_INSERT' 트리거를 수정하여 신입사원의 이름을 붙여 'OOO 신입사원이 입사했습니다.~'라는 메시지를 출력하는 트리거로 수정해보자.

신입사원의 이름을 INSERTED 테이블에서 갖고 와 '신입사원이 입사했습니다.~' 메시지와 결합하여 출력하도록 트리거를 수정해보자.

```
---- 신입사원 INSERT 트리거
CREATE TRIGGER EMP_INSERT
ON 신입사원
AFTER INSERT
AS
BEGIN
  SELECT 이름 + ' 신입사원이 입사했습니다.~' + FROM INSERTED
END
```

16-2 AFTER 트리거에서 한 테이블에 INSERT 트리거가 발생하면 다른 테이블에 INSERT가 되는 트리거 예제를 작성해보자.
'고객' 테이블에 새로운 회원이 가입되면 '뉴스레터'테이블에도 회원내역이 삽입되는 트리거 '뉴스레터_insert'를 생성하자. 단, 고객테이블에서 뉴스레터 속성을 확인하여 수신하겠다고 표시한 고객만 '뉴스레터' 테이블에 레코드를 삽입하도록 작성한다.

	고객id	고객명	연락처	마일리지	뉴스레터
1	111	김미경	010-23-5645	500	0
2	222	채경란	010-73-1234	860	0
3	333	홍길동	010-78-1223	500	1
4	444	김선달	010-59-5999	500	1

고객 테이블 데이터 예

(참고, 뉴스레터 열의 값이 1이면 뉴스레터수신을 의미, 0 이면 수신하지 않음을 의미)

고객테이블과 뉴스레터 테이블의 데이터를 확인해보자.

```
-- 고객테이블 조회
SELECT * FROM 고객
SELECT * FROM 뉴스레터
```

실행결과

	고객id	고객명	연락처	마일리지	뉴스레터
1	111	김미경	010-23-5645	500	0
2	222	채경란	010-73-1234	860	0

고객 테이블

고객id	고객명	연락처

뉴스레터 테이블

'고객' 테이블에 새로운 회원이 가입되면 '뉴스레터' 테이블에도 회원내역이 삽입되는 트리거 '뉴스레터_insert'를 생성하자. 이때 '뉴스레터' 열의 값이 1인 고객만 '뉴스레터' 테이블에 레코드를 삽입한다. 다음은 고객 테이블의 예이다.

	고객id	고객명	연락처	마일리지	뉴스레터
1	111	김미경	010-23-5645	500	0
2	222	채경란	010-73-1234	860	0
3	333	홍길동	010-78-1223	500	1
4	444	김선달	010-59-5999	500	1

뉴스레터 테이블에 삽입

고객테이블

```
CREATE TRIGGER 뉴스레터_insert
ON 고객
FOR INSERT
AS
BEGIN
  DECLARE @chk bit
  SELECT @chk=뉴스레터 FROM INSERTED
  IF (@chk=1)
  BEGIN
    INSERT INTO 뉴스레터
      SELECT 고객ID, 고객명, 연령, 전화번호, 마일리지
      FROM INSERTED
  END
END
```

INSERT트리거를 동작하기 위해 고객 테이블에 뉴스레터가 1의 값을 갖는 레코드를 입력해보자.

```
INSERT 고객 VALUES('333', '홍길동', '010-78-1223', 500, 1)
```

INSERT트리거가 동작한 결과를 확인하기 위해 고객테이블과 뉴스레터 테이블을 조회해보자.

```
SELECT * FROM 고객
SELECT * FROM 뉴스레터
```

> **실행결과**

	고객id	고객명	연락처	마일리지	뉴스레터
1	111	김미경	010-23-5645	500	0
2	222	채경란	010-73-1234	860	0
3	333	홍길동	010-78-1223	500	1

고객 테이블

	고객id	고객명	연락처
1	333	홍길동	010-78-1223

뉴스레터 테이블

> **16-3** AFTER 트리거에서 IF UPDATE()함수를 사용하는 예제를 작성해보자.
> 고객' 테이블의 데이터에서 뉴스레터를 수신하겠다고 수정하는 고객의 경우 '뉴스레터' 테이블에 수정된 레코드가 삽입되는 트리거 '뉴스레터_update'를 작성해보자.

고객 테이블에서 UPDATE 트리거가 발행하면 뉴스레터 열의 값이 변경되었는지를 판단한다. 뉴스레터 열의 값이 변경되었는지를 판단하기 위하여 IF UPDATE()함수를 사용한다. 뉴스레터 열의 값이 1로 수정되었다면 뉴스레터 테이블에 레코드가 INSERT되는 트리거를 작성하고 실행해보자.

```
CREATE TRIGGER 뉴스레터_update
ON 고객
FOR UPDATE
AS
BEGIN
  DECLARE @chk bit
  IF UPDATE(뉴스레터)
  BEGIN
    SELECT @chk=뉴스레터 FROM INSERTED
    IF (@chk=1)
    INSERT INTO 뉴스레터
      SELECT 고객id, 고객명, 연락처 FROM INSERTED
  END
END
```

UPDATE트리거를 발생시켜 보자. 다음 UPDATE 문장을 실행하고 고객테이블과 뉴스레터 테이블을 조회해보자.

```
UPDATE 고객 SET 뉴스레터=1 WHERE 고객id = '111'
SELECT * FROM 고객
SELECT * FROM 뉴스레터
```

실행결과

	고객id	고객명	연락처	마일리지	뉴스레터
1	111	김미경	010-23-5645	500	1
2	222	채경란	010-73-1234	860	0
3	333	홍길동	010-78-1223	500	1
4	444	김선달	010-59-5999	500	1

고객 테이블

	고객id	고객명	연락처
1	111	김미경	010-23-5645
2	333	홍길동	010-78-1223

뉴스레터 테이블

16-4 AFTER 트리거에서 IF COLUMNS_UPDATED()를 사용하는 예제를 작성해보자. 출장비를 계산하는 트리거를 생성하자.

우선 다음 SQL문을 실행하여 출장신청 테이블을 생성하자. 테이블은 각 직급별 출장을 갈 인원수를 기재한다.

```
-- 트리거를 위한 테이블 생성
CREATE TABLE 출장신청
(부장 INT,
 과장 INT,
 대리 INT,
 사원 INT)
-- 직급별로 출장을 가는 인원수 입력
INSERT INTO 출장신청 VALUES(2, 3, 4, 5)   --부장, 과장, 대리, 사원 인원수
-- 테이블 조회
SELECT * FROM 출장신청
```

실행결과

	부장	과장	대리	사원
1	2	3	4	5

부장, 과장, 대리, 사원 열 중에 어느 하나라도 수정이 되면 출장비를 다시 계산해서 보여주는 트리거를 만들어보자. 다음은 IF COLUMNS_UPDATED()를 사용한 AFTER 트리거이다. 부장, 과장, 대리, 사원 열에 대한 IF COLUMNS_UPDATED()함수의 체크값은 15이다. 계산식에 필요한 출장비는 직급별로 다음과 같다고 가정하자.

직급	부장	과장	대리	사원
출장비	100000	80000	50000	30000

```
CREATE TRIGGER 출장비_trigger
ON 출장신청
FOR UPDATE
AS
BEGIN
  DECLARE @TOTAL INT;
  IF (COLUMNS_UPDATED( ) & 15) > 0 BEGIN
    SELECT @TOTAL=부장*100000+과장*80000+대리*50000
        +사원*30000 FROM INSERTED
    SELECT @TOTAL AS 총출장비
  END
END
```

트리거를 발생시키기 위해 출장신청 테이블의 값을 다음과 같이 수정해보자. 부장의 숫자를 3으로 바꾸어 보자. UPDATE문이 실행되면 트리거가 발생하고 계산된 출장비가 보여진다.

```
UPDATE 출장신청 SET 부장 = 3
SELECT * FROM 출장신청
```

실행결과

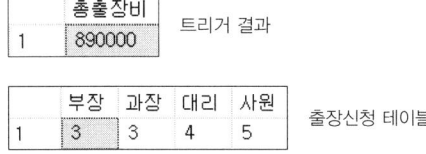

16-5 뷰에 기반을 둔 INSTEAD 트리거를 작성해보자.

트리거 작업을 위한 테이블 book1, book2를 다음과 같이 생성해보자. 두 개 테이블의 구조는 같고 book1에만 데이터가 입력되어 있다.

```
-- book1 테이블 생성
CREATE TABLE book1
(번호 INT,
 제품 VARCHAR(20),
 가격 INT)
-- 레코드 입력
INSERT INTO book1 VALUES(1,'스피드요리',8000)
INSERT INTO book1 VALUES(2,'홈베이킹',8500)
INSERT INTO book1 VALUES(3,'컴퓨터개론',12000)
-- book2 테이블 생성
 CREATE TABLE book2
(번호 INT,
 제품 VARCHAR(20),
 가격 INT)
```

book1에 기반을 둔 뷰를 생성하자.

```
CREATE VIEW view_book
AS
SELECT * FROM book1
```

이제 뷰 view_book에 기반을 둔 INSTEAD OF 트리거를 생성하자. 뷰에 INSERT 트리거가 발생하면 book2에 레코드가 입력되는 트리거이다.

```
-- view_book에 기반을 둔 트리거 생성
CREATE TRIGGER book_trigger
ON view_book
INSTEAD OF INSERT
AS
BEGIN
    INSERT INTO book2 SELECT * FROM INSERTED
END
```

트리거 작업을 하기 전에 뷰를 조회해보자.

```
-- 뷰 조회
SELECT * FROM view_book
```

실행결과

	번호	제품	가격
1	1	스피드요리	8000
2	2	홈베이킹	8500
3	3	컴퓨터개론	12000

트리거를 발생시키기 위해 뷰에 레코드를 삽입하고 테이블 book1 과 book2, 뷰 view_book를 조회해보자.

```
INSERT INTO view_book VALUES(1, '경제학개론', 15000)
SELECT * FROM book1
SELECT * FROM view_book
SELECT * FROM book2
```

실행결과

	번호	제품	가격
1	1	스피드요리	8000
2	2	홈베이킹	8500
3	3	컴퓨터개론	12000

book1

	번호	제품	가격
1	1	스피드요리	8000
2	2	홈베이킹	8500
3	3	컴퓨터개론	12000

view_book

	번호	제품	가격
1	1	경제학개론	15000

book2

뷰 view_book 에 INSERT 작업을 하면 INSTEAD OF 트리거가 발생하기 때문에 view_book을 통해 실제 book1에 레코드가 삽입되지 않고 book2 에만 레코드가 삽입된 것을 알 수 있다.

16장 연습문제

[SampleDB 데이터베이스]

【16-1】 트리거에 대한 설명 중 잘못된 것을 모두 고르시오. (   )

(1) 트리거는 프로시저의 일종이므로 수동으로 실행시킬 수 있다.
(2) 트리거는 매개변수가 없다.
(3) CHECK제약을 사용한 데이터 무결성 유지보다 진보된 제약을 구현한다.
(4) UPDATE 작업에 의한 트리거는 현재 수정된 레코드 행이 임시로 저장되는 테이블이다.

【16-2】 다음은 하나의 테이블을 기반으로 하는 INSERT 트리거 이다.

아래 테이블 정보를 기반으로 '학생성적' 테이블을 만들고 학번, 국어, 영어, 수학 값을 입력하면 자동적으로 총점과 평균이 계산되고 다시 레코드를 수정하는 트리거를 생성하시오. 또한, 트리거 실행구문도 작성하시오.

테이블 '학생성적'

열이름	데이터형식	제약
학번	CHAR(6)	PRIMARY KEY
영어	INT	NOT NULL
수학	INT	NOT NULL
국어	INT	NOT NULL
총점	INT	DEFAULT 0
평균	INT	DEFAULT 0

예.

학번	국어	영어	수학	총점	평균
191101	86	95	100	0	0 |// ①입력 → // ②수정 → 트리거	281	93

【16-3】 다음 '가입고객' 테이블을 만들고 고객이 가입할 때 가입 순서가 5의 배수인 고객들마다 경품을 준다. 5의 배수가 될 때마다 '경품에 당첨되었습니다.'란 메시지를 출력하는 트리거 '고객trg'를 작성하고 트리거 발생 구문도 작성하시오.

테이블 '가입고객'

열이름	데이터형식	제약
번호	INT	IDENTITY(1,1)
고객id	CHAR(5)	PRIMARY KEY
고객명	CHAR(20)	NOT NULL
직업	VARCHAR(20)	NOT NULL

○ '학생점수'와 '학과별현황' 테이블을 만들고 '학과별총점' 테이블에 레코드를 입력하자.

테이블 '학생점수'

열이름	데이터형식	제약
학번	CHAR(6)	PRIMARY KEY
학과	CHAR(3)	NOT NULL
이름	INT	NOT NULL
점수	INT	NOT NULL

테이블 '학과별총점'

열이름	데이터형식	제약
학과	CHAR(3)	PRIMARY KEY
총점	INT	NOT NULL

```
CREATE TABLE 학생점수
(
    학번 CHAR(6) PRIMARY KEY,
    학과 CHAR(3) NOT NULL,
    이름 INT NOT NULL,
    점수 INT NOT NULL
)
CREATE TABLE 학과별총점
(
    학과 CHAR(3) PRIMARY KEY,
    총점 INT NOT NULL
)
INSERT INTO 학과별총점 VALUES('D01', 0)
INSERT INTO 학과별총점 VALUES('D02', 0)
INSERT INTO 학과별총점 VALUES('D03', 0)
```

【16-4】 입력하는 학생의 학과에 따라 '학과별현황'에서 학과의 총점을 수정하는 트리거를 생성하시오. 또한, 트리거 발생 구문도 작성하시오.

예.

'학생점수' 테이블

학번	학과	이름	점수
111	D1	홍길동	85
123	D3	김선달	77
125	D3	이도령	90

'학과별현황' 테이블

학과	총점수
D1	85
D2	0
D3	77

+90

【16-5】 '학생점수' 테이블에서 점수가 수정되면 '학과별현황' 테이블에서 해당학과의 총점수를 수정하는 트리거를 생성하시오. 이때 '학생점수' 테이블에서 점수 열이 수정되는지 UPDATE() 함수를 사용하시오.

【16-6】 '학생점수' 레코드가 삭제되면 총점 테이블의 합계가 수정되도록 DELETE 트리거를 생성하시오.

CHAPTER 17

사용자 정의 함수

17-1. 스칼라 반환 함수 (Scalar Functions)
17-2. 인라인 테이블 반환 함수 (In-Line Table-valued Functions)
17-3. 다중 문 테이블 반환 함수 (Multi-Statement Table-valued Functions)
17-4. 사용자 정의 함수의 수정
17-5. 사용자 정의 함수의 삭제

CHAPTER 17 사용자 정의 함수

SQL서버가 제공하는 많은 함수가 있지만 사용자가 용도에 맞도록 함수를 만들어 사용해야 하는 경우가 있다. 사용자 정의 함수는 프로시저와 유사하지만 차이점은 함수는 실행결과를 되돌려 받는다는 것이다. 사용자 정의 함수는 다음과 같이 분류할 수 있다. 함수의 분류 기준은 반환하는 데이터의 형태에 따른 것이다.

❶ 스칼라 반환 함수 (Scalar Functions)
❷ 인라인 테이블 반환 함수 (In-Line Table-valued Functions)
❸ 다중 문 테이블 반환 함수 (Multi-Statement Table-valued Functions)

스칼라 반환 함수는 반환되는 값이 INT, FLOAT, DECIMAL, CHAR(n), VARCHAR(n)등으로 테이블 형태의 결과는 스칼라 반환 함수에서 사용될 수 없다. 인라인 테이블 반환 함수와 다중 문 테이블 반환 함수는 반환 결과가 테이블이다.

17.1 스칼라 반환 함수 (Scalar Functions)

TEXT, IMAGE, TIMESTAMP를 제외한 특정 단일 값을 반환하는 함수가 스칼라 반환 함수이다. 다음은 스칼라 반환 함수를 생성하는 구문이다. CREATE FUNCTION 함수명 다음에 매개변수를 정의한 후 RETURNS 다음에 작성하는 데이터형식은 BEGIN ~END 사이의 REURN 으로 반환되는 값의 데이터 형식과 일치하여야 한다.

```
 CREATE FUNCTION 함수명
( @매개변수1  데이터 형식,
  @매개변수2  데이터 형식,
   ... )
RETURNS 반환값의 데이터형식
AS
BEGIN
   SQL문
   RETURN 반환값
END
```

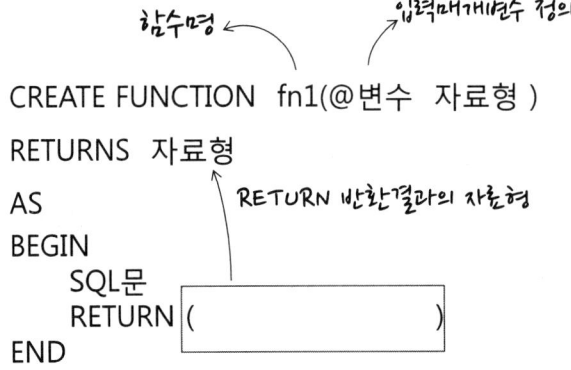

다음의 예제를 살펴보자. 이름을 입력받아 이름과 '님 반갑습니다.~'라는 메시지를 결합하여 출력하는 함수이다. 함수는 생성구문을 작성하여 생성한 후 입력값을 입력매개변수에 제공하여 실행해야 한다. 입력매개변수 @who 의 값은 '홍길동'으로 입력받아 함수 prt_hello()를 실행하고 RETURN 문에서 반환되는 값의 데이터 형식은 RETURNS에서 정의한 데이터 형식에 따른다.

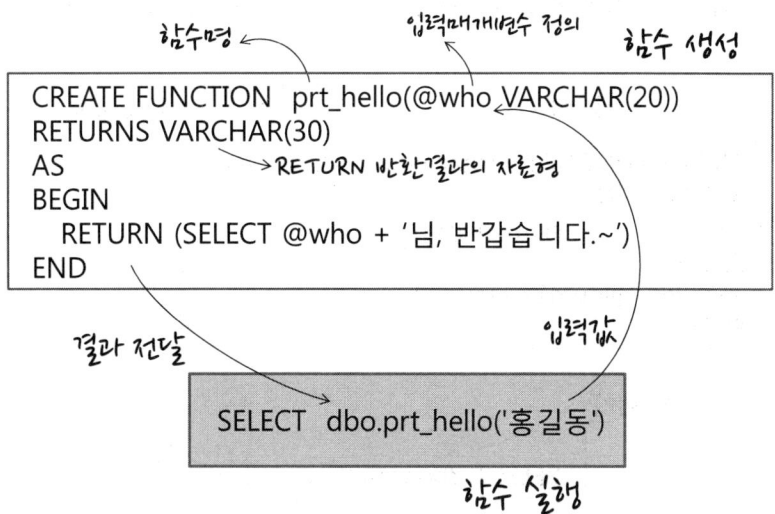

함수의 본문은 BEGIN ~ END 사이에 작성한다. 함수를 생성해보자.

```
CREATE FUNCTION prt_hello(@who VARCHAR(20))
RETURNS VARCHAR(30)
AS
BEGIN
   RETURN (SELECT @who + '님, 반갑습니다.~')
END
```

다음은 생성된 함수 prt_hello()의 실행구문이다. 사용자 정의 함수를 실행할 때 주의할 점은 다른 유형의 데이터베이스 객체와 달리 스키마를 명시하여 '함수소유자.함수명'으로 사용해야 한다. sa 계정 권한으로 생성한 사용자함수의 스키마명은 dbo로 생성된다. 함수명 앞에 'dbo.'을 붙여 실행해보자.

```
SELECT dbo.prt_hello( '홍길동' ) 인사메시지
```

실행결과

	인사메시지
1	홍길동님, 반갑습니다.~

다음은 두 개의 정수 값을 받아 합의 결과를 반환하는 스칼라 반환 함수의 예제이다.

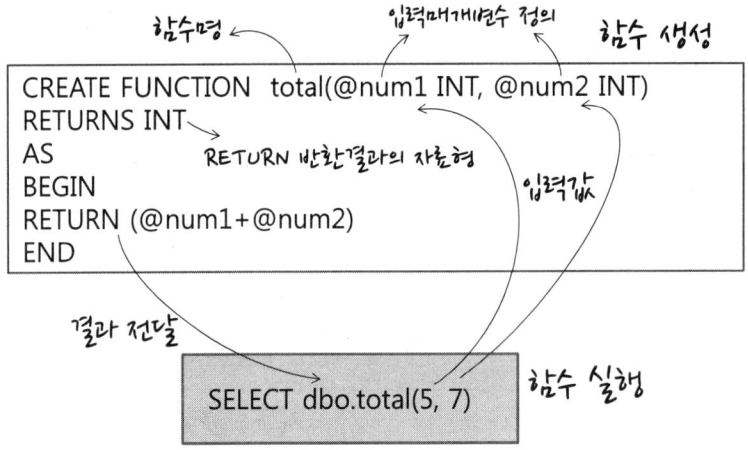

매개변수 @num1과 @num2의 값을 넘겨받아 그 합을 결과로 변환한다.

```
--두수의 합을 구하는 함수
CREATE FUNCTION total(@num1 INT, @num2 INT)
RETURNS INT
AS
BEGIN
  RETURN (@num1+@num2)
END
```

함수에 값을 넘겨 결과를 확인해보자. 함수 'total()'을 5와 7의 값을 넘겨 실행해보자.

```
SELECT dbo.total(5, 7)
```

실행결과

	(열 이름 없음)
1	12

함수에 대한 정보는 sp_help 및 sp_helptext 시스템 프로시저를 사용해서 확인한다.

```
sp_help total
GO
sp_helptext total
```

실행결과

	Name	Owner	Type	Created_datetime
1	total	dbo	scalar function	2019-02-08 00:12:50.490

	Parameter_name	Type	Length	Prec	Scale	Param_order	Collation
1		int	4	10	0	0	NULL
2	@num1	int	4	10	0	1	NULL
3	@num2	int	4	10	0	2	NULL

	Text
1	--두수의 합을 구하는 함수
2	CREATE FUNCTION total(@num1 INT, @num2 INT)
3	RETURNS INT
4	AS
5	BEGIN
6	RETURN (@num1+@num2)
7	END

▽ **알아보기**

▶ **함수의 소스코드 감추기(WITH ENCRYPTION)**

뷰, 프로시저와 마찬가지로 함수의 소스코드를 숨기고자 할 경우 WITH ENCRYPTION 옵션을 사용하면 된다.

```
-- 소스코드 감추기
CREATE FUNCTION Find_price(@제품명 VARCHAR(50) )
RETURNS INT
WITH ENCRYPTION    -- 소스코드 암호화
AS
BEGIN
  RETURN (SELECT 가격 FROM 제품 WHERE 제품명 = @제품명)
END
-- 소스코드 보기
sp_helptext Find_price
```

실행결과

메시지
개체 'Find_price'의 텍스트가 암호화되었습니다.

17.2 인라인 테이블 반환 함수 (In-Line Table-valued Functions)

인라인 테이블 반환 함수는 함수 내부의 문장이 하나의 SELECT 문으로 정의된 테이블을 반환하는 함수이다. RETURNS 절에는 항상 TABLE키워드가 와야 한다. BEGIN과 END로 구분되는 부분이 없고 RETURN 절에는 하나의 SELECT 문이 괄호 안에 포함된다. 인라인 테이블 반환 함수는 매개변수를 가진 뷰와 같은 형태라고 생각할 수 있다.

```
CREATE FUNCTION 함수명
( @매개변수1  데이터 형식,
  @매개변수2  데이터 형식,
  …
)
RETURNS TABLE
AS
RETURN(
   SQL문 )
```

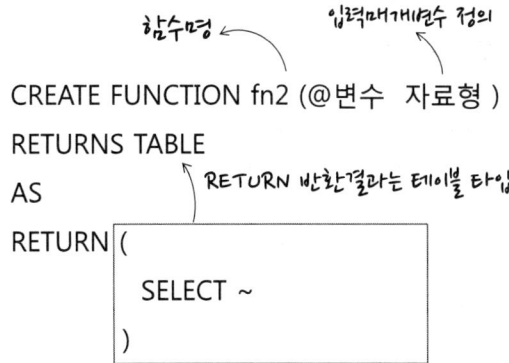

인라인 테이블 반환 함수의 예제를 살펴보자. 점수를 입력값으로 하여 그 점수 이상을 받은 학생들의 데이터를 반환하는 인라인 테이블 반환 함수이다.

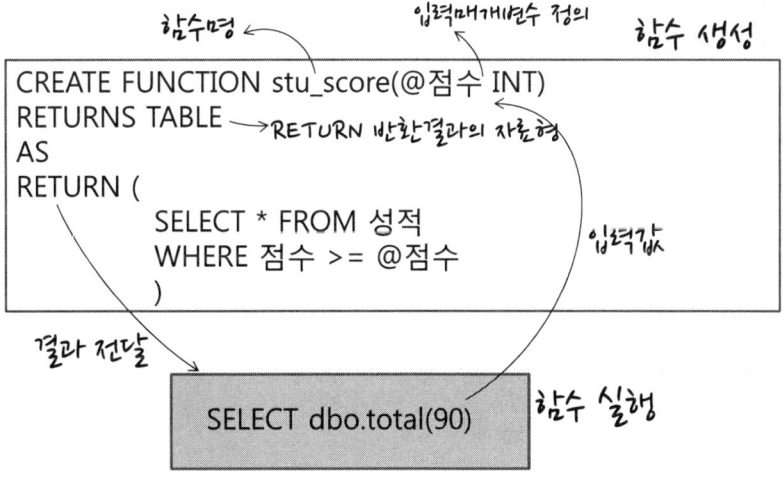

```
CREATE FUNCTION  stu_score(@점수 INT)
RETURNS  TABLE
AS
RETURN (
  SELECT  *  FROM  성적
  WHERE 점수 >= @점수 )
```

점수 90점 이상 학생들의 데이터가 반환하도록 사용자 정의 함수를 실행해 보자. 테이블 반환 함수는 FROM 절에서 사용한다.

```
SELECT * FROM dbo.stu_score(90)
```

실행결과

	학번	이름	성별	반	점수
1	201901001	박보검	남	A	90
2	201901005	이종석	남	A	95
3	201901007	박보영	여	A	95
4	201901008	한효주	여	A	90
5	201901014	한지민	여	B	94
6	201901018	강소라	여	B	90
7	201901019	서강준	남	B	94

다음 예제는 책의 분야를 입력받아 그 분야 책의 책제목, 분야, 출판사명, 가격을 출력하는 인라인 테이블 반환 함수이다.

```
CREATE FUNCTION book_list( @분야 VARCHAR(30) )
RETURNS TABLE
AS
RETURN ( SELECT 책제목, 분야, 출판사명, 가격
         FROM 책 JOIN 출판사 ON 책.출판사코드 = 출판사.출판사코드
         WHERE 분야 = @분야 )
```

함수를 실행하여 '요리' 분야의 책을 출력해보자.

```
SELECT * FROM dbo.book_list( '요리' )
```

실행결과

	책제목	분야	출판사명	가격
1	파스타요리	요리	W출판사	7500
2	지중해요리	요리	독서출판	10000

▽ **알아보기**

▶ **WITH SCHEMABINDING**

WITH SCHEMABINDING 옵션을 사용하여 함수 내에서 의존하는 테이블이나 뷰, 또는 개체의 스키마 등이 바뀌는 것을 금지시킬 수 있다. WITH SCHEMABINDING 옵션 사용시 주의사항은 다음과 같다.

1. select 다음 모든 열 작성 금지 (select * (오류))
2. from 에 작성하는 테이블명 앞에 스키마명. 필요(예. dbo.)

```
-- 소스코드 감추기
CREATE FUNCTION 인라인_점수2(@점수 INT)
RETURNS TABLE WITH SCHEMABINDING
AS
RETURN(
   SELECT 이름, 점수, 성별 FROM dbo.성적
   WHERE 점수=@점수 )

-- 테이블명 변경해보기 : 성적 → 학생성적
sp_rename '성적', '학생성적'
```

〔실행결과〕

메시지 15336, 수준 16, 상태 1, 프로시저 sp_rename, 줄 458
개체 '성적'이(가) 강제적으로 종속성에 참여하고 있으므로 이름을 바꿀 수 없습니다.

17.3 다중문 테이블 반환 함수
(Multi-Statement Table-valued Functions)

뷰와 프로시저의 복합 형태라고 생각할 수 있다. 뷰처럼 테이블 형태를 반환하고 프로시저처럼 내부에서 여러 가지 처리를 한다. 다음은 다중 문 테이블 반환 함수의 구문이다.

```
CREATE FUNCTION 함수명
( @매개변수1  데이터 형식,
  @매개변수2  데이터 형식,
  …
)
RETURNS  @반환 테이블변수 TABLE(
열이름 데이터형식,
…
)
AS
BEGIN
   SQL문
   RETURN
END
```

```
CREATE FUNCTION fn3( @변수 자료형 )      ← 함수명 / 입력매개변수 정의
RETURNS @결과테이블 TABLE
(변수1 자료형,
 변수2 자료형, …)
AS
BEGIN
   INSERT @결과테이블                    ← RETURN 반환결과 테이블
       SELECT ~
RETURN
END
```

RETURNS 절에서 함수가 반환한 테이블 변수 이름을 정의하고 테이블 형식도 정의한다. 다중 문 테이블 반환 함수에서는 SQL 문의 결과가 사용자에게 직접 결과 집합으로 반환할 수 없고 테이블 형식으로 반환한다. SQL 문에서는 테이블변수에 들어갈 내용을 작업하여 행 데이터를 만들고 RETURNS 절에서 정의된 반환 변수에 삽입한다. RETURN 문이 실행될 때 변수에 삽입된 행은 함수의 테이블 형식으로 반환된다. RETURN 문에서는 인수를 사용할 수 없다. 다음은 다중 문 테이블 반환 함수의 예제이다.

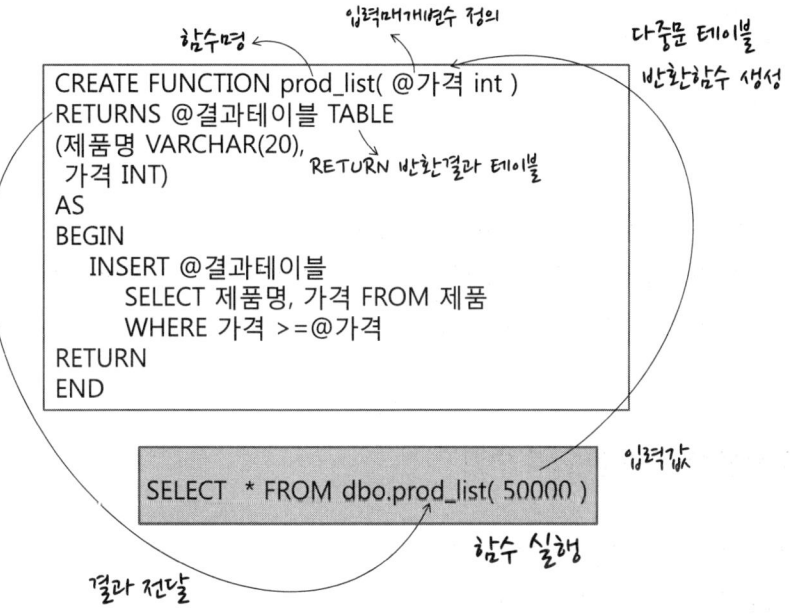

```
CREATE FUNCTION prod_list( @가격 int )
RETURNS @결과테이블 TABLE
(제품명 VARCHAR(20),
 가격 INT)
AS
BEGIN
   INSERT @결과테이블
      SELECT 제품명, 가격 FROM 제품 WHERE 가격 >= @가격
   RETURN
END
```

함수를 실행해 결과를 확인해보자.

```
SELECT * FROM dbo.prod_list(50000)
```

실행결과

	제품명	가격
1	롱코트	150000
2	하프코트	130000
3	짚업점퍼	55000
4	후드점퍼	63000
5	가죽자켓	82000
6	주름스커트	65000
7	원피스	95000

테이블 변수는 데이터를 임시로 저장하는 점에서 임시 테이블과 유사하다. 테이블 변수는 정의된 사용자 정의 함수의 처리가 끝나면 자동으로 삭제된다. 프로시저에 테이블 변수를 사용하면 임시 테이블을 사용할 때보다 재 컴파일 하는 횟수가 줄어든다.

17.4 사용자 정의 함수의 수정

사용자 정의 함수의 수정은 CREATE 대신 ALTER로 수정한다. 스칼라 반환 함수를 예로 들면 다음과 같이 ALTER FUNCTION 으로 시작한다.

```
ALTER FUNCTION 함수명
( @매개변수1 데이터 형식,
  @매개변수2 데이터 형식,
   ... )
RETURNS 반환값의 데이터형식
AS
BEGIN
   SQL문
   RETURN 반환값
END
```

앞서 생성한 다중 문 테이블 반환 함수 prod_list 에서 테이블 변수에 색상 값을 추가하도록 수정하자.

```
ALTER FUNCTION prod_list( @가격 int )
RETURNS  @결과테이블 TABLE
(제품명  VARCHAR(20),
 색상  VARCHAR(20),
 가격  INT)
AS
BEGIN
   INSERT  @결과테이블
       SELECT 제품명, 색상, 가격  FROM  제품  WHERE 가격 >=@ 가격
   RETURN
END
```

17.5 사용자 정의 함수의 삭제

사용자 정의 함수를 삭제하기 위해서는 DROP 문을 사용한다.

```
DROP  FUNCTION 함수명
```

다음은 사용자 정의 함수가 존재하는지 체크하여 존재한다면 삭제하는 구문이다.

```
DROP  FUNCTION  IF  EXISTS 함수명
```

다음은 앞서 생성한 다중 문 테이블 반환 함수 prod_list 를 삭제하는 구문이다.

```
DROP  FUNCTION  IF  EXISTS  prod_list
```

▣ 실습해보기

[AdventureWorks2014 데이터베이스]

17-1 HumanResources.Employee테이블을 기반으로 직급(Title)을 입력받아 해당 직급을 가진 직원의 수를 반환하는 함수를 작성해보자. 스칼라 값을 반환하는 함수로 작성해보자.

다음은 SQL문은 해당 직급을 가진 직원의 수를 구해 스칼라 값으로 반환하는 사용자 정의 함수를 작성한 예이다.

```sql
CREATE FUNCTION Fn_COUNT_Employee(@Title VARCHAR(50))
RETURNS INT
AS
BEGIN
  RETURN (SELECT COUNT(Title) FROM HumanResources.Employee
        WHERE Title=@Title )
END
```

사용자 정의 함수 'Fn_COUNT_Employee'를 입력값 'Network Administrator'로 실행해보자.

```sql
SELECT dbo.Fn_COUNT_Employee('Network Administrator')  AS '결과값'
```

실행결과

	결과값
1	12

17-2 Production.Product테이블에서 입력 가격 이상 되는 레코드를 반환하는 인라인 테이블 반환 함수를 작성해 보자.

결과가 테이블로 반환되는 인라인 테이블 반환 함수를 작성해 보자. 가격을 입력 받아 가격 이상 되는 레코드의 Name, ListPrice, Color를 테이블로 반환한다.

```
CREATE FUNCTION fn_Product(@ListPrice money)
 RETURNS TABLE
 AS
 RETURN(
   SELECT Name, ListPrice, Color
   FROM Production.Product
   WHERE ListPrice >= @ListPrice
 )
```

사용자 정의 함수 'fn_Product'를 입력값 500으로 실행해보자.

```
SELECT * FROM dbo.fn_Product(500)
```

실행결과

	Name	ListPrice	Color
1	HL Road Frame - Black, 58	1431.50	Black
2	HL Road Frame - Red, 58	1431.50	Red
3	HL Road Frame - Red, 62	1431.50	Red
4	HL Road Frame - Red, 44	1431.50	Red
5	HL Road Frame - Red, 48	1431.50	Red
6	HL Road Frame - Red, 52	1431.50	Red
7	HL Road Frame - Red, 56	1431.50	Red
8	ML Road Frame - Red, 44	594.83	Red
9	ML Road Frame - Red, 48	594.83	Red
10	ML Road Frame - Red, 52	594.83	Red
11	ML Road Frame - Red, 58	594.83	Red
12	ML Road Frame - Red, 60	594.83	Red
13	HL Mountain Frame - Silv…	1364.50	Silver
14	HL Mountain Frame - Silv…	1364.50	Silver
15	HL Mountain Frame - Silv…	1364.50	Silver
16	HL Mountain Frame - Silv…	1364.50	Silver
17	HL Mountain Frame - Bla…	1349.60	Black
18	HL Mountain Frame - Bla…	1349.60	Black
19	HL Mountain Frame - Bla…	1349.60	Black

(이후생략)

> **17-3** 이번에는 다중 문 테이블 반환 함수로 Production.Product테이블에서 입력 가격 이상 되는 레코드를 반환하는 함수를 작성해 보자.

다음은 앞서 작성했던 인라인 테이블 반환 함수와 동일한 결과가 반환되는 다중 문 테이블 반환 함수로 작성한 것이다.

```
CREATE FUNCTION fn_multi_Product(@ListPrice money)
RETURNS @rtn_tbl TABLE
(Name NVARCHAR(50),
 ListPrice MONEY,
 Color NVARCHAR(15))
AS
BEGIN
  INSERT @rtn_tbl
  SELECT Name, ListPrice, Color FROM Production.Product
  WHERE ListPrice >= @ListPrice
  RETURN
END
```

사용자 정의 함수 'fn_multi_Product'를 입력값 500으로 실행해보자.

```
SELECT * FROM dbo.fn_multi_Product(500)
```

실행결과

	Name	ListPrice	Color
1	HL Road Frame - Black, 58	1431.50	Black
2	HL Road Frame - Red, 58	1431.50	Red
3	HL Road Frame - Red, 62	1431.50	Red
4	HL Road Frame - Red, 44	1431.50	Red
5	HL Road Frame - Red, 48	1431.50	Red
6	HL Road Frame - Red, 52	1431.50	Red
7	HL Road Frame - Red, 56	1431.50	Red
8	ML Road Frame - Red, 44	594.83	Red
9	ML Road Frame - Red, 48	594.83	Red
10	ML Road Frame - Red, 52	594.83	Red
11	ML Road Frame - Red, 58	594.83	Red
12	ML Road Frame - Red, 60	594.83	Red
13	HL Mountain Frame - Silv...	1364.50	Silver
14	HL Mountain Frame - Silv...	1364.50	Silver
15	HL Mountain Frame - Silv...	1364.50	Silver
16	HL Mountain Frame - Silv...	1364.50	Silver
17	HL Mountain Frame - Bla...	1349.60	Black
18	HL Mountain Frame - Bla...	1349.60	Black
19	HL Mountain Frame - Bla...	1349.60	Black

(이후생략)

17장 연습문제

[SampleDB 데이터베이스]

【17-1】 제품테이블을 기반으로 제품번호를 입력받아 번호에 해당하는 제품명을 반환하는 스칼라 함수 'fn_product1'를 작성하시오. 함수를 실행하는 실행문도 작성하시오.

【17-2】 제품테이블과 판매테이블을 기반으로 제품명을 입력받아 해당제품의 총 판매금액을 반환하는 스칼라 함수 'fn_product2'를 작성하시오. 제품명 '하프코트'의 총 판매금액을 출력하는 함수 실행문을 작성하시오.

【17-3】 사원 테이블을 기반으로 직책을 입력받아 해당 직책을 가진 직원의 수를 반환하는 스칼라 함수 'fn_duty'을 작성하시오. 그리고 직책 '영업' 의 직원수를 출력하는 함수 실행문을 작성하시오.

【17-4】 성적테이블에서 성별을 입력받아 해당 성별 중 1등 점수를 출력하는 스칼라 반환 함수 fn_score1()을 작성하시오.

○ 다음 SQL문을 실행하여 'train' 테이블을 만들고 레코드를 입력하자.

```
CREATE TABLE train
(num INT NOT NULL,
 adult65 INT NOT NULL,
 adult INT NOT NULL,
 teen INT NOT NULL,
 kid INT NOT NULL )
INSERT INTO train VALUES(1,15000,20000,16000,10000)
```

【17-5】 train테이블을 사용하여 기차표 예약을 할 경우 총 금액을 출력하는 스칼라 함수를 작성하시오. 예를 들어, 매개변수 ('성인',3) 의 값은 60000으로 반환되는 함수를 작성하고 함수 실행문도 작성하시오.

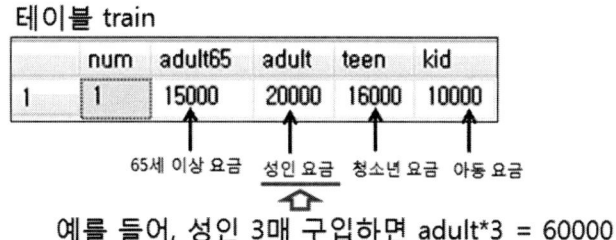

【17-6】 제품테이블의 모든 레코드를 출력하는 인라인테이블 반환함수 'fn_product3'을 작성하고 함수 실행문도 작성하시오.

【17-7】 성적테이블에서 성별을 입력받아 해당 성별 중 1~5등까지의 학생 내역을 출력하는 인라인 테이블 함수 fn_score2()를 작성하고 함수 실행문도 작성하시오.

【17-8】 제품테이블을 기반으로 제품번호 두 개를 입력받아 그 두 개 번호 사이의 레코드들을 반환하는 인라인테이블 반환함수 'fn_product4' 와 함수 실행문도 작성하시오.

【17-9】 제품테이블을 기반으로 제품번호 두 개를 입력받아 그 두 개 번호 사이의 레코드들을 반환하는 다중 테이블 반환함수 'fn_product5' 와 함수 실행문도 작성하시오.

【17-10】 성적테이블에서 성별을 입력받아 해당 성별 중 1~5등 사이의 학생들의 학번, 이름, 점수를 반환하는 다중문 테이블 함수 fn_score3()을 작성하고 함수 실행문도 작성하시오.

CHAPTER 18

커서(CURSOR)

18-1. 커서의 선언
18-2. 커서 열기
18-3. 커서 데이터 가져오기
18-4. 반복적인 커서 작업
18-5. 커서 닫기
18-6. 커서 할당 해제
18-7. 전체적인 커서 작업 실행

커서(CURSOR)

CHAPTER 18

SQL은 집합처리에 기반을 둔다. 일반적인 구조적 프로그래밍 언어는 반복문을 이용해 행단위의 데이터처리가 가능하다. 한 행에 대한 처리를 하고 다음 행을 읽어와 계속적으로 작업을 할 수 있다. 커서는 비절차적 언어에서 개별적인 행을 처리할 수 있도록 하는 개념이다. 커서는 행단위의 데이터 처리를 한다. 즉, 한행의 데이터를 가져와서 처리를 하고 다음 데이터를 가져와서 처리를 하면서 계속적으로 작업을 한다. 기존의 쿼리문이 집합처리에 초점을 맞추기 때문에 행단위로 처리하는 커서는 성능이 떨어진다. 권장하지 않지만 부득이한 경우에 적절하게 사용한다면 괜찮다고 생각한다. 커서는 다음과 같은 작업 과정을 따른다.

❶ 커서의 선언

❷ 커서 열기

❸ 커서 데이터 가져오기

❹ 반복적인 커서 작업

❺ 커서 닫기

❻ 커서 할당 해제

순서대로 작업을 살펴보자.

18.1 커서의 선언

커서를 사용하기 위해서는 선언부터 해야 한다. 커서 선언은 ANSI문법구문과 T-SQL확장 구문 두 가지 형태로 구분되는데 본 교재에서는 ANSI문법을 기준으로 설명하고자 한다. 커서를 선언하는 구문은 다음과 같다.

```
DECLARE 커서명[ INSENSITIVE ] [ SCROLL ] CURSOR
   FOR SELECT 구문
   [ FOR { READ ONLY | UPDATE [ OF 열이름,..] } ]
```

각 인수를 살펴보자.

❶ INSENSITIVE

커서에서 사용할 데이터를 임시로 복사해 주는 것을 의미한다. INSENSITIVE로 지정하면 임시 테이블인 tempdb에 데이터가 복사되어 커서에 대한 모든 작업은 임시 테이블상의 데이터를 기반으로 이루어진다. 따라서 원본 테이블 데이터가 수정되었더라도 영향을 받지 않는다. INSENSITIVE를 생략하면 원본 테이블의 수정, 삭제 된 내용이 커서에 반영되어 다음 작업에 영향을 끼친다.

❷ SCROLL

데이터를 가져올 때 모든 옵션(FIRST, LAST, PRIOR, NEXT, RELATIVE, ABSOLUTE)을 사용할 수 있도록 지정한다. SCROLL을 지정하지 않으면 NEXT 옵션만 지원된다. FAST_FORWARD가 지정된 경우에는 SCROLL을 지정할 수 없다.

❸ READ ONLY

데이터를 읽기만 가능하며 커서를 통한 수정은 할 수 없다. READ ONLY를 지정하면 UPDATE 문 또는 DELETE 문의 WHERE CURRENT OF 절에서는 이 커서를 참조할 수 없다.

❹ **UPDATE [OF 열이름,..]**

커서 내에서 수정할 수 있는 열을 정의한다. OF 이후에 지정한 열만 수정이 가능하다. OF 의 목록 없이 UPDATE를 지정하면 모든 열을 수정할 수 있다.

커서를 선언하는 예제를 만들어보자. 성적테이블에서 점수가 75점 이상인 학생들의 데이터를 가져오도록 커서를 선언하자.

```
DECLARE 점수_커서 CURSOR FOR
SELECT 학번, 이름, 점수 FROM 성적
WHERE 점수 >= 75
```

18.2 커서 열기

커서를 선언한 후 다음 작업은 커서를 열어야 한다. 전역 커서를 참조하는 경우 GLOBAL 옵션을 사용한다.

```
OPEN { { [ GLOBAL ] 커서명 } | @커서 변수명 }
```

선언한 커서를 여는 구문은 다음과 같다.

```
OPEN 점수_커서
```

18.3 커서 데이터 가져오기

커서를 연후에는 FETCH문을 사용하여 데이터의 행을 가져오는 작업을 해야 한다. 원하는 행으로 이동하면서 작업을 진행한다.

```
FETCH
    [ [ NEXT | PRIOR | FIRST | LAST
            | ABSOLUTE { n | @nvar }
            | RELATIVE { n | @nvar } ]
        FROM  ]
{ { [ GLOBAL ] 커서명 } | @커서변수명 }
[ INTO @변수명 [ ,...n ] ]
```

NEXT

현재 행 바로 다음의 결과 행을 반환하며 NEXT가 기본값이다.

PRIOR

현재형 바로 앞의 행을 반환하며 반환되는 행 뒤의 행을 현재 행으로 만든다.

FIRST

커서의 첫 번째 행을 반환하고 그 행을 현재 행으로 만든다.

LAST

커서의 마지막 행을 반환하고 그 행을 현재 행으로 만든다.

ABSOLUTE

n 또는 @nvar값이 양수인 경우 맨 앞에서부터 n번째 행을 반환하고 음수값인 경우 맨 뒤에서부터 n번째 행을 반환한다.

RELATIVE

n 또는 @nvar값이 양수인 경우 현재 행부터 n번째 행을 반환한다. 음수인 경우 현재 행부터 앞으로 n번째 행을 반환한다. 첫 번째 FETCH가 이루어진 후 RELATIVE의 n 또는 @nvar의 값이 음수이거나 0인 경우 행이 반환되지 않는다.

INTO를 사용할 경우 이전에 미리 지역변수가 선언되어 있어야 한다. 데이터의 열 값을 앞서 선언한 지역변수에 저장한다. FETCH 예제를 보자.

```
-- 변수 @학번, @이름, @점수는 이전에 앞서 선언
FETCH NEXT FROM 점수_커서
INTO @학번, @이름, @점수
```

18.4 반복적인 커서 작업

데이터를 FETCH 한 후에는 이 데이터를 이용해서 반복적으로 작업을 하는 단계이다. 반복문을 사용해서 커서의 모든 내용을 다 사용할 때까지 커서의 내용을 이용해서 작업을 한다.

이때, 반복문의 조건에서 @@FETCH_STATUS값을 판단한다. @@FETCH_STATUS는 커서에서 값을 가져올 때 오류를 판단하기 위해 사용된다.

@@FETCH_STATUS	의미
0	성공
-1	실패
-2	가져올 행이 없다.

커서값을 이용해서 반복적인 작업을 해보자. 점수 값이 90점 이상이면 임시테이블 #성적에 'Good' 값을 넣어 레코드를 입력하고 90점미만이면 'Normal' 값을 넣어 임시테이블 #성적에 레코드를 입력한다.

```
-- #성적은 임시테이블로 미리 선언한다.
WHILE @@FETCH_STATUS = 0
BEGIN
    IF  @점수 > 90
        INSERT INTO #성적 VALUES(@학번, @이름, @점수, 'Good')
    ELSE
        INSERT INTO #성적 VALUES(@학번, @이름, @점수,'Normal')

    FETCH NEXT FROM 점수_커서
    INTO @학번, @이름, @점수
END
```

18.5 커서 닫기

커서의 사용이 끝난 후에는 CLOSE문을 사용하여 커서를 닫아야 한다. CLOSE문은 커서가 제거 되었다는 의마가 아니기 때문에 CLOSE했더라도 몇 번이라도 다시 OPEN이 가능하다.

```
CLOSE { { [ GLOBAL ] 커서명 } | @커서 변수명 }
```

커서를 닫아 보자.

```
CLOSE 점수_커서
```

18.6 커서 할당 해제

커서 작업의 마지막 단계는 커서의 할당을 해제하는 것이다. DEALLOCATE 은 커서가 사용했던 자원들을 모두 제거하기 때문에 DEALLOCATE을 실행하고 나면 커서를 다시 사용할 수 없다. 다시 사용하기 위해서는 커서의 선언부터 다시 시작해야 한다. DEALLOCATE 구문은 다음과 같다.

```
DEALLOCATE { { [ GLOBAL ] 커서명 } | 커서 변수명 }
```

우리의 예제를 DEALLOCATE하는 구문은 다음과 같다.

```
DEALLOCATE   점수_커서
```

18.7 전체적인 커서 작업 실행

전체적인 커서 작업을 진행해 보자. 커서의 전체 작업 과정이 다소 복잡해 보일 수 있다. 작업 과정을 간략하게 설명하면 다음과 같다. (커서 작업 : ❸ ~ ❽)

❶ 커서 작업 결과를 저장할 임시테이블 #성적을 먼저 생성하고 작업을 시작한다.
❷ FETCH작업 이전에 FETCH작업 내용을 담을 지역변수 @학번, @이름, @점수를 미리 선언한다.
❸ 성적테이블에서 점수가 75점 이상인 레코드만 커서에 채우도록 선언 (DECLARE)을 한다.
❹ 커서를 연다(OPEN).
❺ 커서에서 한 행씩을 차례로 검색(FETCH)해서 가져온다.
❻ 반복적으로 커서 작업을 한다. 임시테이블#성적에 @학번, @이름, @점수값과 점수가 90점 이상이면 등급열에 'Good' 값을, 90점보다 작으면 'Normal'을 입력한다.
❼ 커서 작업이 끝난 후 커서를 CLOSE한다.
❽ 커서 선언을 제거하고 사용했던 자원을 해제(DEALLOCATE)한다.

단계별 작업을 모두 모아 전체 커서 작업을 살펴보면 다음과 같다.

```sql
--FETCH작업 결과를 담을 임시테이블 #성적 생성
CREATE TABLE #성적
(학번 CHAR(9), 이름 VARCHAR(20), 점수 INT, 등급 CHAR(10))
-- FETCH작업에서 값을 받을 지역변수를 정의
DECLARE @학번 CHAR(9), @이름 VARCHAR(20), @점수 INT
-- 커서를 선언
DECLARE 점수_커서 CURSOR FOR
SELECT 학번, 이름, 점수 FROM 성적
WHERE 점수 >= 80
-- 커서 열기
OPEN 점수_커서
-- 커서 데이터 가져오기
FETCH NEXT FROM 점수_커서 INTO @학번, @이름, @점수
WHILE @@FETCH_STATUS = 0
BEGIN
   IF @점수 > 90
      INSERT INTO #성적 VALUES(@학번, @이름, @점수, 'Good')
   ELSE
      INSERT INTO #성적 VALUES(@학번, @이름, @점수, 'Normal')
   FETCH NEXT FROM 점수_커서 INTO @학번, @이름, @점수
END
 -- 커서 닫기
CLOSE 점수_커서

-- 커서 할당 해제
DEALLOCATE 점수_커서

-- 임시 테이블 조회
SELECT * FROM #성적
```

실행결과

	학번	이름	점수	등급
1	201901001	박보검	90	Normal
2	201901004	윤균상	85	Normal
3	201901005	이종석	95	Good
4	201901006	여진구	80	Normal
5	201901007	박보영	95	Good
6	201901008	한효주	90	Normal
7	201901009	송중기	83	Normal
8	201901010	김수현	88	Normal
9	201901012	유승호	84	Normal
10	201901013	박신혜	80	Normal
11	201901014	한지민	94	Good
12	201901017	정해인	87	Normal
13	201901018	강소라	90	Normal
14	201901019	서강준	94	Good

■ 실습해보기

[AdventureWorks2014 데이터베이스]

> **18-1** 테이블 'Purchasing.PurchaseOrderDetail' 에서 구매금액 'LineTotal' 이 50000 이상이면 10% 할인 적용하는 작업을 커서로 진행해보자.

❶ 커서 작업 단계에 따른 작업 내용을 부분적으로 설명하도록 하고 실제 커서 작업은 모두 묶어서 하기로 한다. 먼저, 커서를 위한 임시 테이블을 생성해보자.

```sql
-- 커서 작업을 하기 위한 임시 테이블 정의
CREATE TABLE #PurchaseOrder
(PurchaseOrderID INT,
 LineTotal MONEY,
 OrderQty INT)
```

❷ 커서 작업을 위한 지역 변수를 정의하는 구문이다.

```sql
-- FETCH작업에서 값을 받을 지역변수를 정의
DECLARE @PurchaseOrderID INT, @LineTotal MONEY, @OrderQty INT
```

❸ 커서를 선언해보자.

```sql
-- 커서를 선언
DECLARE Purchase_cursor CURSOR
  FOR
    SELECT PurchaseOrderID, LineTotal, OrderQty
    FROM Purchasing.PurchaseOrderDetail
    WHERE LineTotal > 50000
```

❹ 커서를 연다.

```
-- 커서 열기
OPEN Purchase_cursor
```

❺ 다음은 커서의 내용을 이용하여 FETCH작업을 하는 구문이다. LineTotal 가격이 50000이상인 주문은 10%할인 가격을 적용하고 할인 적용된 구매 레코드만 임시테이블에 저장한다.

```
-- FETCH 작업
FETCH NEXT FROM Purchase_cursor
   INTO @PurchaseOrderID, @LineTotal, @OrderQty
WHILE @@FETCH_STATUS = 0
BEGIN
   IF @LineTotal > 50000 BEGIN
      SELECT @LineTotal = @LineTotal * 0.9
      INSERT INTO #PurchaseOrder
         VALUES(@PurchaseOrderID, @LineTotal, @OrderQty)
   END
   FETCH NEXT FROM Purchase_cursor
      INTO @PurchaseOrderID, @LineTotal, @OrderQty
END
```

❻ 커서 작업을 진행하고 나면 커서를 닫아야 한다.

```
-- 커서 닫기
CLOSE Purchase_cursor
```

❼ 커서를 해제한다.

```
-- 커서 해제
DEALLOCATE Purchase_cursor
```

지금까지 단계적으로 설명했던 커서 작업을 모두 묶어서 진행해보자.

```sql
-- 커서 작업을 하기 위한 임시 테이블 정의
CREATE TABLE #PurchaseOrder
(PurchaseOrderID INT,
 LineTotal MONEY,
 OrderQty INT)
-- FETCH작업에서 값을 받을 지역변수를 정의
DECLARE @PurchaseOrderID INT, @LineTotal MONEY, @OrderQty INT

-- 커서를 선언
DECLARE Purchase_cursor CURSOR
  FOR
    SELECT PurchaseOrderID, LineTotal, OrderQty
    FROM Purchasing.PurchaseOrderDetail
    WHERE LineTotal > 50000

-- 커서 열기
OPEN Purchase_cursor
-- FETCH 작업
FETCH NEXT FROM Purchase_cursor
  INTO @PurchaseOrderID, @LineTotal, @OrderQty
WHILE @@FETCH_STATUS = 0
BEGIN
  IF @LineTotal > 50000 BEGIN
    SELECT @LineTotal=@LineTotal * 0.9
    INSERT INTO #PurchaseOrder
      VALUES(@PurchaseOrderID, @LineTotal, @OrderQty)
  END
  FETCH NEXT FROM Purchase_cursor
    INTO @PurchaseOrderID, @LineTotal, @OrderQty
END
-- 커서 닫기
CLOSE Purchase_cursor

-- 커서 할당 해제
DEALLOCATE Purchase_cursor
```

커서 작업의 결과를 보기 위해 임시 테이블을 조회한다. 10%할인 적용된 레코드만 보여주고 있다.

```
SELECT * FROM #PurchaseOrder
```

실행결과

	PurchaseOrderID	LineTotal	OrderQty
1	4007	111375.00	5000
2	4007	111375.00	5000
3	4007	111375.00	5000
4	4008	47124.00	2000
5	4008	47124.00	2000
6	4008	47124.00	2000
7	4012	224478.00	6000
8	4012	224478.00	6000
9	4012	224478.00	6000
10	4012	224478.00	6000

18장 연습문제

[SampleDB 데이터베이스]

○ 다음 SQL문을 실행하여 '장바구니' 테이블을 만들고 레코드를 입력하자.

```
USE SampleDB
CREATE TABLE 장바구니
(구매번호 INT IDENTITY,
 구매제품 INT,
 구매량 INT,
 구매총액 INT)
INSERT 장바구니 VALUES(3,5,45000)
INSERT 장바구니 VALUES(1,1,20000)
INSERT 장바구니 VALUES(2,11,220000)
INSERT 장바구니 VALUES(4,2,60000)
INSERT 장바구니 VALUES(5,3,15000)
INSERT 장바구니 VALUES(3,7,21000)
```

【18-1】 장바구니의 각 레코드에서 구매량이 5이상이거나 구매총액이 10만원 이상인 레코드들을 모아 다음 표의 조건에 따라 FETCH작업 결과를 '#구매총평' 테이블에 입력하는 FETCH작업을 하시오. 구매총액이 10만원 이상인 경우 5%할인한 금액으로 계산하여 '#구매총평' 테이블의 구매총액에 기재하시오. 작업 후 테이블 '#구매총평'을 조회하여 작업을 확인하시오.

테이블 '#구매총평'

열이름	데이터형식
구매번호	INT
구매제품	INT
구매량	INT
구매총액	INT
총평	VARCHAR(30)

조건	'#구매총평' 테이블 '총평' 내용
구매총액이 10만원 이상	'구매액 우수(할인적용)'
구매량이 5 이상	'구매량 우수'

실행결과

	구매번호	구매제품	구매량	구매총액	구매총평
1	1	3	5	45000	구매량 우수
2	3	2	11	209000	구매액 우수(할인적용)
3	6	3	7	21000	구매량 우수

#구매총평 테이블

INDEX

기호

#	202
%	115
+	100
−	115
@	061
@@	064
@@ERROR	065
@@FETCH_STATUS	487
@@IDENTITY	065
@@LANGUAGE	065
@@ROWCOUNT	065
@@SERVERNAME	065
@@TRANCOUNT	065
@@TRANCOUNT	235
@@VERSION	065
[ ]	115
[^]	115

A

ABS	077
ABSOLUTE	486
ADD	219
ADD CONSTRAINT	219, 290
AdventureWorks2014	044
AFTER 트리거	435
alias	163
ALTER COLUMN	219, 220
ALTER FUNCTION	472
ALTER PROC	403
ALTER TABLE	218
ALTER TRIGGER	433
ALTER VIEW	376
AND	118, 119
ANSI	059
ANSI_NULLS	127
AS	099
ASC	103
ASCending	103
Attribute	019
AVG	137

B

BATCH	065
BEGIN TRAN	234
BETWEEN	121
BREAK	351

C

CASCADE	286, 288
CASE	348, 349
CAST	072
CEILING	078
CHECK	278, 280
CLOSE	488
CLR 저장 프로시저	401
COALESCE	355
COMMIT	234
COMMIT TRAN	234
CONSTRAINT	269
CONTINUE	351
CONVERT	072, 102
Correlated Subquery	188
COUNT(*)	137
COUNT	137
CREATE FUNCTION	462, 466, 470
CREATE PROC	401
CREATE PROCEDURE	401
CREATE TABLE	201
CREATE TRIGGER	422
CREATE TYPE	075
CrossTab	323
CUBE	146, 147, 148
CURSOR	483

D

DATEADD	081, 082
DATEDIFF	081, 082
DATENAME	083
DBMS	021
dbo	463
DCL	060
DDL	059
DEALLOCATE	489
DECLARE	061
DECLARE 커서명	484
DEFAULT	213, 277
DELAY	350
DELETE	247
DELETED	426
DELETE 트리거	429
DENSE_RANK	332
DENY	060
DESC	103
DESCending	103
DISTINCT	108
DML	060
DROP COLUMN	219, 221
DROP CONSTRAINT	291
DROP FUNCTION	473
DROP PROC	410
DROP TABLE	222
DROP TABLE IF EXISTS	223
DROP TRIGGER	434
DROP TYPE	076
DROP VIEW	377

E

Entity	019
ERROR_LINE()	358
ERROR_MESSAGE()	358
ERROR_NUMBER()	358
ERROR_PROCEDURE()	358
ERROR_SEVERITY()	358
ERROR_STATE()	358
EXCUTE	352
EXEC	352
EXISTS	191

INDEX

F

FETCH	486
FIRST	486
FOREIGN KEY	282, 285
FORMATMESSAGE	361
FULL OUTER JOIN	165, 167

G

GetAncestor	303
GETDATE	081
GETDATE	428
GetDescendant	304
GetLevel	304
GetReparentedValue	304
GetRoot	303, 306
GO	065
GOTO	346
GRANT	060
GROUP BY	140
GROUP BY ALL	143

H

HAVING	140, 141
HIERARCHYID	303

I

IDENTITY	208
IF	347
IF COLUMNS_UPDATED	443
IF EXISTS	023
IF UPDATE	441
In-Line Table-valued Functions	466
IN	123
INNER JOIN	157, 158
INSENSITIVE	484
INSERT	206
INSERTED	426
INSERT INTO	206
INSERT INTO ~ SELECT	214
INSERT 트리거	423
INSTEAD OF 트리거	435
IsDescendantOf	304
IS NOT NULL	126
IS NULL	126
ISNULL	328
ISO	059

L

LAST	486
LEFT OUTER JOIN	165, 166
LOWER	079

M

MAX	137
MERGE	253
MIN	137
Multi-Statement Table-valued Functions	470

N

newid	073
NEXT	486
NOT	118, 120
NOT BETWEEN	122
NOT EXISTS	192
NOT IN	124
NOT LIKE	115
NTILE	334
NULL	125
NULLIF	354

O

OPEN	485
OR	118, 119
ORDER BY	103
OUTPUT	407

P

Parse	304
PARTITION BY	335
PERCENT	111
PIVOT	323
PRIMARY KEY	274, 275
PRINT	345
PRIOR	486
pubs	041

Q

Query	059

R

RAISERROR	362
RANK	330
READ ONLY	484
REFERENCES	283, 285
Relation	019
RELATIVE	487
REPLACE	080
REPLICATE	080
RETURN	346, 408
RETURNS	463, 471
REVERSE	080
REVOKE	060
RIGHT OUTER JOIN	165
ROLLBACK	234
ROLLBACK TRAN	234
ROLLUP	145
ROUND	078
ROW_NUMBER	333

인덱스

S

Scalar Functions	461
schema	020
SCROLL	484
SELECT	063, 095
SELECT ~ INTO	204
SELF-JOIN	168
SET	062
SET IDENTITY_INSERT	211
SP_ADDMESSAGE	359
sp_addtype	074
sp_configure	400
SP_CONFIGURE	411
sp_depends	400
SP_DROPMESSAGE	362
sp_droptype	075
sp_help	387, 400, 465
sp_helpconstraint	277, 292
sp_helptext	387, 400, 465
sp_lock	**400**
SP_PROCOPTION	411
sp_rename	469
sp_settriggerorder	445
sp_who	400
SQL	059
SQL_VARIANT	074
SSMS	034
Stored Procedure	399
Subquery	179
SUBSTRING	080
SUM	137

T

T-SQL	059
TABLE	074
TIMESTAMP	073
TOP(n)	111, 246, 250
TOP n	109
ToString	304, 309
TRAN	234
TRANSACTION	233
Trigger	421
TRUNCATE	251
TRY CATCH	357

U

UNION	170
UNION ALL	172
UNIQUE	270
UNIQUEIDENTIFIER	073
UNPIVOT	325
UPDATE	235
UPDATE 트리거	431
UPPER	079
USE	345

V

View	371

W

WAITFOR	350
WHILE	351
wildcard	115
WITH CHECK OPTION	380
WITH ENCRYPTION	386, 402, 428, 465
WITH SCHEMABINDING	469
WITH TIES	110

X

XML	074

ㄱ

가상테이블	371
개념스키마	020
개체	018, 019
개체 무결성	268
개체어커런스	018
개체 탐색기	038
결과 집합	326
계산식	102
계층 데이터	303
관계	018, 019
관계형 데이터베이스	021, 022
기본값	403
기존 테이블을 복사	203

ㄴ

날짜함수	081
내림차순 정렬	103
내부스키마	020
내부조인	157, 158
널	125
논리연산자	118

ㄷ

다중문 테이블 반환 함수	470
단일 값을 반환하는 서브쿼리	180
데이터베이스	017
데이터베이스 관리 시스템	021
데이터베이스의 3단계 구조	020
데이터 정의 언어	059
데이터 제어 언어	060
데이터 조작 언어	060
도메인 무결성	268

INDEX

ㄹ

롤백	234
루트 삽입	306

ㅁ

매개변수	403
목록값	183
무결성	267
무결성 제약조건	267, 268
문자 함수	078

ㅂ

반환값	408
배치	065
변수	061
별칭	163
뷰	**371**
비교연산자	113

ㅅ

사용자 저장 프로시저	400
사용자 정의 데이터 형식	074
사용자 정의 함수	461
상관관계 서브쿼리	188
새로운 열 추가하기	219
서브 쿼리	179, 240, 248
선택 열에만 데이터 입력하기	207
셀프 조인	168
속성	018, 019
속성창	038
순위 함수	329
숫자의 연산함수	077
스칼라 반환 함수	461
스키마	020
시스템 데이터 형식	066
시스템 변수	064
시스템 저장 프로시저	400
시스템 함수	064

ㅇ

열 변경하기	220
열 삭제하기	221
예외 처리문	357
오름차순 정렬	103
와일드카드	115
외래키	282
외부스키마	020
외부조인	163, 165
요약정보	137
유사검색	115
인라인 테이블 반환 함수	466
인스턴스	018
일괄처리	065
임시 저장 프로시저	400
임시테이블	202

ㅈ

자동 실행 저장 프로시저	411
저장 프로시저	315, 399
정렬	103
제약조건	290, 291
제약 조건 정보 확인	277
조건 함수	354
조인	157
조인	244, 250
조인키	157, 159
종속성	016
주석	061
중복 데이터	107
중복성	016
집계함수	182

ㅊ

참조 무결성	268

ㅋ

칼럼 레벨 정의	269
커밋	234
커서	483
쿼리	059
쿼리 편집기	038
크로스 탭	323

ㅌ

테이블 레벨 정의	269
테이블 삭제하기	222
트랜잭션	233
트리거	421
트리거 순서	445

ㅍ

파일 시스템	015
피벗	323

ㅎ

확장 저장 프로시저	400

기초부터 차근차근
데이터베이스 배우기

1판 2쇄 인쇄 | 2022년 02월 28일
1판 2쇄 발행 | 2022년 03월 04일

지 은 이 | 황혜정
발 행 처 | 도서출판 글로벌, 필통
발 행 인 | 신현훈
주   소 | 서울특별시 중구 충무로 54-10 (을지로 3가, 2층)
전   화 | 02-2269-4913   **팩   스** | 02-2275-1882
출판등록 | 제2-2545호
홈페이지 | http://www.gbbook.com

I S B N | 978-89-5502-771-6 93560
가   격 | 22,000원

※ 잘못 만들어진 책은 구입하신 서점에서 교환해 드립니다.